应用型高校金融学专业核心课程教材

浙江省普通高校“十三五”新形态教材

金 融 学

（第二版）

杨福明 主编

中国财经出版传媒集团

经济科学出版社

Economic Science Press

图书在版编目（CIP）数据

金融学/杨福明主编.—2版.—北京：经济科学出版社，2020.7（2022.3重印）
ISBN 978-7-5141-6504-3

Ⅰ.①金… Ⅱ.①杨 Ⅲ.①金融学-高等学校-教材
Ⅳ.①F830

中国版本图书馆CIP数据核字（2020）第134466号

责任编辑：李 雪 高 青
责任校对：刘 昕
责任印制：邱 天

金融学（第二版）
杨福明 主编
经济科学出版社出版、发行 新华书店经销
社址：北京市海淀区阜成路甲28号 邮编：100142
总编部电话：010-88191217 发行部电话：010-88191522
网址：www.esp.com.cn
电子邮件：esp@esp.com.cn
天猫网店：经济科学出版社旗舰店
网址：http://jjkxcbs.tmall.com
北京密兴印刷有限公司印装
787×1092 16开 19印张 480000字
2022年3月第2版 2022年3月第2次印刷
ISBN 978-7-5141-6504-3 定价：45.00元
（图书出现印装问题，本社负责调换。电话：010-88191510）

前　　言

金融学作为财经类高等学校本科专业的核心课，近年来已经成为高校教学改革的一个重要对象，其教学内容不断完善，教材建设成果累累。该课程通常有两种叫法，一为货币银行学，二为金融学。货币银行学是本课程的传统名称，以货币与货币理论、信用与银行，以及金融市场、国际金融与宏观金融调控等为主要内容，注重货币银行基本原理的介绍。金融学是近年来比较流行的名称，随着社会上的“金融热”，这个名称大有取代传统货币银行学名称之趋势。很多大学的培养方案中都用“金融学”这个名称。从内容上来讲，金融学范畴比较广，其涵盖的内容除了传统货币银行学所涉及的知识外，一般还包括资本市场供给与定价、货币与宏观经济均衡、公司金融等内容。可以把这些内容分为金融宏观理论和金融微观理论两大类。其中金融微观理论所包括的公司金融、资本市场定价等内容通常是国外金融学着重研究的对象。不过，学术界对“金融学”范畴所包含的内容一直存在争议，并不统一。黄达编著的《金融学》（第二版）认为金融学的内容包括金融的范畴分析、金融的宏观分析、金融的微观分析三大部分。这也是目前的主流观点。与黄达金融学范畴类似的金融学教科书还有国内陈学彬主编的《金融学》、彭兴韵著的《金融学原理》。外国的金融学教科书更多分析的是微观金融运行，如美国的博迪与莫顿等著的《金融学》（第二版），主要讲微观金融运行，特别是关于金融市场。美国的米什金著的《货币金融学》（第九版）主要讲货币、银行和金融市场，属于传统货币银行学内容，国内王松奇主编的《金融学》也属于这类。

关于金融学教材的名称国内也有多种叫法，除了“金融学”外，还有“货币银行学”“货币银行学原理”“货币金融学”“金融学概论”等。但近年来“金融学”已成为主流名称。从社会认知层面来看，不考虑学科研究，国内对“金融”这一范畴的认识，普遍还是传统货币银行学的内容。从课程本身来看，经过多年的发展，货币银行学课程不仅已有完善的体系结构，而且内容以货币银行原理为主，更适合本科层次对金融相关知识的学习。从教学实践层面来看，首先，应用型本科教学突出人才培养的应用性之特点，以面向金融行业的人才知识结构需要为目标。其次，高校经管类专业课程设置趋向更细、课时数更少。若教材内容拘泥于金融学范畴的考虑，内容包罗万象，势必导致教科书更厚，可读性差。而实际教学中基于课时数限制和教学对象的特点，不可能也不必要全部讲解，有些更是属于学术性的内容，对本科生来讲应用意义并不大。所以，出于上述考虑，本教材名称用“金融学”，但内容上以传统货币银行学范畴为主，当然也兼顾了“金融学”范畴的某些内容。

本教材的特点主要体现在下列三方面：

第一，体系紧凑，根据应用型人才教学的要求取舍内容。根据应用型本科经管类专业学生学习特点，本教材在课程基本理论体系完整的前提下力求结构合理，体系紧凑，并做到基本概念清晰，基本原理透彻。在内容取舍上，以知识点的应用性为标准，对于那些理论性太强，应用价值较小的问题尽可能不涉及或少涉及。对于应用性较强的知识点则不惜笔墨，讲精讲透。这使教材总体篇幅得到控制，并详略得当。

第二，表述精炼，内容的可读性较强。一直以来，国内的教科书严肃古板，理论介绍多，联系现实少，可读性较差。本教材力求语言表述精炼，特别是对于功能、作用、特点的分析，在教材中不开展，点到为止，留给课堂讲授。为了做到教材可读性，在理论分析中，不时插入一些“案例阅读与分析”作为背景资料。这些资料选择以典型性、现实性、可读性为标准，通过阅读这些资料，一方面，加深学生对知识点的理解；另一方面，增强教材的可读性，提高学生学习兴趣。

第三，要点突出，体例编排便于复习。现在不少教科书长篇大论，要点隐藏的很深，若不细心地阅读难以把要点概括出来。本教材在编写中一方面通过表述精炼，做到概念、原理突出；另一方面，在体例形式上，增加“本章导入”“学习本章后，你将有能力”的提示语，以及“本章小结”“关键术语”“思考与练习”等内容，把学习要点和重要内容提炼出来，便于学生掌握要点与重点，便于复习。

上述特色是我们多年教学实践中的几点体会，并在教材编写中力求做到，究竟如何，还有待读者的评判和教学实践的检验。

本书的编写者均是具有多年高校金融学本科教学经验的教师，教材的编写体现了大家对应用型本科学生学习特点的理解和把握，尽可能做到符合教学需要。参加编写的人员有杨福明（编写第一、二、三章）、叶茜茜（编写第五、六、七章）、陈丽（编写第十一、十二章）、毛传为（编写第九、十章）、王宜峰（编写第四、八章）、朱贺（编写第十三章）。全书由杨福明负责统稿总纂。

一本好的具有特色的教科书是教师多年教学经验和研究的积累，不仅能够反映学科、课程基本内容与前沿，还要能够与当前现实紧密结合，并与教学对象的层次特点相吻合。我们一直在努力。然而，学无涯，教无止境，教材中的不足甚至错漏之处，也许还存在，期待在教学实践中同行不吝赐教。

编　者

2012 年 7 月

第二版前言

本教材自2012年出版以来，在应用型本科高校教学实践中取得了较好的效果，同时也发现了一些问题和不足。本次修订，除了在结构编排、内容更新和补充上做了重点完善外，还采用现代教育技术，体现新形态教材的特色。修订后的教材具有下列三个特点：

第一，结构更合理，逻辑更清晰。按照国内主流《金融学》教材对金融学体系的理解，把教材结构划分为金融与金融要素、金融微观运行、金融宏观调控三部分。这样的结构既有金融学基本问题的介绍，也体现了我国《金融学》教材着眼于宏观经济运行，以及注重金融服务于经济发展需要的学科目的。

第二，内容全面更新，增补新章节。教材对原有章节内容总体梳理和修订，遵循“理论够用、注重应用”的编写原则，力求文字精炼、思路明晰。更新了2/3以上的内容，包括部分案例和数据。新增章节主要有第一章“金融学导论”、第二章“货币与货币制度”中的第四节“国际货币制度”、第五章“汇率与汇率制度”。另外，增加第十章“互联网金融”，因为互联网金融作为不同于传统金融机构和金融市场的新兴金融业态，也是微观金融运行的一种机制。

第三，依托在线课程平台，链接线上教学资源。本教材是2019年浙江省普通高校“十三五”新形态教材《金融学》的成果，也是2017年浙江省精品在线立项课程《金融学》的配套教材。课程已经在浙江省高等学校在线开放课程共享平台（www. zjooc. cn）上线运行多轮。拥有比较完备的线上教学视频、PPT、习题、案例分析及拓展学习资源。在线课程资源和拓展学习资料通过教材中插入二维码进行链接。

本教材仍延续了第一版的特点，每章前有“本章导入”“学习本章后，你将能够”，以及章后的“本章小结”“关键术语”“思考与练习”及“进一步学习的资源”。

本教材的编写人员及分工为：杨福明（编写第一、二、三、四、六章）、叶茜茜（编写第七、八、九章）、陈丽（编写第十三、十四章）、毛传为（编写第十一、十二章）、倪雯璟（编写第十章）、朱贺（编写第五章）、王赛芝（编写第十五章）。全书最后由杨福明负责统稿。最后，感谢经济科学出版社的李雪对本教材再版的总体策划及有益建议。

杨福明

2020 年 5 月

目　录

第一篇　金融与金融要素

第二篇　微观金融运行

第三篇 金融宏观调控

第一篇
金融与金融要素

CHAPTER 1

第一章　金融学导论

➢ **本章导入**

金融的概念及金融学的研究内容，国内外有不同的理解；学习金融学不仅有助于我们更合理地做出金融投资决策，而且能够应用金融学原理认识某些经济金融现实问题的实质；金融体系是金融工具、金融机构、金融市场和金融制度构成的有机系统。现代金融体系具有五大功能；经济发展决定金融发展，金融发展对经济增长具有长期促进作用。

➢ **学习本章后，你将能够：**

■ 认识金融的概念和金融学的研究内容
■ 认识金融体系的构成及其基本功能
■ 理解直接融资与间接融资的不同
■ 理解金融发展与经济发展的关系
■ 理解金融创新与金融发展的关系

第一节　金融与金融学

一、金融的概念

“金融”作为现代经济社会中一个重要的经济学名词，被人们经常使用。那么究竟什么是金融呢？

据考证，“金融”是近代才出现的词，清光绪年间（1875～1908年）由日本传入中国[①]。《辞源》（1937年普及本第11版）对金融的解释是“今谓金钱之融通曰金融，旧称银根”。《辞海》（2009年第六版）的解释，金融是指“货币资金的融通。一般指与

① 叶世昌．中国金融通史第一卷（先秦至清鸦片战争时期）［M］．北京：中国金融出版社，2002.

货币流通和银行信用有关的一切活动。主要通过银行的各种业务活动来实现。”《辞源》和《辞海》的解释也称为“资金融通论”，这是国内广泛认可的、传统的金融概念。此外，对金融的解释还有“金融产业论”（认为要把金融作为独立的产业部，实行产业化管理①）、“金融资源论”（认为金融是一种资源，是一种具有极端战略重要性的资源②）等等。

金融的英文单词“Finance”有财务管理（理财）、财政、资金的意思，其动词形式意思是为某项计划提供资金，即“融资”。《新帕尔格雷夫货币金融大辞典》（经济科学出版社 2000 年版）对“Finance”的解释是：金融基本的中心点是资本市场的运营、资本资产的供给和定价。其方法论是使用相近的替代物给金融契约和工具定价。维基百科（Wikipedia）的解释：Finance 涉及的是投资研究的问题，内容包括不确定条件下资产和负债（价值）的跨期动态变化和风险。金融也可以定义为财务管理。可以分为三个子项：公共财政、公司金融和个人金融。可见，国外的金融范畴主要是指财务管理（理财）、资本市场运营及其资产定价问题，其外延涉及的主要是微观金融层面。

当前，国内教科书对金融范畴的解释也有不同的认识。中国人民大学黄达主编的《金融学》（2009 年第二版）将金融范畴界定为：凡是涉及货币供给，银行与非银行信用，以证券交易为操作特征的投资，商业保险，以及以类似形式进行运作的所有交易行为的集合。这个概念更为宽泛，不仅包括宏观金融，也包括微观金融。复旦大学陈学彬主编的《金融学》教材对金融的定义：金融就是资金的融通，即是由资金融通的工具、机构、市场和制度构成的有机系统，是经济系统的重要组成部分。他也把金融划分为微观金融和宏观金融两部分。耶鲁大学金融学教授陈志武在其著作《金融的逻辑》中认为：金融的核心是跨时间、跨空间的价值交换，所有涉及价值或者收入在不同时间、不同空间之间进行配置的交易都是金融交易。这与国外的金融概念类似，侧重微观层面的金融交易。综合国内外对金融的理解，金融范畴包括了微观金融和宏观金融两个基本层面。微观金融包括金融中介和金融市场运行，以及基于个人和公司金融决策的资产定价；宏观金融包括货币供给与需求、金融风险及金融宏观调控等。金融的本质是信用活动，其核心是风险管理，金融活动的根本目的是通过满足投资和消费需求，进而促进经济增长。

二、金融学的研究内容

对金融概念的认识差异决定了金融学的研究内容不同。美国的兹维·博迪（Zvi Bodie）和罗伯特·C. 莫顿（Robert C. Merton）等合著的经典教科书《金融学》（*Finan-*

---

① 冉光和，王定祥，熊德平. 金融产业可持续发展理论的内涵［J］. 管理世界，2004（4）.

② 白钦先. 再论以金融资源论为基础的金融可持续发展理论——范式转换、理论创新和方法变革［J］. 国际金融研究，2000（2）.

cial Economics）中的定义：金融学是一项针对人们怎样跨期配置稀缺资源的研究。即微观经济主体个体的金融决策问题。人们在实施金融决策的过程中要运用金融体系，因而研究金融体系怎样随时间推移发生演变是金融学的重要组成部分。博迪和莫顿《金融学》的研究内容基本上是属于微观金融学的公司金融和个人金融，但舍弃了金融宏观管理与政策①。另一部西方经典教科书由弗雷德里克·S. 米什金（Frederic S. Mishkin）著的《货币金融学》（*The Economics of Money, Banking and Financial Markets*），中文名为“货币、银行和金融市场经济学”，其主要内容包括货币与货币理论、金融市场、金融机构、中央银行与货币政策、国际金融等内容。他更偏重于宏观金融问题分析，这与国内传统的“货币银行学”（金融学）的内容基本相似。

国内教科书中，黄达在其《金融学》（*Economics of Money and Finance*）中把金融学研究内容划分为三部分②：（1）有关金融诸范畴的理论。即货币、信用、利息与利率、汇率等；（2）对金融的微观分析。包括金融市场、金融中介机构、金融功能分析等；（3）对金融的宏观分析。包括货币供给与需求、利率形成与汇率形成、通货膨胀与通货紧缩、金融危机、货币政策、虚拟经济与实体经济、国际资本流动等。李健的《金融学》③ 从现代金融体系构成视角来界定金融学的范畴，与黄达的金融学内容基本一致。陈学彬在《金融学》中也认为广义的金融学包括微观金融和宏观金融，即研究金融主体的个体行为和金融系统整体行为及其相互关系和运行规律的科学④。

国内的《金融学》源于传统的《货币银行学》体系，经过多年的教学实践，已经形成了为学界认可的比较成熟的学科体系。该体系下的金融学内容注重金融体系运行与宏观金融机制及调控。除了货币、信用、利率和汇率等金融运行的基本要素外，还包括金融中介机构和金融市场，以及货币供求、通货膨胀与通货紧缩、货币政策、金融风险等。近年来，国内金融学教材也借鉴国外从微观经济主体金融决策视角的特点，加入了公司金融的内容。国内外关于金融学的差异比较见表 1－1。

表 1－1　　　　国内外金融学的差异比较

	国外的金融学	国内的金融学
理论基础	微观经济学	古典经济学和马克思政治经济学
着眼点	微观金融个体：居民、企业及政府进行金融决策的基本依据	宏观经济运行：金融要素、金融体系、宏观金融调控
主要内容	个人金融、公司金融	货币和信用理论、金融机构、金融市场、宏观金融和金融制度

① 曹龙骐. 金融学（第四版）［M］. 北京：高等教育出版社，2013.
② 黄达. 金融学（第二版）［M］. 北京：中国人民大学出版社，2009.
③ 李健. 金融学（第二版）［M］. 北京：高等教育出版社，2014.
④ 陈学彬. 金融学（第三版）［M］. 北京：高等教育出版社，2012.

续表

	国外的金融学	国内的金融学
次要内容	金融市场、金融机构、金融制度	公司金融、个人金融
学科预设目的	满足人们消费偏好	金融制度和政策适应经济发展需要

资料来源：张亦春，许文彬．金融学［M］．北京：高等教育出版社，2011.

基于上述比较，我们将金融学的研究内容归纳为：金融学是研究微观经济主体的个体金融决策和金融体系运行机制以及宏观金融调控规律的科学。从中国现实看，高校金融专业毕业生主要就业方向是以银行为主的各类金融机构，国内传统金融学着眼于金融体系运行和金融宏观调控的学习，使学生能够认识金融制度与宏观经济运行的关系，更具有全局观念、发展视角和现实针对性。这种体系结构对金融机构就业更具针对性和适应性，这也是中国金融学的特点。为此，本教材内容仍以金融要素、微观金融体系运行、金融宏观调控为主，兼顾微观金融决策的基本原理。

三、学习金融学的目的

（一）有助于更合理地做出我们的金融投资决策

微观金融学研究个体如何进行金融决策问题。如居民金融决策中的消费和储蓄决策、投资决策、融资决策、风险管理决策；企业金融决策中的战略规划、资本预算、资本结构、资本运营管理。金融学通过金融市场、金融中介和金融工具原理的学习，能够帮助居民和企业更好地做出投资决策，有效地管理自己的金融资产，寻求最合适的融资工具和方式。通过公司金融内容的学习，有助于帮助企业科学地做出金融决策。

（二）能够应用金融学原理认识某些经济金融现实问题的实质

金融学是经济学的一个分支，经济学包括宏观经济学和微观经济学，金融学也可以分为微观金融分析和宏观金融分析。特别是宏观金融分析中涉及我们经济生活中的许多现实问题，如金融风险和金融危机、通货膨胀问题等，通过系统学习，使我们能够认清其成因和危害，理解政府出台某项宏观经济金融政策的意图。此外，金融与经济的关系也是金融学的一个重要原理。因为经济发展是金融发展的基础，而金融的稳定和效率又关系着经济的稳定和效率。

（三）为在金融行业就业提供基础知识储备

金融业以货币和各种金融资产为经营对象，以信用为基本方式，管理的是风险。银行、保险公司、证券公司、期货公司、投资基金公司等金融中介机构是金融行业的存在形态。金融业在国民经济大类中属于现代服务业。作为现代服务业，经济越发达，金融业越兴盛，对金融人才的需求也越大。金融行业也是一个收入相对较高的行业，成为最受大学生青睐的就业选择。此外，个人、企业和政府部门经常需要金融咨询服务，具有金融学背景，为在金融行业职业生涯提供了坚实的专业基础。

第二节 金融体系

一、金融体系的概念

金融体系（financial system）是以金融工具为对象，以金融机构和金融市场为载体，以金融制度为保障构成的有机系统。金融机构和金融市场是整个金融体系的核心，也是狭义的金融体系。金融体系是成熟经济体中资金流动的基本框架，功能完善的金融体系是经济体系正常运转的基础。金融体系的结构见图 1－1。

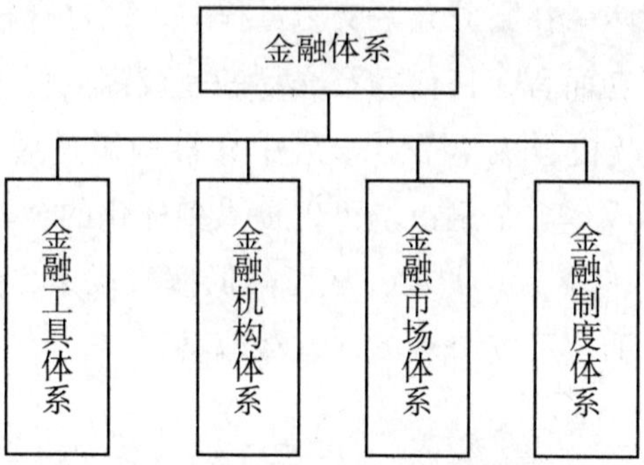

图 1－1 金融体系的结构

二、金融体系的功能

金融体系的基本功能是资金融通，有效的金融体系可以使资本以适当的形式促进经济增长。一个运转良好的金融体系，可以使有投资前景的公司获得所需资金，而投资前景不好的公司则无法获得融资。同样，有意愿且有能力以当期市场利率偿还债务的消费者就能够获得贷款而提前实现消费。随着金融体系的发展和完善，其功能也不断扩展。现代金融体系的功能可以归纳为下列五个方面：

（一）投资与融资功能

储蓄与投资是经济主体的基本金融决策，这些决策的实施要通过金融体系来完成。金融体系中的金融机构特别是存款类机构通过各种存款工具，为公众储蓄提供便利；金融市场通过股票、债券、基金及衍生金融工具交易，为公众的金融投资提供高效、便捷的途径。金融体系通过提供各种金融工具和交易机制满足企业、居民和政府部门融通资金的需要，为储蓄向投资的转化提供管道。银行等存款类机构通过贷款满足公众的信贷融资，资本市场通过发行债权类、股权类和其他类型金融工具，满足公众资本性融资需求。

（二）支付与清算功能

为各经济主体的商品和劳务交易提供支付与清算服务是金融体系的一项重要功能。传统银行通过票据，以转账支付方式完成款项清算。现代银行则依托电子网络系统完成基于电子货币介质的支付结算和资金清算，成为现代经济运行不可缺少的基础服务设施。在证券市场，同样依托电子网络系统，证券交易所与分布在世界各地的证券公司联网，能够实时完成证券交易的清算服务，成为证券交易正常进行的基本保障。

（三）降低交易成本功能

降低交易成本是金融体系在服务金融交易过程中，通过规模化经营和专业化运作体现的基本功能。对于融资者而言，任何融资交易的完成都要付出一定成本，包括资金的价格（利率）、各种费用及机会成本等。金融中介机构通过规模经营，可以合理定价，控制各种交易费用和时间成本。金融市场可以提供多样化的金融工具，满足不同融资者或投资者在期限、规模和风险上的需求，从而降低搜索成本，并且在竞争机制作用下，能够为融资者或投资者争取尽可能有利的成本或收益。

（四）管理风险功能

金融体系提供的种类丰富的金融产品和交易机制，设计的出发点就是为了转移风险、控制风险。商业银行的信贷管理核心就是风险定价和风险管理问题；保险公司是专门从事风险转移活动的金融中介；证券市场通过对各类金融工具的交易和定价，形成风险共担机制，实现投资风险的转移和分散；金融衍生品市场提供的各种金融衍生品交易目的是为参与者提供套期保值、转移和控制价格风险。

（五）提供信息功能

现代金融市场对交易双方相关信息的揭示和披露，不仅使投资者能够获取各种投资品价格以及影响价格的因素信息，而且筹资方也能够获取不同融资方式的成本信息，监管部门能够随时获取金融交易是否正常、合规的信息。商业银行在办理支付和清算以及贷款过程中，掌握了各经济主体的资金流动状况和经营状况，为金融监管部门监测全社会资金流量提供信息基础。

三、金融体系的类型

按照运作机制不同，通常把金融体系划分为金融中介主导型和金融市场主导型两大类。由于商业银行是最主要的金融中介，资本市场是金融市场的核心部分，因此，也称为银行主导型和市场主导型。

（一）银行主导型金融体系

在银行主导型金融体系下，商业银行成为金融体系的核心并发挥主导作用。商业银行通过吸收储蓄、提供贷款与投资，成为一国经济体中主要的资金供给者，而金融市场的作用相对较弱。银行主导型金融体系以德国和日本为代表。德国的银行经营模式为“全能银行制”，即银行除了经营存贷款业务外，还兼营证券业务与保险业务，并且银行与工业企业相互持股，为企业提供全方位的金融服务。日本的银行经营模式被称为“主办银行制”。其商业银行与企业关系紧密，不仅是企业的授信人，而且还是企业股东，并在企业经营管理中发挥重要作用。

银行主导型金融体系的优点是部分地解决了银企双方的信息不对称问题，而且银行成为企业股东，则会时刻关注企业经营状况，并能以较低的成本对企业进行监督。但同时也可能造成银行信贷风险的过度集中，导致银行危机。我国的金融体系也属于银行主导型体系，但是我国《商业银行法》规定不准银行持有企业股权，银行与企业的关系不像德国、日本那样紧密，银行不能干预企业经营。

（二）市场主导型金融体系

在市场主导型金融体系下，资本市场成为金融体系的核心并发挥主导作用。在这种金融体系下，企业的资金融通主要通过在资本市场发行有价证券来满足；资本市场形成不同的层次满足不同规模和条件的企业融资需求。资本市场的效率比较高，主要通过金融工具价格变化引导资源配置，政府干预较少。这种金融体系模式以美国、英国为代表。

通常认为，基于发达的资本市场的金融体系更灵活、对企业真实的金融需求更贴近。美国模式通常被认为更富竞争性；基于银行主导型的金融体系则被认为具有降低融资信息不对称、减少监督成本的优势。德国、日本模式表明，银行机构也有能力对非金融公司的投资决策施加影响。但这种区别并不是绝对的，事实上，自 20 世纪 80 年代以来，随着金融自由化、国际化的趋势，发达国家的金融体系呈现出同一化的趋势。德国、法国和日本先后通过金融改革，积极培育和推进资本市场的发展；而美国等市场主导型金融体系的国家，则通过改革取消对银行的管制，积极发展全能银行，增强了银行业在金融体系中的竞争力。

四、直接融资与间接融资

金融体系的作用是以最有效的方式将资金从盈余部门转移到赤字部门，直接融资（direct financing）和间接融资（indirect financing）是实现这种资金转移的两种基本方式。

直接融资是指资金需求方（赤字部门）在金融市场发行金融工具直接与资金所有者发生的融资。其基本方式是发行股票、债券。股票和债券的发行者，通过出售股票、债券，获得货币资金；资金所有者买进股票、债券，把资金融通给这些证券的发行者。在这个过程中，资金所有者和需求者之间，没有信用中介，而是通过金融工具的买卖直接完成融资，资金供求双方直接形成债权债务关系或者所有权关系。故名直接融资。

间接融资是通过银行等金融中介机构间接发生的融资。在间接融资活动中，银行首先通过存款方式以债务人的身份，从资金所有者（盈余部门）手中筹集资金，然后通过贷款方式再以债权人的身份，把资金贷放给资金需求者。在这个过程中，银行既是债务人又是债权人，充当了融资的媒介，而资金所有者和需求者之间，并不发生直接的债权债务关系。所以，这种融资方式称为间接融资。间接融资与直接融资的运作机制见图 1－2。

■ 拓展学习资料：直接融资与间接融资的国际比较

1－1

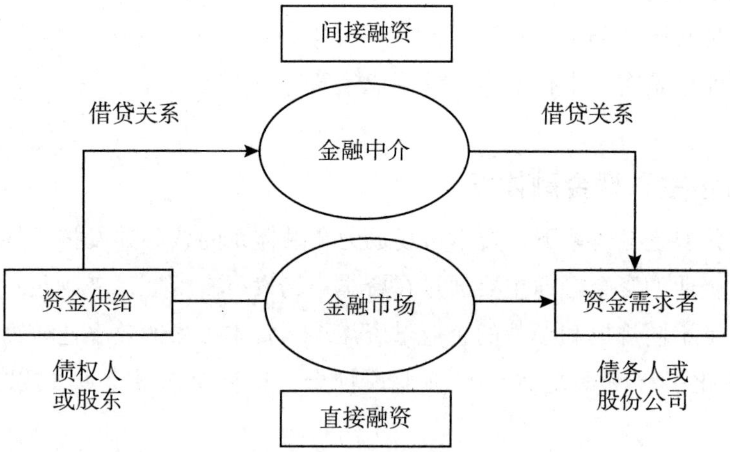

图 1－2　间接融资与直接融资的运作机制

五、金融工具

金融工具（financial instruments）也称为金融产品、信用工具，是经济主体间签订的各种金融合约。有些金融工具标示有明确的价值，并界定了交易主体间的债权关系或所有权关系，通常被称为金融资产，如债券、股票。金融资产是针对债权人而言的，是指那些具有价值并能给持有人带来一定货币收益的金融工具。由于人们购买并持有金融资产可以获得未来收益，许多金融资产就成为金融市场交易的工具。金融资产在金融市场上的价值取决于其能够给持有者带来的收益大小和风险高低。

另一些金融工具依据某项内部确定性事件产生，合约性质有的是债权债务，有的是或有债权债务，交易双方权利义务有时不对等，如银行票据、信用证、信贷承诺以及期货、期权等衍生金融工具。金融资产的范围小于金融工具的范围。金融工具或金融资产都是资金融通的载体，是金融市场交易的对象，是金融体系的基本构成要素。

六、金融机构

金融机构也称为金融中介（financial intermediaries）或金融中介机构，是从事金融业务经营的专业机构。国外教科书通常称为金融中介。詹姆斯·托宾（James Tobin）把金融中介称为“从事买卖金融资产事业的企业”“是有组织的金融市场的主要参与者”。[①] 斯蒂芬·G·切凯蒂等（Stephen G. Cecchetti et al.）著的《货币金融学》将金融中介定义为：存在于储蓄者与借款者之间的以资产与负债为主要金融工具的公司[②]。金融机构是金融体系的重要组成部分。银行作为间接融资的金融中介机构，通过吸收个人和公司的存款，然后向那些需要资金的个人和公司发放贷款。证券公司作为直接融资的金融中介，它不仅能够帮助公司进入股票市场和债券市场，而且能够决定新发行股票和债券的数量与价格。其他金融中介机构如证券投资基金可以帮助个人投资者对市场上交易的股票和债券进行分类，然后依据风险特征建立多样化的投资组合，实现收益与风险的最优搭配。金融中介机构的存在，能够起到降低交易成本，促进融资和投资活动顺利开展，以及管理风险的作用。

金融机构按照是否吸收公众存款，可以分为存款类金融机构和非存款类金融机构两类。存款类金融机构包括商业银行、信用社、储蓄机构；非存款类金融机构包括保险公司、投资银行（或证券公司）、证券投资基金、信托公司、金融租赁公司等。

➤ 专栏阅读与分析

我国的金融机构

我国金融机构是在1948年12月1日中国人民银行成立后逐步建立和发展起来的。经过70多年的实践，现在已基本上形成了以中国人民银行为主导，商业银行为主体，各类非银行金融机构并存、分工协作的金融机构体系。就中国转轨体制中的金融体系而言，银行主导型特色十分明显，虽然我国的市场化

---

① 新帕尔格雷夫货币金融大辞典（中文版第二卷）[M]. 北京：经济科学出版社，2000（7）：79.

② 斯蒂芬·G·切凯蒂和克米特·L·肖恩霍茨（Stephen G. Cecchetti & Kermit L. Schoenholtz）. 货币金融学（中文版第三版）[M]. 北京：北京大学出版社，2016（6）：253.

程度在不断提高，金融市场得到了快速发展，但在中国金融资产的构成中，仍以银行资产为主。

我国的金融机构，按其地位和功能大致可分为五大类：

第一类是中央银行，即中国人民银行。

第二类是商业银行。商业银行又可分为国有控股商业银行、全国性股份制商业银行、城市商业银行、农村商业银行、农村信用社、村镇银行等。

第三类是政策性银行。政策性银行是不以盈利为目的的特殊信贷机构。

第四类是非银行金融机构。主要包括保险公司、信托公司、证券公司、期货公司、消费金融公司、财务公司、金融租赁公司等。

第五类是在我国境内开办的外资、合资的金融机构。包括外资、合资的银行、保险公司等金融机构在我国境内设立的业务分支机构和驻华代表处。

七、金融市场

金融市场（financial market）是金融工具交易的场所。金融市场既是融资者发行金融工具筹集资金的场所，也是投资者购买金融工具进行投资的场所。现代金融市场是经济的中枢神经系统，它具有信息传递与信息反应、提供流动性、转移风险和价格发现的功能。金融市场的有效运转，使新公司不断成立，原有公司得到进一步发展；资金不足的个人获得贷款购买消费所需物品。金融市场还具有资源配置功能，通过尽可能地降低交易成本，使资源流向最有效的部门，从而提高经济运行效率。金融市场按照金融工具的性质分为股权市场和债务市场；按照市场功能可以分为货币市场和资本市场。

早期的金融市场是在具体的场所进行面对面交易的有形市场，随着通信技术和网络技术的快速发展，现代金融市场已经成为主要通过网络交易的无形市场。无论市场参与者还是交易规模、金融工具种类及交易效率都已得到极大拓展。现代金融市场发展程度已经成为衡量一国金融体系发育程度的重要标志。

八、金融制度

金融制度（financial institution）是对金融机构、金融市场和金融业务活动进行监督管理的一系列规范和法律的集合，是金融体系运行的规范和制度保障。金融制度通过提供统一的规则和组织安排，界定人们在金融交易中的选择空间和秩序，约束和激励交易者的金融行为，降低交易费用，防范金融风险，促进金融交易顺利进行，以保证金融体系基本功能有效发挥。

金融制度有规范金融市场行为的金融市场制度，如公司法、证券法、证券投资基金法、股票上市规则等；规范金融机构组织行为的金融机构制度，如商业银行法、保险法、信托法、村镇银行管理暂行条例等；规范具体金融活动的制度，如货币制度、汇率制度、贷款通则等。

第三节　金融发展与经济发展

金融是现代经济体系的核心，金融与经济具有十分密切的关系。经济发展决定金融发展，金融发展对经济增长具有长期促进作用。经济金融化、金融自由化是现代经济的一个显著特征，金融体系的发达程度是决定一国经济增长水平的重要变量之一。当然，金融发展和金融自由化进程也受到经济因素的影响。

一、经济发展决定金融发展

经济发展决定金融发展主要体现在以下两个方面：

（一）经济交易决定金融需求的产生

货币是适应商品交易活动扩展而产生的一般性交换媒介，以货币为对象的信用是为了满足人们商品交易中货币盈余和赤字的调剂需求而产生的。随着商品交易关系的进一步发展和深化，出现了多种信用形式和金融工具为商品交易的支付和清算提供便利，进而从经济部门中分化出专门经营货币信用业务的金融中介机构。现代社会经济中，经济越发达，交易关系越复杂，交易规模越大，金融业就越发达。脱离了实体经济，金融就成为无源之水，无本之木。

（二）经济发展水平决定了金融发展的规模、结构和层次

首先，经济发展水平决定了金融发展规模。随着经济发展水平的提高，金融的规模不断扩大。经济规模是经济发展水平的体现，经济规模越大，货币供给的规模也越大。从 1999 年到 2017 年，我国经济总量（GDP）增长了 8.13 倍，同时广义货币供应量（M_2）增长了 13.25 倍。一国的经济发展水平越高，国民收入越高，金融资产总规模也越高。此外，一国金融机构的数量、从业人员数也与经济规模直接相关。

其次，经济发展水平决定了金融结构。宏观经济的部门结构决定了金融结构，如现代部门与传统部门并存的二元经济结构决定了二元金融结构，即现代银行机构与传统民间金融并存；经济中开放部门与非开放部门的结构决定了金融业的开放结构。比如，1978 年以来，中国经济采取渐进式开放政策，适应经济部门的渐进式对外开放，金融部门也是如此，表现为外汇管制的渐进式放松，对国内金融机构的外国投资者持股比例限制等。

最后，经济发展水平决定了金融发展的层次。在经济发展的低级阶段，经济活动比较简单，金融活动主要体现为货币流通、货币融资和货币支付清算，层次较低。随着经济发展水平的提升，对金融需求的层次不断提升，新的金融工具、交易方式不断创新。同时，出现了保障金融稳定的金融调控、金融监管工具和方式。现代金融体系已经成为一个集金融交易、交易风险管理、金融调控和监管于一体的高层次组织体系。

二、金融发展促进经济发展

金融发展是指伴随着金融功能的完善与增强，包括金融的规模、结构和效率的提升，以及金融资源可得性的增长。金融发展水平与经济增长的正相关已被各国历史经验与理论实证检验所证明。金融体系的五大功能从微观视角阐述了金融发展对经济增长的作用机制。金融发展对经济发展的促进作用，主要通过以下几个途径实现：

1. 金融业除了为其他经济部门的交易提供基本的交易媒介、信用支持、支付与清算服务外，金融业作为现代服务业，是国民经济的重要组成部分，金融业产值的增长，直接增加国民生产总值，增加了社会就业，提高了国民财富和经济发展水平。

2. 金融能够提供有效的信息以降低交易成本，促进储蓄向投资转化，实现资源合理配置，从而促进经济增长。

3. 金融体系的稳定性与效率，金融中介的规模与结构，金融市场的规模与流动性以及金融资源的可获得性等因素都会影响资本积累、技术进步，进而促进经济增长。

三、金融发展的内涵及金融发展水平的衡量

（一）金融发展的内涵

金融发展的内涵随着金融理论研究的深入而不断演化和丰富，既是金融总量与规模的增长过程，又是结构变迁与优化过程，也是金融效率和金融功能不断提高的过程。

（1）金融发展是金融结构的变迁。戈德斯密斯（Goldsmith，1969）在其《金融结构与金融发展》一书中提出：金融发展是金融结构的变迁，而金融结构就是金融工具与金融机构的相对规模与分布。

（2）金融发展是金融自由化的过程。麦金农（Mckinnon，1973）在《经济发展中的货币与资本》和肖（Shaw，1973）在《经济发展中的金融深化》的著作中，针对欠发达国家和社会主义转轨国家进行研究，并认为：发展中国家普遍存在“金融抑制”，以金融自由化促进“金融深化”，解除政府对金融市场的各种干预，以使得银行流动性资产规模相对于国民收入扩大，实现金融发展。

（3）金融发展是金融体系效率不断提升的过程。进入 21 世纪后，随着小额信贷在部分发展中国家促进减贫的成功实践，金融发展的内涵进一步扩展到“普惠金融”（inclusive finance，也称为包容性金融）。2008 年全球金融危机发生后，人们又把“金融稳定性”概念纳入金融发展的内涵之中。

（4）金融发展是金融功能深化和提升的过程。莱文（Levine，2004）认为：金融发展的实质是金融功能不断得以深化与提升的过程，即“当金融工具、金融市场与金融中介减弱了信息、管制与交易成本的作用，从而为金融的五大功能①发挥提供更佳的机会，金融发展就得以实现”。

（二）金融发展水平的衡量

金融发展水平的衡量，通常有如下一些指标：

1. 金融结构的衡量指标

金融结构理论创立者美国经济学家戈德史密斯（Goldsmith，1969）指出，不同的金融结构代表了不同的金融发展水平。为此，他构建了一系列金融结构指标来衡量金融发展，主要有：

（1）金融相关比率（financial interrelation ratio，FIR）。金融相关比率是指金融资产总额与国民经济总量之比，是从总量角度衡量金融发展水平的重要指标之一，也是衡量金融深度的重要指标。

（2）金融工具比率。各类金融工具与金融工具总额之比。反映了金融工具的相对发行量。

（3）金融中介比率。各种金融中介机构持有的金融资产在所有金融机构总资产中的比例。该指标反映了金融中介的相对重要性。

2. 金融深度的衡量指标

金融深度指标是广义货币供应量与国内生产总值之比（M_2/GDP）。该指标是美国经济学家麦金农（McKinnon，1973）在金融相关比率基础上改进的金融深度衡量指标，主要反映一国金融体系的支付中介与动员储蓄的能力。

3. 金融功能的衡量指标

1993 年由金（King）和莱文（Levine）从金融体系功能角度提出了衡量金融发展水平的四个指标，分别是：

（1）Depth 指标：金融体系流动负债/GDP。用于衡量金融中介的总体规模，反映了一国金融体系动员储蓄的能力。

（2）Bank 指标：商业银行信贷资产/（商业银行信贷资产 + 中央银行国内资产）。衡量一国商业银行相对于中央银行的规模。其原理是商业银行比中央银行能更好地行使风险管理、资源配置的功能。

（3）Private 指标：银行对私营企业信贷/（国内信贷总额 - 银行同业信贷）。衡量私

---

① 莱文（Levine，1997）把金融体系的功能归纳为五种：便利风险的交易、规避、分散和聚积；配置资源的功能；监督经理人促进公司治理；动员储蓄；便利商品和劳务的交换。

人部门从银行获得的信贷量在信贷总量中所占份额，该指标反映金融中介机构配置资金效率的提升状况。

（4）Privy 指标：银行对私营企业信贷/GDP。衡量私人部门从银行获得的信贷量在 GDP 中的比重。该指标同样反映了金融中介机构配置资金效率的提升状况。

4. 股票市场的衡量指标

（1）股票市场的总市值/GDP。衡量一国资本市场通过发行股票动员资金的能力。该指标反映了金融市场配置资源效率的程度。

（2）（股票市值 + 私营部门发行债券市值）/GDP。衡量一国金融市场动员资金、资源配置的能力。该指标更综合反映了金融市场配置资源效率的状况。

四、金融创新与金融发展

（一）金融创新的概念和类型

金融创新（financial innovation）是金融体系内各种金融要素的重新组合而形成新产品、新机构、新市场和新制度的过程。金融创新与金融自由化、金融国际化和全球化是 20 世纪 70 年代以来国际金融领域最重要的发展趋势。

金融创新可以分为四类：

（1）金融工具创新。金融工具创新是最基本的金融创新，是狭义的金融创新。如 20 世纪 70 年代以来美国银行业基于规避存款利率管制的存款工具创新，基于股价、利率、汇率风险对冲而创新的期货、期权、互换等衍生金融工具。

（2）金融机构创新。基于网络信息技术而创新的电子银行、网络银行、直销银行；基于专业服务需求创新的私人银行、互联网银行、金融超市；基于综合经营而创新的金融控股公司。

（3）金融市场创新。金融市场创新主要表现为基于金融国际化创新的国际金融市场，如离岸金融市场、跨国交易所；基于金融衍生工具交易的金融衍生市场。

（4）金融制度创新。国际货币制度创新，如 1999 年开始启动的欧洲货币一体化——欧洲货币联盟；国际金融监管制度创新，如 1988 年由巴塞尔委员会出台的国际银行统一监管制度——《巴塞尔协议》，以及 1933 年美国最早针对银行倒闭风险创新的存款保险制度。

（二）金融创新的动因

对于金融创新动因的探讨形成了不同的金融创新理论，主要有：

1. “约束诱导”创新理论

“约束诱导”理论主要从供给方面探讨金融创新，由美国经济学家西尔伯（W. L. Silber）1983 年提出。该理论认为金融业受到外部的政府控制和企业内部的管理指标约束，导致金融效率降低和成本增加。金融业回避或摆脱其内部和外部制约是金融创新的根本原因。金融创新是各种约束因子的函数。

2.“规避管制”创新理论

“规避管制”理论由美国经济学家凯恩（E. J. Kane）于 1984 年提出，认为金融创新主要是由于金融机构规避政府的管制性制度导致的。政府管制实际上是对企业的隐性税收，阻碍了金融机构的获利机会。政府管制和金融业的规避管制是一种博弈行为，推动了金融创新发展。

3.“交易费用”创新理论

“交易费用”理论认为金融创新的动因是为了降低金融交易成本。该理论由美国经济学家希克斯（J. R. Hicks）和尼汉斯（J. Niehans）提出。交易成本高低决定了金融工具和金融业务创新是否具有实际价值，金融创新实质上是对科技进步导致交易成本降低的反应。

4.“制度因素”创新理论

“制度因素”理论是在新制度经济学派理论基础上产生的，认为金融创新是一种制度创新，金融创新是一种与经济制度相互影响、互为因果的制度变革。金融体系内任何因制度改革而引起的变动都可以视为金融创新。金融创新与社会制度紧密相关。

（三）金融创新对金融发展的影响

金融创新的目的是为了适应金融和经济发展需要，因此，它必然能够促进金融发展。但金融创新产生的消极影响也不可忽视。

1. 金融创新的积极影响

金融创新的积极影响主要表现在下列三个方面：第一，大量创新的金融工具和新型金融机构，有利于更好地满足多样化的金融服务需求，提高金融机构运作效率，增强金融机构基本功能；第二，创新的金融工具和融资方式、交易技术以及交易市场，有利于满足投资者多元化投资组合和风险管理需求，提高了金融市场运行效率，增强了金融市场基本功能；第三，金融创新加速了金融自由化、国际化和全球化进程，有利于金融资源的优化配置。

2. 金融创新的消极影响

金融创新的消极影响主要表现在下列两个方面：第一，金融创新使金融业风险增大，对金融监管带来挑战。金融创新易于出现监管空白，导致金融市场过度投机和泡沫膨胀，易于滋生新的金融风险，监管的难度加大；第二，金融工具创新，使传统货币政策目标、工具、传导机制发生新变化，削弱了中央银行货币政策调节能力和效果。

➤ 本章小结

（1）国外的金融范畴其外延涉及的主要是财务管理（理财）、资本市场运营及其资产定价等微观金融层面。国内对金融的理解更为宽泛，微观金融和宏观金融都属于基本的金融范畴。金融学是研究微观经济主体的个体金融决策和金融体系运行机制以及宏观金融调控规律的科学。

（2）金融体系是以金融工具为对象，以金融机构和金融市场为载体，以金融制度为保障构成的有机系统。功能完善的金融体系是经济体系正常运转的基础。金融体系具有五大功能，分别是：投资与融资功能、支付与清算功能、降低交易成本功能、管理风险功能、提供信息功能。

（3）按照运作机制不同，通常把金融体系划分为银行主导型和市场主导型两大类。直接融资和间接融资是金融体系实现资金从盈余部门转移到赤字部门的两种基本方式。

（4）金融工具也称为金融产品、信用工具，是经济主体间签订的各种金融合约。金融资产是针对债权人而言的，是指那些具有价值并能给持有人带来一定货币收益的金融工具。金融资产的范围小于金融工具的范围。金融工具或金融资产都是金融市场交易的对象，是金融体系的基本构成要素。

（5）金融机构是金融体系的重要组成部分，其业务活动既包括间接融资，也涉及了直接融资。金融机构可分为存款类金融机构和非存款类金融机构两类。

（6）金融市场是金融工具交易的场所。现代金融市场是经济的中枢神经系统，它具有信息传递与信息反应、提供流动性、转移风险和价格发现的功能。现代金融市场发展程度已经成为衡量一国金融体系发育程度的重要标志。金融制度是对金融机构、金融市场和金融业务活动进行监督管理的一系列规范和法律的集合，是金融体系运行的规范和制度保障。

（7）金融与经济具有十分密切的关系。经济发展决定金融发展，金融发展对经济增长具有长期促进作用。金融发展既是金融总量与规模的增长过程，又是结构变迁与优化过程，也是金融效率和金融功能不断提高的过程。衡量金融发展水平，可以从金融结构视角、金融功能视角，还可以采用金融深度指标、股票市场发展指标。

（8）金融创新是金融体系内各种金融要素的重新组合而形成新产品、新机构、新市场和新制度的过程。金融创新的动因有“约束诱导”“规避管制”“交易费用”和“制度因素”。金融创新能够促进金融发展，但也会产生消极影响。

➤ 关键术语

金融体系　金融工具　金融中介　金融市场　金融制度　金融发展　金融创新

➤ 思考与练习

（1）国内与国外关于金融学研究对象的差异有哪些？

（2）金融体系的基本结构由哪些部分组成？

（3）金融体系的基本功能表现在哪些方面？

（4）直接融资与间接融资的联系和区别是什么？

（5）如何理解金融发展与经济发展的关系？

（6）金融创新的类型有哪些？

➢ 进一步学习的资源

[1] 张杰．中国金融制度的结构与变迁［M］．北京：中国人民大学出版社，2011.

[2]［美］辛乔利．现代金融创新史：从大萧条到美丽新世界［M］．北京：社会科学文献出版社，2019.

[3]［美］弗雷德里克·S. 米什金．货币金融学（第七版）［M］．北京：中国人民大学出版社，2006.

[4]［美］兹维·博迪，罗伯特·C. 莫顿．金融学（第二版）［M］．北京：中国人民大学出版社，2013.

CHAPTER 2

第二章　货币与货币制度

➢ **本章导入**

货币是商品经济发展的产物，货币形态经历了从商品货币到金属货币再到信用货币的演变历史，货币形态的演变既是货币作为交易媒介寻求最合适币材的选择过程，也是经济规模不断扩大对货币需求量增长的客观要求。如何认识货币的本质与职能？什么是币制？货币范畴包括哪些？本章将对这些理论问题做系统阐释。

➢ **学习本章后，你将能够**：

- 认识货币的职能与本质
- 理解金属货币最终被纸币替代的根源
- 弄清货币、收入、财富的异同
- 懂得货币制度的重要性及其演变的原因
- 认识货币层次的内涵及其意义

第一节　货币的起源与演变

一、货币的起源

货币（money）是随着物物交易的发展而产生的。人类社会的商品交易可以划分为两个时期，一个是没有货币的时代，人们的交易是以物易物；另一个是通过媒介工具来完成的交易。利用媒介工具是物物交易发展到一定规模和范围之后，因交易变得越来越复杂，甚至无法完成，人们寻求解决之道的结果。古典经济学家穆勒（John Stuart Mill, 1848）说过："物物交易的不便如此严重，以至于如果没有某些更便于实现交换的手段，就业分工就几乎不可能推进到任何重要的程度"①。

① ［美］彼得·纽曼，［美］默里·米尔盖特，［英］约翰·伊特韦尔．新帕尔格雷夫货币金融大辞典（第一卷）［M］．北京：经济科学出版社，2007：384.

中国古代典籍最早提到物物交易的是《易·系辞下》中提到的一些传说，相传神农氏时，“日中为市，致天下之民，聚天下之货，交易而退，各得其所”。后来随着交易规模的扩展，基于交易更顺畅的目的，人们逐渐从交易过程中认识到，用大家都愿意接受的一种物品来换取自己所需要的，交易最容易成功。这样，就从交易中筛选出一些能被大家普遍接受的商品作为交易媒介，以便利交易过程。这些物品就是一般等价物（universal equivalent），就是货币。它可以与所有商品处于等价地位，也就是能够被普遍接受的东西。因此，从货币本源来考察，可以将货币定义为：从大量商品中分离出来以执行“一般等价物”职能的一种特殊商品。

贝壳是中国最早的货币之一，这可以从汉字中同价值、钱财有关的字往往含有“贝”字旁看出，如财、贫、贱、贵、买（買）、卖（賣）等。贝壳有很多种类，作为货币使用最多的是齿贝，学名叫“货贝”。贝币在夏朝就已经使用，到商代已经成为主流货币，普遍使用。商代的卜辞和青铜器铭文中有许多关于贝的记载，如“锡（赐）贝”“赏贝”“取贝”。

货币的产生使物物交易经济演变为货币经济，进而迈向更高级的信用经济。货币经济极大地降低了交易成本，促进了商品的流通和经济的发展，货币的产生是人类历史上一次伟大的金融创新。

我国著名钱币学家彭信威考证，“货币”一词，在春秋战国时代，是两个不同的概念。在战国时期，“货”是指一切商品，货币商品也包括在内，直到汉代，还是被解释为实用物，并不专指货币，只有王莽时期的宝货制，是指货币。“币”字，在战国时期是指皮、帛。由于皮、帛在春秋、战国时期已经是重要的支付手段，而支付手段也是货币的一种职能，所以，“币”字就逐渐取得货币的含义。至于货币何时作为一个名词使用，还有待考证。但中国古代多用钱币一词①，钱（jiǎn）是中国古代的一种农具，形似铲。

二、货币形式的演变

货币产生以后其形式随经济发展不断演变，可分为商品货币和信用货币两个阶段。商品货币（commodity money）是指以某种有形商品充当货币，这种货币形态包括实物货币和金属货币两个阶段。商品货币具有使用价值和交换价值，其内在价值与所代表的货币价值相一致，是足值货币（full-bodied commodity money）。信用货币是以发行者的信用为保证投放市场的货币。到信用货币时期，货币形态更加丰富，包括纸质货币、存款货币和电子货币三种形态。

（一）实物货币

实物货币本身就是一种日常生活中使用的物品。在中外各国历史上，商品货币种类

---

① 这里主要参考彭信威．中国货币史［M］．上海：上海人民出版社，2007：5－6.

很多，如海贝、盐、象牙、牲畜、皮革、米粟、布帛、农具甚至烟草等都充当过货币，在中国使用时间较长、影响较大的有两类：一类是贝币，另一类是谷帛。

贝币是中国最早的货币之一。它以产于南洋海域的海贝为币材。这种海贝原来是用作装饰物的，具有一定实用性。由于它坚固耐用，价值较高，携带方便，有天然单位，深受人民喜欢而被当做货币使用。贝的货币单位为"朋"，通常十贝或五贝为一朋，说法不一。中国使用贝币的时间很长，从殷周时期开始，至秦始皇统一中国货币后废除贝币，使用了近千余年时间。在中国云南一带，贝币一直使用到清初。在亚洲、非洲、美洲和欧洲的许多民族和国家，也都曾使用过贝币。谷帛也是中国历史上影响较大的商品货币。

货币要有效发挥其作用，须具有某些特质和属性，包括价值的稳定性、普遍接受性、供应具有弹性、质地均匀并易于分割、易于保存并便于携带。但是实物货币大多形态、质地不等，不易分割，不便保存和携带，而且价值不稳定，所以不是理想的交易媒介。

➢ 专栏阅读与分析

中国古代的商品货币——谷帛

谷、帛在中国历史上是两种重要的支付工具，它们的货币性在各个时代只有程度上的不同。当钱币缺乏，币制混乱或货币购买力剧烈波动时期，谷帛的货币性就马上增强，有时甚至完全取代钱币的地位。例如在王莽末年，钱币不行，民间以布帛金粟进行交易。东汉时布帛已经逐渐取得支付工具的地位。西晋时期，官吏的俸给，完全用谷帛等实物。而北魏在太和十九年用钱以前，曾有十几年间，租赋、计账、赈恤、俸给、借贷等完全是用谷帛作为价值尺度和购买手段。到了唐朝，绢帛同钱币一起成为十足的货币，用于计价、交易、借贷、税捐、俸给、劳务报酬、经费开支、赏赐、租费，甚至贿赂等也大多用绢帛支付。同时绢帛也充当了储藏手段。

资料来源：彭信威．中国货币史［M］．上海：上海人民出版社，2007.

（二）金属货币

金属货币用金属作为货币材料，是足值货币。与商品货币相比，金属货币具有质地均匀、价值稳定、易于分割、易于储藏等优势，更适宜于充当货币。就金属货币本身发展而言，以贵金属黄金作为货币材料是金属货币发展史上的鼎盛时期。黄金作为货币材料的历史比较长，英国早在13世纪中叶就有了金币铸造，但是以黄金作为本位货币，则是在资本主义有了较大发展以后，历史上最早实行金本位制的国家是英国，开始于1816年。19世纪以后，其他欧洲国家和美国也相继实行了金本位制。1929～1933年的世界性经济危机，使欧美各国相继放弃了国内的金本位货币制度，但是直到1971年黄金才正式非货币化，从货币流通领域中退出。

中国是最早使用金属货币的国家，从春秋战国时代开始，铜铸币就已经广泛流通。在中国历史上，流通中的铸币主要是由铜、铁等贱金属铸造的，金、银主要是作为储藏财富的工具，还有作为支付手段，例如赏赐、馈赠和贿赂。

金属充当货币材料采用过两种形式：一是秤量货币，二是铸币。

秤量货币以金属条块的形式发挥货币作用。金属货币出现后，开始是以金属条块形式流通，金属条块在使用时每次都要秤重量，鉴定成色，所以称为秤量货币。秤量货币在中国历史上使用的时间很长，典型的形态是白银。从汉代开始使用的白银，一直是以两为计算单位，以银锭为主要形式。银锭分为四种形式：一是元宝，也称马蹄银、宝银，每枚重约五十两；二是中锭，也称小元宝；三是小锭，重约一二两到三五两；四是碎银，重量在一两以下。白银在使用时，每次都要验成色、称重量。中国的金属货币形式直到1933年国民党政府的“废两改元”币制改革，才彻底结束。

铸币是铸成一定形状并由国家印记证明其重量和成色的金属货币。铸币的出现，克服了秤量货币使用时的种种不便，便利了商品交易。铸币最初形态各异。如中国历史上铸币的形状有仿造贝币而铸造的铜贝、银贝、金贝；有仿造刀状而铸造的刀币；有仿造铲状而铸造的布币等。最后铸币的形态逐渐过渡统一到圆形，因为圆形便于携带、不易磨损。中国最早的圆形铸币是战国中期的圜钱（亦称环钱），流通全国的则是秦始皇为统一中国货币而铸造的秦半两，这种铸币为圆形，中间有方孔，一直沿用到清末。因为钱有方孔，所以，历史上称钱为“孔方兄”。西方国家金属铸币采用的是圆形无孔的形式，币面通常铸有统治者的头像。清朝末年，受流入我国的外国银元的影响，方孔铸币被圆形无孔铸币所代替。

金属作为货币材料，特别是当流通中的货币是足值的金属铸币时，货币的价值比较稳定，能够为交换提供一个稳定的货币环境，有利于商品经济的发展。但是金属货币也有难以克服的弊端，这就是面对不断增长的经济总量来说，货币的数量很难保持同步的增长，因为金属货币的数量受金属的储藏和开采量的先天制约，特别是贵金属。因此在生产力急速发展时期，大量商品往往由于货币的短缺而难以销售，引发萧条。同时金属货币在进行大额和远途交易时不便携带，也影响了金属货币的使用。

在中国历史上就曾多次出现由于金属短缺而造成的流通中铸币的不足，人们不得不用谷帛作为交易媒介，甚至回复到物物交换。

➢ 专栏阅读与分析

春秋战国时期的铜铸币

在春秋战国时期，铜铸币成为主要货币形式，按其形状可以划分为四类：布币、刀币、镙、蚁鼻钱。

（1）布币是由农具铲演变而来的，可能是“镈”字的同声假借字，镈是中国古代农具的名称。布币主要流通于河南、山西、陕西和河北一带。布币又有空首布、平首布之分。布币形状似铲，其布首空心可以插入木柄，故名空首布，后来演变成布首不空，成了实心扁平状，所以就称为平首布。(2) 刀币是由实用的刀演变而来，原形未变，根据形状分为大小两类。大刀是齐国的货币，小刀是燕国的货币。(3) 镮是战国时期币制的一个重要体系，是一种承上启下的货币形态。其特点是圆形，中间有一圆孔。镮很可能是从纺轮演变出来的。(4) 蚁鼻钱，也称鬼脸钱，是在椭圆形的脸形上有阴刻文字，字中间加一个穿孔，仿佛一只蚂蚁。

资料来源：彭信威．中国货币史［M］．上海：上海人民出版社，2007.

（三）纸质货币

纸质货币即纸币（paper money），是在金属货币流通基础上产生的货币形态，是货币材料自然选择的必然结果，它解决了金银等金属货币存在的天然损耗、携带不便等问题，这是货币史上的一个巨大跨越。纸币除了本身没有实际价值之外，具备作为货币材料的其他优点。所以，自产生以后直到如今，纸币已成为我们经济生活中货币的基本存在形态。纸币是信用货币，以发行者的信用为保证。从历史发展来看，纸币包括两种形态：一种是可兑现的纸币，另一种是不兑现的纸币。

可兑现的纸币也称为银行券（bank note），是早期的纸币形态，是银行产生以后由各家商业银行分散发行并保证随时兑换金、银货币的纸质货币，也可称为代用货币（代表金银这类实质货币流通的货币形式）。银行券的发行和流通是贵金属货币无法满足日益扩大的商品交易需要的必然结果，也体现出纸制钞票终将取代贵金属铸币流通的趋势。最初，普通商业银行都可发行银行券，到 19 世纪，随着工业化国家中央银行体制的普遍建立，各国先后授权中央银行垄断银行券发行权。如 1844 年英国通过《比尔条例》（也称《英格兰银行条例》）使英格兰银行获得英镑发行特权，并最终于 1928 年成为英国唯一的货币发行银行。

不兑现的纸币是在银行券由中央银行统一发行后，不能再兑换贵金属货币，而是以国家信用为保证，由法律强制流通的纸质货币。这样纸币斩断了原来与金银货币的兑换关系，但是为了维持币值稳定和公众信心，国家规定本国货币发行要有部分金银等贵金属准备。随着货币制度演变，贵金属准备比率不断递减，但只要国家信用能够维持币值稳定和公众信心，没有贵金属准备的货币也能够正常流通。到 20 世纪 70 年代中期，“牙买加协定”规定黄金非货币化，西方各国的货币彻底割断了与贵金属的联系。不兑现的纸币以国家信用为流通保证，是不足值货币，成为纯粹的货币符号。当今世界各国发行的纸币都是这种性质。

中国是世界上使用纸币最早的国家。公元 10 世纪，北宋就开始使用纸币——交子。交子最初是由商人发行的，可以兑现，后来由于商人破产，而改由官府发行。北宋以后，南宋、金、元、明等各朝代都有纸币流通，主要由官府发行，通常不能兑现。

（四）存款货币

随着银行信用的发展，银行以记录于账簿上的活期存款转账为形式的非现金支付，大大节省了流通中的现金货币，活期存款发挥着货币的作用，称为存款货币。银行存款本身就是银行信用的基本形式，所以存款货币也是信用货币的重要形式。此外，在商业信用基础上产生的可以流通转让的商业票据也发挥着和银行存款同样的作用，也是信用货币。

（五）电子货币与数字货币

随着计算机和网络信息技术的发展，货币形态从有形向无形，出现了代替纸币的电子货币。电子货币是以计算机及其网络为基础，以传输电子数据方式为实现流通和支付功能的货币形式。这些电子数据的传输以银行存款为基础，因此，电子货币也是一种信用货币。电子货币的使用需要借助一定的介质，主要有卡基支付、网络支付和移动支付等。卡基支付包括银行发行的借记卡、贷记卡在 POS 机上消费、ATM 转账，以及非金融机构发行的储值卡（公交卡、超市购物卡、加油卡等）在专用终端机上消费支付；网络支付主要是通过各银行的网银支付、互联网第三方支付（如支付宝等）；移动支付是通过手机等移动通信工具进行的电子支付。

进入 21 世纪以后，随着互联网技术的广泛应用，出现了一种不依托专门的货币发行机构，建立在互联网众多节点构成的分布式数据库和数字加密技术基础之上，依据特定算法，通过大量数学计算产生的网络数字货币。2009 年 1 月基于互联网产生的去中心化的比特币（Bitcoin）是其最初形态。网络数字货币去中心化特性与特定算法可以消除造假的可能性，其基于密码学的设计可以使该货币只能被真实的拥有者转移或支付，确保货币所有权与流通交易的匿名性和可溯源性。数字货币与纸币一样，本质上都属于纯信用货币，但数字货币可以进一步降低货币发行和流通成本，并能在更广泛的领域内以更高效率加以应用。但是网络数字货币去中心化的发行机制，依然存在着与历史上私人银行发行货币类似的根本性缺陷：价值不稳，公信力不强，可接受范围有限，容易产生较大负外部性。比特币等网络数字货币仅仅是在某些网络游戏等虚拟领域或者有限的私人场合使用，缺乏足够的公信力，甚至被作为投机炒作的工具。因此，比特币等网络数字货币不是真正的法定货币，但货币当局会借鉴数字货币基于加密算法、可溯源性等技术优势，推出央行发行的法定数字货币，将是现代货币形态发展的一个里程碑。

货币形式随着经济交易规模的扩大和深化而不断演变，是人们为适应经济交易需要，主动寻求最适合币材的选择结果，也表明货币的外在形式不断脱离具体物质形态的束缚，逐步变得更抽象化和虚拟化的趋势。

■ 拓展学习资料：法定数字货币的可塑性论证

2－1

➢ 专栏阅读与分析

战俘营里的货币

第二次世界大战期间，在纳粹的战俘集中营中流通着一种特殊的商品：香烟。当时的红十字会设法向战俘营提供了各种人道主义物品，如食物、衣服、香烟等。由于数量有限，这些物品只能根据某种平均主义的原则在战俘之间进行分配，而无法顾及每个战俘的特定偏好。比如有人喜欢巧克力，有人喜欢奶酪，还有人则可能更想得到一包香烟。因此战俘们有进行交换的需要。但是物物交换有时非常不方便，因为它要求交易双方恰巧都想要对方的东西。为了使交换能够顺利地进行，需要有一种充当交易媒介的商品。

那么，在战俘营中，究竟哪一种物品适合做交易媒介呢？许多战俘都不约而同地选择香烟来扮演这一角色。战俘们用香烟来进行计价和交易，如一根香肠值10根香烟，一件衬衣值80根香烟，替别人洗一件衣服则可以换得两根香烟。有了这样一种记账单位和交易媒介之后，战俘之间的交换就方便多了。

资料来源：曹艺，方凤玲主编．货币银行学［M］．北京：中国人民大学出版社，2010：1.

问题思考：

（1）从货币的特性来分析，香烟为什么会成为战俘营中的“货币”？

（2）香烟属于货币形态的哪一种？

第二节　货币的本质与职能

一、货币的本质

货币的本质就是货币的根本性质。关于货币的本质历来就是货币经济史上颇具争议的理论问题，不同的经济学家有不同认识，可谓莫衷一是。概括起来，主要有下列几种学说：

货币财富说。15世纪中叶到17世纪初，是欧洲重商主义时期。重商主义学说认为财富就是能够变换为货币之物，金银等贵金属是社会财富的主要形态，因此，重商主义者在一定程度上将货币与财富等同，认为财富就是货币，货币就是财富。

货币名目说。产生于17世纪末的英法两国。作为反对重商主义的理论，货币名目说认为货币仅是便利交易的技术工具，仅是换取财富的票券，仅是价值符号。代表人物法国的孟德斯鸠（Charles Montesquieu，1689～1755）认为货币是一种标记，代表着一切商品的价值。金银是商品价值的标记，而纸币是金银价值的标记，当金银价值良好的时候，纸币也能很好地代表它，二者在效用上毫无区别。凯恩斯（John Maynard Keynes，1883～1946）认为，货币不仅仅是交换媒介，而且信用货币是最佳存货，具有储藏财富的职能。

货币数量说。货币数量说的早期代表人物大卫·休谟（David Hume，1711～1776）认为，货币只是人们约定用以便利商品交换的一种工具，社会财富与贵金属的多寡无关。商品价格随货币数量的变动而发生正比例变动。货币数量变动决定着货币价值，它与货币价值高低呈反比例变动。

货币商品说。亚当·斯密（Adam Smith，1723～1790）是这一学说的早期代表，他肯定地认为货币是一种商品，并把贵金属与货币等同，他进一步认为货币的价值是由劳动量或产生费用所决定的。

马克思对货币本质的认识也属于货币商品学说，但马克思在继承前人研究的基础上，又有新的更深刻的认识，他认为货币是一种起一般等价物作用的特殊商品。货币这种商品也是劳动产物，具有使用价值和价值，但其使用价值和价值都具有二重性。马克思还认为货币是商品经济关系（产生关系）的表现形式之一。

比较来看，货币商品说的古典学派认为货币赋予商品的是价值，不是价值形式，马克思货币说则认为货币赋予商品的不是价值，而是价值形式。因为商品价值的质和量是由凝结在商品中的抽象劳动和社会必要劳动时间所决定的，货币只不过是把商品价值的质和量表现出来，所以货币是一般等价物。古典学派认为货币商品是生产的产物，只要金银从地下挖出来，就能作为货币。马克思认为货币商品是劳动的产物，更是交换的产物，即卖的产物。金银在它的生产者手中，还是一般商品，不是货币，只有通过交换，当它在其他一切商品所有者手里时，才是货币。

在现代教科书中，美国经济学家米什金（Frederick S. Mishkin）著的《货币金融学》（第11版）对货币的定义为：在产品和服务支付以及债务偿还中被普遍接受的东西。黄达主编的《金融学》将货币定义为：货币是普遍被接受的作为购买、支付的手段，是市场经济中的一般等价形式。综合上述分析，我们把货币的本质概括为：货币是在商品和劳务交易中被普遍接受的交易媒介，是一般等价物。

二、钱、货币、财富、收入的关系

日常生活中，人们常常把货币称为钱，如朋友问你：带钱了没有？这里的钱更多是指现金，也称为通货（currency），通常是指流通于银行体系外的现钞，包括居民、企业单位持有的现钞，但不包括商业银行持有的库存现金。在经济学范畴中，货币的范围不仅包括通货，还包括私人部门在银行的活期存款等。在银行业发达的当今社会，利用银行活期存款转账完成的交易所占比例很大，现金交易仅占一小部分。财富是指用于价值储藏的各种财产的总和，不仅包括货币，还包括债券、股票、金银、艺术品、土地、房屋、家具和汽车等等。有时人们常常会问：你一个月赚多少钱？这实际上是指收入，收入是指在某一时间段内收益的流量，而货币是一个存量概念，是某一特定时点上的一个确定的金额。

三、货币的职能

货币的职能是货币固有的功能，是货币本质的具体体现。不管任何形式的货币都至少具有四项职能：交易媒介、价值标准、支付手段、财富储藏手段。

（一）交易媒介

交易媒介是货币最基本的职能，这源于货币就是为了克服物物交易的不便而被人们选择出的一种作为媒介或工具的特殊商品。货币的交易媒介功能决定于充当货币商品的普遍可接受性，表现为人们在日常交易中都愿意用自己的物品去交换那些被大家一致认定普遍接受的物品，这种物品就发挥着一般等价物的作用。在这种交易中，即使某人现在不需要一两白银，他也愿意在交换自己的物品时接受它，因为他知道当他用这些白银交换他需要的物品时对方愿意接受。交易媒介功能就是马克思所讲的流通手段职能。

（二）价值标准

货币的第二项功能是充当价值标准，就是利用货币来比较各种物品的相对价值。这就像公里是距离的测量单位那样，货币成为价值的计量单位。这种计量单位必须是固定的标准，如黄金、白银在中国用“两”为单位，国外用“盎司”，这种统一规定的用以衡量货币本身的计量单位，就是价格标准（也称为货币单位）。很难想象，在现代社会，若没有这个价值计量单位，商店琳琅满目的商品都用不同的物品来表示其价格，如某个便利店一碗方便面的标价为 6 根火腿肠，另一家小卖部一碗方便面标价为 10 个棒棒糖，我们如何知道哪家的方便面更便宜？此外，有了货币作为价值标准，简化了会计核算。假如，一个商业企业成千上万种商品都用实物数量来做账簿记录，其会计盈亏核算几乎是不可能完成的。当所有交易都用货币作为标准在账面记录其价值，企业盈利或亏损有了统一标准尺度来核算，就容易多了。

（三）支付手段

货币的支付手段是随着信用关系的产生而派生出的功能，即货币作为延期支付的手段清偿债务。当经济中出现借贷关系后，货币就作为延期支付债务的价值标准。比如有一天你向别人买了东西，但是以后再付款，并且支付是以货币表示。这就是马克思所说的货币作为价值的单方面转移。此外，还包括交纳赋税、支付租金和工资等。货币支付手段的职能会带来两方面问题：一是货币的价值随时间而变化，到期支付的货币有时会出现贬值；二是支付手段的广泛应用，会形成债务链，链条上的某一环节出现问题，会导致整个社会的支付危机。

（四）财富储藏手段

财富储藏手段职能是货币退出流通领域被人们当作独立的价值形态和社会财富的一般代表保存起来。货币是一般等价物，谁拥有货币就等于拥有商品或服务，于是人们就认为货币是财富的一般代表。货币的这种性质，引起了人们储藏货币的欲望。货币作为财富储藏手段，严格地讲，必须是金属货币特别是金银才具有这个职能。现代信用货币尤其是不兑现的纸币，从长期来看，由于容易贬值，作为财富储藏缺乏效率。但是货币至少在短期内，以小数额，并且在经济正常情况下还是可以较好地发挥价值积累和财富储藏功能。

第三节 货币制度

一、货币制度及其要素

货币产生以后，在商品经济中发挥着不可替代的作用，自金属货币作为主流币材后，在前资本主义社会的相当长时间内货币流通比较混乱。由于缺乏严密的制度，货币私铸现象十分普遍，其形制、重量、成色差异很大，不同形态货币折算复杂，不足值货币经常充斥市场，公信力不足，贬值时有发生，导致货币流通很不稳定，不利于商品经济发展。随着资本主义经济制度的确立，货币流通领域的混乱问题，使政府认识到必须建立统一、规范的货币流通制度，才能有效地利用货币来实现经济稳定发展的目标。

货币制度是国家以法律形式规定的本国货币流通的结构和组织形式，简称币制。建立货币制度的根本目的是为了保证货币和货币流通的稳定，使货币能够有效地发挥其职能。从广义来讲，货币制度包括国家货币制度、国际货币制度两类。从具体形式来看，货币制度可分为：金属货币制度、不兑现的信用货币制度。

货币制度一般包括下面四个基本要素：规定货币材料与货币单位；本位币和辅币流通的规定；货币铸造发行的程序；货币发行准备制度。

（一）规定货币材料与货币单位

由法律规定铸造货币的材料是一国货币制度的首要选择。币材的不同，是货币制度划分的基本标准。按照币材的不同，历史上的货币制度可以划分为银本位制、金银复本位制、金本位制、不兑现的信用本位制四种类型。现代各国都实行不兑现的信用货币制度，不再规定货币材料。

货币单位的确定包括两方面：货币单位的名称；货币单位的价值。

货币单位的名称在金属货币时代，通常就是货币金属的重量单位，如白银的“两”，英镑的“镑”。后来货币单位名称逐渐和货币重量单位脱节了，国际惯例是货币单位名称前加国名，如“元”就是通用的货币名称，美元、加元、日元等就是这样命名的。

货币单位的价值就是确定货币单位所包含的金属重量和成色。中国历史上的秦半两、汉五铢都是当时所规定的货币单位重量。在不兑现的信用货币制度下，国家不再规定货币单位的价值，货币单位的价值主要是与外国货币的比价（汇率）确定中体现出来的。

（二）本位币与辅币流通的规定

国家规定流通中货币分为本位币和辅币。

（1）本位币（standard money）。本位币也称为主币，是一国流通中的基本通货，是法定的基本价格标准，金属货币时代通常用金银等贵金属铸造。本位币的最小规格通常是一个货币单位，如我国人民币的本位币包括 1 元、5 元、10 元、20 元、50 元、100 元。在金属货币制度下，本位币是按照规定的货币金属和货币单位价值铸造的货币，其名义价值与实际价值相一致，是足值的货币。

本位币流通的规定：

①本位币具有无限法偿能力。使用本位币支付的金额不受数量限制，无论金额多大，对方都不能拒绝接受。

②规定本位币的磨损公差。为避免重量不足的铸币自由流通而导致本位币贬值，金属货币制度中，一般都规定了每枚铸币磨损后实际重量与法定重量之间的差额，即磨损差额不能超过规定的最大限度。这种法律允许的磨损程度即为磨损公差。

在不兑现的信用货币制度下，本位币的磨损公差的规定改为纸币流通年限的规定，但具有无限法偿能力的规定还存在。

（2）辅币。辅币是本位币以下的、供零星小额交易的通货，如我国人民币的角、分。辅币通常是用铜、铝、镍等贱金属铸造的不足值的铸币，其名义价值高于实际价值。

辅币流通的规定：

①辅币是有限的法偿货币。规定交易中辅币支付的最高金额，如超过这一金额，对方有权拒绝接受。如美国曾经规定：用 10 美分以上的辅币支付时，一次支付限额为 10 美元。

②辅币可以与本位币自由兑换。辅币与本位币规定固定的兑换比例，可以自由兑换本位币，从而保证辅币可以按它的名义价值进行流通，提高流通效率。

（三）货币铸造发行的程序

（1）自由铸造与限制铸造。在金属货币制度下，本位币可以自由铸造，即公民有权把货币金属条块送到国家造币厂请求铸造成本位币，且不受数量限制。金属货币自由铸造的最大好处是有利于保持其名义价值和实际价值基本一致，使本位币能够自动调节流通中的货币需要量，这实质上是发挥了金属货币价值储藏功能的货币蓄水池作用。辅币不能自由铸造，即辅币由国家统一铸造，公民不能拿货币金属要求政府代铸辅币。一方面由于辅币的实际价值低于其名义价值，由国家铸造，以保证铸造辅币的收入由国家垄断；另一方面限制铸造可以防止实际价值较低的辅币把实际价值较高的本位币排挤出市场。

（2）分散发行与垄断发行。信用货币产生后，纸币发行制度不同于金属货币。早期可自由兑换金属货币的银行券（纸币）允许各商业银行分散发行，但分散发行带来银行券的公信力不足，币值不稳定，导致货币流通混乱问题。为此，各国政府通过法律逐渐把银行券的发行权收归中央银行。在当代不兑现的信用货币制度下，各国纸币的发行权都由中央银行垄断，或者由政府指定的专门银行机构发行，其他任何机构都不能发行。

（四）货币发行准备制度

货币发行准备制度是指国家规定货币发行必须以某种贵金属或其他形式资产作为储备，目的在于保持货币的币值稳定，维持公众对货币的信心。在金属货币制度下，通常以金或银作为货币发行准备，并且早期通常具有百分之百的贵金属准备。随着经济发展对货币需求量的不断增长，基于贵金属矿藏开采的制约，百分之百的金属准备制度无法满足兑换需要，逐渐改为部分准备制度，并且部分准备的比例也不断递减，直至取消部分准备制度，这标志着金属货币制度的消亡，进入不兑现的信用货币制度时代。不兑现的信用货币下，国家不再规定货币发行准备，但有的国家货币发行以黄金、外汇等储备资产或者流动性较高的政府债券为准备。

二、货币制度的演变

按照货币材料的不同，历史上的货币制度存在过四种类型，分别是：银本位制、金银复本位制、金本位制、不兑现信用货币制度（纸币本位制）。见图 2－1。

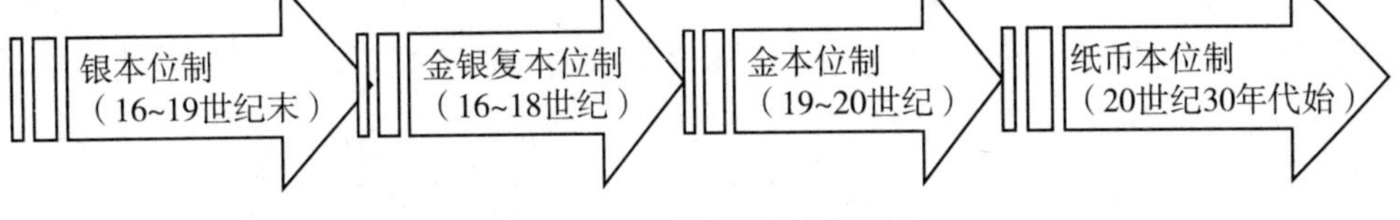

图 2－1　货币制度演变

（一）银本位制

银本位制是以白银为本位货币的货币制度。银本位制是最早实行的一种货币制度，持续时间也较长。从 16 世纪开始盛行，如墨西哥、日本、印度都实行过银本位制。中国自宋代开始银铜并行，至清朝末年颁行《币制则例》（1910 年），直到 1933 年国民党政府“废两改元”，公布《银本位币铸造条例》，从法律上完善了中国的银本位制①。银本位制的缺点是白银的价值不很稳定，到 19 世纪后期，由于白银开采技术提高较快，产量增多，价值下降，使得货币单位价值不稳定，不能满足货币制度稳定性的要求，许多国家纷纷放弃这种制度。例如，法国于 1803 年、意大利于 1865 年、印度于 1893 年、墨西哥于 1905 年都放弃银本位制，改用金银复本位制。

➢ 专栏阅读与分析

明代确立白银的货币地位

明初禁止以白银为货币，而白银却终于成了上下通行的货币。明成祖迁都北京以后，北京官员的俸粮仍要在南京支付。经办人员“将各官俸米贸易物货，卖贵贱酬，十不及一，朝廷虚费米禄，各官不得实惠”。英宗正统元年（1436 年），户部为了克服这一弊端，决定将江南租赋改征白银、布帛，运北京发放官俸。次年，又将苏州、松江、常州三府存留的仓粮 73 万石粜成白银准折官员俸粮。这些决定等于宣布银为货币的合法化。从此国家财政也日益转向以用银为重点。

资料来源：洪葭管. 中国金融史［M］. 成都：西南财经大学出版社，2001：39.

（二）金银复本位制

金银复本位制是金、银同时作为本位币材料的货币制度，也称平行本位制。金银复本位制在 16 ~ 18 世纪流行于西欧各国，是资本主义发展初期最典型的货币制度。16 ~ 17 世纪，墨西哥、秘鲁的银矿和巴西的金矿先后被发现并开采，金银产量大增，并从美洲大量流向欧洲，为金银复本位制的实行创造了条件。

金银复本位制的特点表现为：金、银币都可以自由铸造；金、银币都有无限法偿力；金银都可以自由输出、输入国境。实际上就是同时实行金本位制和银本位制。

在金银复本位制下，由于金银同时流通，需要建立金银的兑换比价，金银比价的确定有两种形式：一种是金银按照它们的实际价值流通，两者的兑换比价随金银的市场价格的变动而变动；另一种是国家规定金银的比价，金银按照它们的法定比价流通。金银兑换比价无论如何确定，实质上复本位制都是一种不稳定的货币制度。金银比价按市场确定，商品价格会由于金银市场比价的经常变动而变动，币值不稳定，从而引起交易混乱。若用法律规定的金银比价，这又与价值规律的自发作用发生矛盾，出现“劣币驱逐良币”现象。

---

① 1935 年 11 月国民党政府实行法币改革，以纸币本位制取代了银本位制，标志着中国银本位制度的消亡。

“劣币驱逐良币”现象是16世纪英国政治家与财政家托马斯·格雷欣（Thomas Gresham）最先提出的，也称为“格雷欣法则”（Gresham's Law）。“劣币驱逐良币”现象是在两种实际价值不同，但名义价值不变（法定比价）的货币流通条件下，实际价值高于名义价值的货币（良币）就会被人们熔化、收藏或输出国外而退出本国流通，而实际价值低的货币（劣币）反而作为主要流通手段充斥市场。

美国1792年规定金和银的法定比价为1:15，若市场比价为1:16，则金币就成了良币，银币成了劣币，人们会进行套利活动。首先把一个单位的金币熔成金块，拿到市场上按市场比价换回16个单位的白银，再把白银铸成银币，按法定价换成金币（不考虑兑换费用），就会获得1个单位银币的收益。如此不断循环套利，就可获得厚利。结果金币被大量熔化，直至在市场上消失，而银币大量在市场出现。反之，若法定比价保持1:15不变，市场比价为1:14，则金币就成了劣币，银币成了良币，其结果是银币收敛，金币充斥市场。因此，在金银复本位制下，虽然规定金银可以同时作为本位币流通，但在某一时期，市场上实际流通的往往只是一种货币。到复本位制后期，19世纪70年代银价大幅度下降，有些国家为了制止劣币驱逐良币的发生，法律规定银币不能自由铸造，这事实上是降低了银币作为本位币的地位，人们把这种制度称为跛行本位制。这实际上是一种向金本位制过渡时期的特殊货币制度。

（三）金本位制

金本位制又称为单金本位制，是以黄金作为本位币材料的货币制度。金本位制包括金币本位制、金块本位制和金汇兑本位制三种形态，但只有金币本位制是典型的金本位制。

1. 金币本位制

金币本位制是以一定重量和成色的金铸币充当本位币的金本位制，也称为金铸币本位制。金币本位制的特点表现为：

（1）金铸币可以自由铸造，自由熔化。这一机制可以自发调节流通中的货币量，保证货币价值的稳定。

（2）辅币和银行券可以自由兑换金币。这可以保证作为价值符号的银行券能稳定地代表一定数量的黄金，避免贬值。

（3）黄金可以自由地输出、输入国境。在金币本位制国家之间，货币汇率的决定基础是两国本位币法定含金量之比，称为“金平价”或“铸币平价”。当由于供求关系等因素导致市场汇率偏离金平价，在达到黄金输出或输入点时，黄金就会在套利机制驱动下在国际间自由流动，从而保证了各国汇率的相对稳定。

2. 金块本位制

金块本位制是国内没有金币流通的金本位制，也称为生金本位制。这种金本位制不准自由铸造金币，也不准自由流通，而由中央银行发行以黄金为准备的银行券代替金币流通。银行券规定含金量，但兑换黄金受到限制，只能在达到一定数量起点后予以兑换。如英国 1925 年规定银行券兑换黄金的起点为 1 700 英镑，大约能兑换 400 盎司黄金。金块本位制可以节省黄金的使用，暂时缓解了黄金短缺与经济规模不断扩大的矛盾，但不能从根本上解决货币短缺问题。

3. 金汇兑本位制

金汇兑本位制是规定本国银行券不能直接兑换黄金，只能兑换成某一种外汇，然后用外汇在外国兑换黄金（见图 2－2）。这种货币制度也称为虚金本位制。金汇兑本位制一般是在本国经济与某一发达国家联系紧密的国家实行，比如殖民地或附属国。尽管这样做可以节省黄金，但是也有一定风险，本国持有大量外汇，若该外汇发行国货币贬值，或者拒绝兑换黄金，就可能给实行金汇兑本位制的国家带来价值损失或货币流通的不稳定。19 世纪末和 20 世纪初，许多国家实行过这种货币制度，例如，1893 年的印度、1903 年的菲律宾、1905 年的墨西哥都曾实行过金汇兑本位制。第二次世界大战后期，从 1944 年开始实行的“布雷顿森林体系”实际上就是一种全球范围的金汇兑本位制。

图 2－2　金汇兑本位制本位币间接挂钩黄金

金币本位制在 1929～1933 年世界经济危机的冲击下彻底崩溃，西方各国普遍采取金块本位制，一些殖民地或附属国采用金汇兑本位制。金块本位制和金汇兑本位制都是一种不完善的货币制度，实行的时间较短，到 20 世纪 70 年代随着布雷顿森林体系彻底崩溃，标志着金本位制度时代的结束，不兑现的信用货币制度时代来临。

（四）不兑现的信用货币制度

不兑现的信用货币制度是以不兑换贵金属的纸币为本位币的货币制度，也称为纸币本位制（paper standard）。当今世界各国普遍实行的都是这种货币制度。这种货币制度的基本特点是：

（1）国家赋予中央银行垄断的纸币发行权，纸币具有无限法偿能力。纸币发行与黄金等贵金属毫无联系，一般根据经济需要由中央银行控制发行量。

（2）流通中的货币通过银行信用业务投放市场。货币流通量通过银行体系的信用活动进行调节。银行信用扩大，货币流通量增加；反之，银行信用紧缩，货币流通量减少。货币流通量的调节成为国家宏观经济调控的重要手段。

（3）流通中的货币不仅指现钞，还包括银行存款。

不兑现的信用货币制度以纸为货币材料，解决了金属货币供给与经济发展之间的矛盾，节约了黄金的使用，减少了社会财富的浪费，此外，纸币还有便于携带、保管、支付等好处。

第四节 国际货币制度

国际货币制度，也称国际货币体系，是一组由大多数国家认可的用以确定国际储备资产、汇率制度以及国际收支调节机制的习俗或有法律约束力的规则和制度。国际货币制度由三方面内容构成，具体包括：(1) 国际储备资产的确定。即用什么货币作为国际支付货币，一国政府应持有何种为世界各国所普遍接受的资产作为储备资产。(2) 汇率制度安排。即一国货币可否自由兑换成外国货币，本国货币与他国货币的汇率如何确定。(3) 国际收支调节方式。出现国际收支不平衡时，各国政府用什么方式弥补国际收支缺口，以及各国政府的政策如何协调等。

国际货币制度经历了国际金本位制度（1880～1939年）、布雷顿森林体系（1944～1976年），以及牙买加体系（1976年至今）三种形式。

一、国际金本位制度

国际金本位制度是以黄金为国际货币的货币制度。国际金本位制于19世纪中期开始盛行。在国际金本位制度下，黄金充当国际货币，金币可以自由铸造自由流通；黄金可以自由输出、输入国境；各国货币的汇率由其含金量决定，每单位的货币价值等同于若干重量的黄金；当不同国家使用金本位制时，各国货币的汇率由它们各自货币的含金量之比——铸币平价来决定。国际收支由物价现金流动机制自动调节。

金本位制度是一种比较理想、稳定的货币制度，对汇率的稳定、国际贸易和国际资本流动起到了积极作用。但黄金的生产不足以满足日益增长的生产和贸易需要。1880～1914年是国际金本位制的黄金时期，到1914年，随着第一次世界大战的爆发，大多数国家因黄金短缺而导致纸币无法兑换黄金。为了维持金本位的黄金准备要求，许多国家纷纷限制黄金输出，停止纸币兑现黄金，从而使国际金币本位制度遭受严重削弱。后来在1929～1930年世界经济危机的冲击下，国际金本位制终于崩溃。

二、布雷顿森林体系

金本位制崩溃以后，20世纪30年代的国际货币关系一片混乱。第二次世界大战后，为重建国际货币体系，1944年联合国主持召开了“联合国联盟国家国际货币金融会议”，通过了以美国的“怀特计划”为基础的《国际货币基金协定》和《国际复兴开发银行协定》，建立了以美元为中心的国际货币制度。由于这次会议是在美国新罕布什尔州的布雷顿森林召开的，故称为布雷顿森林体系。

（一）布雷顿森林体系的主要内容

布雷顿森林体系是一种美元与黄金挂钩、各国货币与美元挂钩的可调整的固定汇率制度。其主要内容是：

（1）“双挂钩”的货币制度。规定美元与黄金保持固定比价，各国政府可随时用美元按固定比价向美国政府兑换黄金，各国货币与美元保持可调整的固定比价。

（2）建立一个永久性的国际金融机构，即国际货币基金组织（IMF）。IMF 规定了各国货币汇价的波动幅度，即各国货币兑美元的比价一般只能在平价上下各 1% 的幅度内波动。IMF 向国际收支逆差国提供短期资金融通，以协助其解决国际收支困难。

（二）布雷顿森林体系的利弊

布雷顿森林体系结束了 20 世纪 30 年代国际货币制度的混乱局面，促进了国际贸易和国际投资的增长，弥补了国际收支清偿力的不足，稳定了世界经济。

但是，布雷顿森林体系是一种不平等的国际货币制度。美国利用美元的国际储备地位，控制其他国家，巩固了美元的霸权。美国还可以通过发行美元弥补国际收支逆差，向世界其他国家转嫁通货膨胀。布雷顿森林体系也是一种具有内在缺陷的国际货币制度，存在所谓的“特里芬难题”。1960 年，美国经济学家罗伯特·特里芬提出“由于美元与黄金挂钩，而其他国家的货币与美元挂钩，美元虽然取得了国际核心货币的地位，但是各国为了发展国际贸易，必须用美元作为结算与储备货币，这样就会导致流出美国的美元在海外不断沉淀，对美国来说就会发生长期贸易逆差；而美元作为国际货币核心的前提是必须保持美元币值稳定与坚挺，这又要求美国必须是一个长期贸易顺差国。这两个要求互相矛盾，因此是一个悖论”。这一内在矛盾称为“特里芬难题”，即基准货币国家美国的国际收支无论是出现顺差还是出现逆差，都会给这一国际货币体系稳定带来困难。

第二次世界大战后，美国以外的西方各国经历了美元荒→美元泛滥→美元危机的过程。美元危机发生以后，又经历了爆发→拯救→再爆发的过程，直至 20 世纪 70 年代初布雷顿森林体系完全崩溃。

三、牙买加体系

布雷顿森林体系崩溃后，1976 年 1 月，国际货币基金组织的“国际货币制度临时委员会”在牙买加首都金斯敦召开会议，达成“牙买加协议”，形成了新的货币制度。

（一）牙买加体系的主要内容

1. 黄金非货币化

废除黄金条款，取消黄金官价，使黄金与货币相分离，让黄金成为单纯的商品。各国中央银行按市场价格自由进行黄金交易，取消会员国间及会员国与 IMF 之间须用黄金支付的义务。

2. 汇率安排多样化

强调各国汇率体系的灵活性，使浮动汇率合法化，会员国可自行选择汇率制度，浮动汇率方式有独立浮动、联合浮动、管理浮动、盯住某一种货币浮动、盯住“一篮子货币”浮动等。

3. 储备资产多元化

美元仍是主要的国际储备货币，其他国家货币也成为重要的国际储备货币。同时，特别提款权（SDR）作为主要国际储备资产的地位得到提升。

（二）牙买加体系的利弊

牙买加体系的建立摆脱了布雷顿森林体系基准通货国家与附属国家货币相互牵连的弊端，并在一定程度上解决了“特里芬难题”，同时该体系比较灵活的混合汇率体制，能够灵敏地反映不断变化的经济情况，有利于国际经济运转和世界经济的发展。但在该体系下，主要发达国家全都采用浮动汇率制，汇率波动频繁而剧烈，给国际贸易、国际投资带来不利影响。

四、区域性货币制度

区域性货币制度是指国际上某个区域内一些具有经济相对一致性的国家（地区）通过协调建立的统一货币体系。统一货币体系内的成员国使用统一的货币，并由联合组建的跨国中央银行负责货币发行与管理。区域性货币制度是国际货币制度改革的一个重大创新，其目的是在货币区内通过协调的货币、财政和汇率政策，实现经济增长、充分就业、物价稳定和国际收支平衡。

区域性货币制度是经济国际化和金融全球化的产物。20 世纪 60 年代后，一些地域相邻的欠发达国家首先建立了货币联盟，并在货币联盟内建立了跨国的中央银行，如 1962 年由贝宁、科特迪瓦等 8 国组成的西非货币联盟，统一使用西非法郎，还有 1973 年由中非 6 国建立的中非货币联盟统一使用中非法郎，1965 年由东加勒比海 6 国建立的东加勒比海货币联盟使用东加勒比元。目前最典型的区域货币制度是欧盟的经济货币联盟。欧盟的经济货币联盟始于 1957 年建立的欧洲经济共同体，1991 年欧洲经济共同体更名为欧盟，规定最迟于 1999 年 1 月 1 日建立经济货币联盟。1998 年 7 月 1 日，欧洲中央银行正式成立，1999 年 1 月 1 日欧元正式启动，首批共有 11 个国家加入欧元区，截至 2020 年，欧盟区 27 国中有 19 个国家加入欧元区，将欧元作为法定货币。

欧盟的经济货币联盟自诞生以来，随着欧元区国家的不断增加，其国际影响力不断增强，欧元成为继美元之后的第二大国际结算货币和国际储备货币。欧元促进了欧盟经济金融一体化，对经济全球化产生了深远的影响。

➢ 专栏阅读与分析

区域性货币制度创新：欧元区的诞生及加入条件

1991 年 12 月，欧洲经济共同体成员国的首脑会议在荷兰的马斯特里赫特（Maastricht）举行，会议最后通过了《马斯特里赫特条约》。从此欧共体更名为欧盟，并规定最迟在 1999 年 1 月 1 日前建立经济货币联盟，即统一货币。1998 年 7 月 1 日，欧洲中央银行取代原欧洲货币局正式面世，行址设在德国的法兰克福。1999 年 1 月 1 日，欧元如期启动，进入账面流通（欧元现金暂不流通）。同时，欧洲中央银行代替欧元区国家确定统一的货币政策，各成员国货币兑换欧元的固定汇率锁定。2002 年 1 月 1 日，欧元纸币和硬币正式进入欧元区 12 国流通市场。2002 年 7 月，欧元区国家本国货币退出流通，欧元成为欧元区唯一的合法货币。截至 2020 年，加入欧元区的正式国家共有 19 个。

加入欧元区的欧盟成员国必须达到下列标准：第一，每一个成员国年度政府财政赤字控制在国内生产总值的 3% 以下；第二，国债必须保持在国内生产总值的 60% 以下或正在快速接近这一水平；第三，成员国通货膨胀率≤3 个最佳成员国上年的通货膨胀率 +1.5%；第四，长期名义年利率（以长期政府债券利率衡量）不超过上述通胀表现最好的 3 个国家平均长期利率 2 个百分点；第五，该国货币至少在两年内必须维持在欧洲货币体系的正常波动幅度以内。欧盟对成员国加入欧元区的时间并没有固定的要求，每一个成员国将根据自己国家的情况，按照自己的时间表加入。

资料来源：欧元区．百度网 - 百度百科．https：//baike. baidu. com/item/欧元区．

第五节 货币层次

一、货币层次与流动性

货币是在商品和劳务交易中被普遍接受的交易媒介。按照这个定义，在现代不兑现的信用货币制度下，除了流通中的现金外，可以转账的银行活期存款也属于交易媒介，理当是货币的一部分。实际上还有一些资产如定期存款、商业票据在某种程度上也发挥着货币的功能，尽管它们没有现金和活期存款那样可以直接用于交易，但它们可以在一定条件下迅速转化为现金或活期存款。一般认为，流通中的现金，只是货币的一部分，货币包含的范围要比现金大得多。货币可以划分为不同层次。

不同层次的货币对经济的影响可能存在较大的差别。现金和活期存款是可以直接用于交易的现实购买力，对市场的作用力更强；定期存款要成为现实购买力必须经过提现或者转换为活期存款，这种转换需要一定的时间和成本，从而减弱了其购买力的实现，对市场的作用力相对较弱。

不同国家对货币层次的划分各不相同，但其标准基本上都是按照货币的流动性来划分。所谓货币流动性是指各种金融资产转换为现实购买力的程度强弱，也称为变现性。一项金融资产的流动性越高，货币性越强；反之，流动性越低，货币性也越低。货币性就是金融资产执行货币职能的能力大小，因此货币流动性实质上反映了货币发挥交易媒介职能的能力。

以货币流动性为标准，国际货币基金组织（IMF）把货币层次分为通货、货币、准货币三个层次。

（1）通货（currency）：指流通于银行体系外的现金，但不包括商业银行的库存现金。

（2）货币（money）：指通货加上私人部门的活期存款。活期存款随时可以签发支票或刷卡进行支付，其流动性仅次于现金。这个层次货币通常称为狭义货币。

（3）准货币（quasi money）：指银行的定期存款、储蓄存款、外币存款等。准货币经过一定程序后能够转化为现实购买力，其流动性低于第二层次的货币。“准货币”加“货币”构成广义货币层次。

按照流动性不同，我国中央银行将货币层次划分为三个：

（1）M_0 = 现金

（2）$M_1 = M_0$ + 活期存款

（3）$M_2 = M_1$ + 准货币（企业单位定期存款 + 居民储蓄存款 + 其他存款）

其他存款包括证券公司的客户保证金存款、住房公积金中心存款、非存款类金融机构在存款类金融机构的存款。

二、衡量货币流动性的指标

不同层次的货币流动性不同，衡量货币流动性程度的指标有两个：货币流通速度、货币流动性结构。

（1）货币流通速度。货币流通速度是指一枚货币在一定时间内作为交易媒介和支付手段的次数。次数越多，货币流动性效率越高。货币流通速度在一定期间内通常认为是相对稳定的，但准确测算货币流通速度比较困难。

（2）货币流动性结构。货币流动性结构是指流动性较高的货币与流动性较低的货币余额之间的比率，也就是交易性货币（M_1）余额与非交易性货币（M_2）余额之比。通常有两个指标：M_0 与 M_2 之比；M_1 与 M_2 之比。

交易性货币余额直接作为交易媒介和支付手段，非交易性货币余额中除了部分交易性货币外，其他部分更多是作为财富储藏手段，因此，该比率的上升或下降就可能反映不同经济环境的变化。例如，在通货膨胀水平较高时期，这两个比率会上升较快，而通货紧缩时期，则会下降。

三、货币层次划分的现实意义

货币是引起经济变动的一个重要因素，随着经济的发展，货币与经济的联系日益密切，货币供求的变化对国民经济的运行产生着重大的影响。调控货币供应量，使其适应经济发展的需要，已成为各国中央银行的主要任务，所以，货币按流动性划分和统计对宏观经济调控具有重要的参考意义。一方面，对不同流动性货币层次的统计，可以观察分析国民经济的变动；另一方面，根据不同流动性层次货币对经济的影响程度，可以选定一组与经济变动关系最密切的货币资产，作为中央银行控制的重点，从而达到调控经济的目标。

四、我国货币层次统计中的几个概念

（1）狭义货币量（M_1）：流通中现金＋活期存款。它是整个社会对商品和劳务的直接购买力，是央行货币政策监测和控制的主要指标。

（2）广义货币量（M_2）：狭义货币＋准货币。反映整个社会的潜在购买力，包含的货币范围更广，能全面反映一国整体货币流通状况，对货币流通未来趋势有预测作用。

（3）货币存量：某一时点上社会各经济主体所持有的货币余额，我国央行公布的年度货币供应量就是指货币存量。

（4）货币流量：某一时期内各经济主体所持有的现金、存款货币总量。

（5）社会融资规模（aggregate financing to the real economy）：社会融资规模是指实体经济（境内非金融企业和住户）从金融体系获得的资金。包括增量和存量指标，其中，增量指标是指一定时期内（每月、每季或每年）获得的资金额，存量指标是指一定时期末（月末、季末或年末）获得的资金余额。

➢ 本章小结

（1）货币是在商品和劳务交易中被普遍接受的交易媒介，是一般等价物，不同于财富、收入。货币具有交易媒介、价值标准、支付手段、财富储藏手段等功能。

(2) 历史上货币形态演变经历了实物货币、金属货币、纸质货币、存款货币、电子货币五种形态。这种演变是基于解决货币形式与经济发展矛盾的需要。

(3) 货币制度是一个国家以法律形式规定的货币流通的组织形式。货币制度包括币材和货币单位的确定、本位币与辅币的流通规定、货币铸造与发行程序、货币发行准备四个要素。历史上货币制度大体经历了银本位制、金银复本位制、金本位制和不兑现的信用本位制四种形式。

(4) 国际货币制度是由国际上多数国家认可的关于国际储备资产、汇率制度和国际收支调节机制的规则和制度。国际货币制度经历了国际金本位制、布雷顿森林体系、牙买加体系三个时期。目前的国际货币制度仍属于牙买加体系。区域性货币制度是国际货币制度改革的一个重大创新，目前以欧元区国家为主导的经济货币联盟最为典型。

(5) 货币按照流动性不同，可以划分为 M_0、M_1、M_2 三个层次。分别代表流通中现金、狭义货币、广义货币。不同层次货币对经济的影响不同。货币流通速度、货币流动性结构是衡量货币流动性的两个指标。

➢ 关键术语

商品货币　信用货币　交易媒介　价格标准　货币制度　劣币驱逐良币规则　金本位制　区域性货币制度　货币的流动性　狭义货币　广义货币　准货币　社会融资规模

➢ 思考与练习

(1) 货币经历了哪些形态？试比较它们的特点。

(2) 为什么说货币的本质是一般等价物？

(3) 货币在经济生活中发挥哪些职能？请举例加以说明。

(4) 货币制度主要由哪些要素构成？货币制度经历了哪几种形式？

(5) 为什么会出现“劣币驱逐良币”现象？

(6) 金本位制的特点及其崩溃的原因是什么？

(7) 按流动性不同，货币层次可以划分为哪几类？

(8) 什么是区域性货币制度？加入欧元区的国家在经济上需要具备哪些条件？

(9) 通过互联网进入中国人民银行网站，从“统计数据与标准—货币统计概览”栏目查找本年度各月的“货币供应量”各层次数据，观察这些数据的变动情况，并尝试结合当前经济形势分析其变动原因。

➢ 进一步学习的资源

[1] 米尔顿·弗里德曼. 货币的祸害 [M].（第一章　石币之岛）（第二章　货币之谜）. 北京：商务印书馆，2006.

［2］彭信威．中国货币史［M］．（第一章　货币的发生）（第一节、第二节）．上海：上海人民出版社，2007.

［3］陈雨露，杨栋．金钱统治［M］．（第二章　币之初，性本善）．南京：江苏文艺出版社，2011.

［4］中国钱币博物馆．http：//www. cnm. com. cn/introduction. asp.

CHAPTER 3

第三章　信用与信用形式

➢ **本章导入**

货币经济产生以后，以货币为对象的借贷成为信用的基本形式，且随着经济发展，货币信用日益成为一种最普遍的经济活动。金融是经济的核心，金融的本质是信用，现代经济就是信用经济，不同的信用形式和信用工具在经济活动中发挥着重要作用。本章主要分析信用的本质与功能，区分不同信用形式，以及各种信用工具的特征。

➢ **学习本章后，你将能够：**

■ 理解信用的本质及功能

■ 认识高利贷的本质

■ 认识各种信用形式及其作用

■ 掌握主要信用工具的用途

第一节　信用的本质与功能

一、信用的产生与发展

信用（credit）与货币一样是一个古老的经济范畴，甚至在货币产生以前就已经存在。从根本上说，信用是和商品货币经济相联系的范畴，是在商品货币关系基础上产生的。信用表现为一种借贷行为，这种借贷行为的产生是基于经济交易双方的商品或货币在时间和空间上分布的不平衡，即由于调剂余缺而产生的实物借贷或货币借贷。这种借贷交易必须在双方互相信任的前提下才能完成，所以信用与信任紧密相连。借贷需求是在私有制出现后，由于财富占有不均和贫富分化而产生的，最初以贫困者向富裕者以生活为目的的实物借贷为主，后来随着货币的出现，货币借贷越来越成为主要形式。

西方关于信用具体记载早在公元前 18 世纪的古巴比伦《汉谟拉比法典》中，就有许多关于债务的条文。如其中第 89 条规定，贷谷物的利息为本金的 1/3，贷银则为

1/5；第 90 条规定，债务人如无谷物和银子还债，应以其他动产做抵押。中国古代典籍中也有不少关于借贷的记载，例如公元前 300 年，孟尝君在其封邑“薛”放债，有一年，当地歉收，很多人没有交利息，他派人催收，仍“得息十万”。①

关于信用的产生，通常认为先是实物借贷，后来过渡到货币借贷。实际上实物借贷和货币借贷两种形式是并存的。即使是在前资本主义社会，货币借贷成为主流，但也没有完全排斥实物借贷，实物借贷仍然具有其存在的土壤。

货币借贷作为信用的主导形态进入经济体系后，信用的应用范围得以迅速扩展和延伸，并且在很大程度上扩展了货币的外延。特别是现代经济中，货币就是信用货币，信用成为货币供给的基础。基于信用在经济生活中的广泛存在，使现代经济成为信用经济。

信用的发展可以分为三个阶段：信用口头承诺阶段、信用工具化阶段、信用工具市场化阶段。

信用的口头承诺阶段主要是在早期的信用活动中，没有借贷的书面凭证，仅凭双方口头承诺，信用的规范性较差，缺乏保证。信用工具化阶段是借贷活动发生后双方订立比较规范的书面凭证，即信用工具。但是这些信用工具由于金融市场不发达，不能流通转让，因而信用的流动性差。随着商品货币关系的深化，金融市场获得发展，信用工具可以在金融市场流通转让，不仅信用范围得以扩大，信用效率也大大提高。信用工具市场化是信用发展的高级阶段。

二、信用的特征

信用作为一个经济范畴，见证了人类经济发展的历史，并且适应经济的不同发展阶段产生了不同的形式，但无论信用以什么形式表现，都有其共同的特征。

（一）信用活动以信任为基础

离开了这种信任，信用关系就不可能存在。信用这个词来源于拉丁文的“信任”（trust）。贷方之所以愿意把货币出借给借方是基于这样一种信念：即对方会按照约定偿还所借的货币加上额外的报酬。中文的“信”就有诚信的含义，即履行自己的诺言。俗语说“有借有还，再借不难”，就精辟地描述了信任对于信用行为的重要性。

（二）信用以偿还和支付利息为条件

借贷行为是一种货币使用价值的暂时让渡，贷方把货币交付借方之前，双方约定货币使用价值的贷出期限，到期借方必须将本金偿还贷方。同时约定货币使用价值的报

① 这里主要参考黄达．金融学（第二版）［M］．北京：中国人民大学出版社，2009.

酬——利息。利息是资金使用价值的货币表现形式，即资金的价格。

（三）信用表现为一种债权债务关系

信用的基本关系人是债权人和债务人。贷款者在贷出一笔资金的同时获得了一种权利，即要求借款人以后偿还这笔资金的权利，即债权。借款人则承担以后偿还这笔资金的义务，即债务。

（四）信用和风险密切联系

债务人到期不能履行还本付息责任的可能性就是信用风险，这是金融风险的主要类型。由于授信人与受信人之间信息不对称，因而不可避免地存在信用风险。信用发展的早期主要依靠道德约束，这个时期的信用是在自觉的基础上以社会舆论监督为主。随着信用在经济活动中被广泛采用，约束信用风险的制度、法律逐渐完善，但是这些制度和法律只能在一定程度上控制风险，无法根本消除风险。

三、信用的本质

信用的含义可以从伦理学、经济学两个视角理解。伦理学视角的信用即诚信，是道德的一个重要范畴，是指参与社会和经济活动的当事人之间建立起来的以诚实守信为道德基础的践约行为，即我们通常所说的“讲信用”“一诺千金”，它是一种处理人际关系的普遍的道德准则。经济学视角的信用，是指在经济活动中，交易双方建立的以契约为基础的资金借贷行为。从本质上来看，信用就是以契约关系保障本金回流和增值的特殊价值运动。这也是金融学所要分析的信用。需要说明的是，许多国外出版的金融学教科书通常都不专门阐述信用的内容，他们认为信用可以用“金融”一词来代替。我们认为金融的本质是信用，信用是一种经济行为，金融范畴的内涵更丰富，不能简单用“金融”替代信用。

对于信用的本质，可以从以下三个角度来理解：

（一）信用是一种债权债务性质的具有法律约束力的契约关系

信用的基本要素包括借贷双方关系人、信用标的和契约。借贷关系人为借方和贷方；信用标的是借贷关系所指向的资金或者有价物；借贷契约规定了借贷的金额、期限、利息、偿还方式等。贷方是授信人，即提供资金或有价物的债权人，借方是受信者，即接受该资金或有价物，并承担按约定归还本息义务的债务人。信用标的可以是商品、劳务、货币或某种金融要求权（如股票、债券）。契约是信用关系成立的依据和对双方的约束。在借贷活动中，借方和贷方根据各自的利益要求，按照契约规定的条件进行借贷，就是信用活动。如果双方都能够按照契约履行自己的承诺，那么他们的行为过程就是履行信用。

（二）信用是基于资金使用权暂时让渡的跨期价值交易

在信用活动中，贷方出借的是资金的使用权，且是资金使用权的暂时出让。在约定的出让期间，贷方等于放弃了这笔资金的使用权，只有等未来到期收回后才能使用。作为借方借入的这笔资金使用权，实际是“透支未来”，提前获得了资金使用权。跨期价值交易也是金融交易的实质。

（三）信用是以价值增值为目标的特殊价值运动

商品交换是一个等价交换的过程，交换的买方在获得商品使用价值的同时向卖方支付对价，而信用行为则是价值首先从债权人流向债务人，债务人获得了资金的使用权但并不同时支付对价，只有在约定借贷期满，债务人才把本金和利息偿还给债权人，完成价值从债务人流向债权人的过程。价值在借和还这两个环节中，都是作为一种独立的形态进行单方面的转移。资金使用权的贷出，使贷方承担了在出让期间的机会成本和借方的信用风险，这些成本和风险的承担要求获得价值补偿，即获得价值增值——利息，这也是贷方出借资金的根本利益出发点。

四、信用的功能

信用的功能是信用本质的具体表现，可以归纳为下列三方面：

（一）资金余缺调剂

这是信用最基本的功能。在经济活动中，任何一个时期，家庭、企业、政府的货币收支不可能完全相等。按照收支对比状况，可以分为三类：收入大于支出、收入小于支出、收入等于支出。从现实经济运行来看，收入正好等于支出，应属于偶然现象，多数时候是收入大于支出或者收入小于支出这两种，也就是收支不平衡应是常态。所以，资金余缺调剂就成为基本需要，信用这种以契约为基础来保证本金回流和增值的价值特殊运动形式，正好能够满足这种需求。信用作为一种最古老的经济形式就说明了余缺调剂在经济活动中的普遍性和必要性。

（二）提供和创造信用工具

信用可以代替现实通货发挥流通手段和支付手段，节省了现金流通量。从央行的资产负债表来看，流通中现金（即货币发行）是中央银行的债务凭证，货币发行就是通过信用方式投放市场的。通过转账支付的活期存款是商业银行的短期负债，以活期存款为基础的银行票据（银行支票、银行本票、银行汇票）本身就是信用工具。这些银行信用工具的创造就是利用了信用的流通手段和支付手段作用，才使日益扩大的经济交易能够顺利进行，有效促进社会生产和流通的不断发展。

（三）调控经济运行

现代经济就是信用经济，经济活动中信用无处不在，使信用成为一个经济杠杆，发挥对国民经济运行的调节功能。在宏观经济运行中，中央银行主要通过控制信用规模来调节货币流通进而实现对市场干预。当经济运行疲弱、需求不振时，央行放松信用规模，加大货币投放；当通货膨胀时则收缩信用规模，回笼货币。对微观经济运行的调节主要体现在产业结构方面，央行通过信用手段配合国家产业政策实施，对国家支持的产业加大信贷支持力度，对国家限制的产业则收紧信贷条件甚至限贷。

第二节　高利贷信用

一、高利贷的特点及存在的经济基础

（一）高利贷的特点

高利贷（usury）是以取得极高的利息为基本特征的借贷活动，其利率远远超过通常的水平。除了利率极高的基本特征外，高利贷还有利率变化大、区域差异明显的特点。高利贷的利率变化与季节性因素关系很大，在重要节日、生产经营旺季由于借贷需求大，利率更高。地区差异也是利率的重要影响因素。在经济欠发达、偏远地区的利率比经济相对发达地区更高。由于借方通常处于被动的弱势地位，贷方对利率具有绝对的主导权，往往有很大的随意性，加剧了利率的差异性。

（二）高利贷存在的经济基础

高利贷是生息资本的古老形态，是前资本主义社会占主导地位的信用形式。早在16世纪，英国、法国的世俗立法就允许高利贷存在了。中世纪，犹太人受到多种方式的迫害和歧视，使他们的生活机会受到严重限制，而基督教禁令并不适用于他们，所以，许多犹太人被迫以放贷谋利为生。有些犹太人从事地位低下的典当业，有的作为银行家向王族和宗教界人士放贷①。

高利贷是与前资本主义社会中农民、小手工业者占主导地位的自然经济相适应的。在自然经济下，信用不发达，信用供给非常有限。农民、小手工业者仅有少量的财产作

---

① 新帕尔格雷夫货币金融大辞典（第三卷）[M]. 北京：经济科学出版社，2000：741.

为借款保证，经济基础十分薄弱，一旦遇到天灾人祸要维持全家生计必须借贷；当有伤病、婚丧嫁娶等重大开支时，也需要借贷。即使明知利息负担很高，也不得不借。中国古代的高利贷有多种形式，如印子钱、驴打滚、典当、放青苗等。高利贷资本加速货币资本的积累，促使小生产者破产，加深贫富分化。早期高利贷的需求者还有一些是奴隶主或封建主。他们借贷主要是为了奢侈消费或者是维持自身统治。如皇帝为了满足自己的奢侈享受借贷，或者当有叛乱谋反，动摇其政权时，不惜高息借债征讨，如西汉景帝三年（154 年）为了平定“七国之乱”，诸侯向陕西关中的无盐氏借千金，三个月后战乱平定，无盐氏获息“什倍”，以此“富埒关中”。

在资本主义经济获得发展后，高利贷信用不利于社会资本向实体经济流动，阻碍了资本主义生产社会化的发展。随着货币信用关系的发达，现代银行业的产生在一定程度上瓦解了高利贷的存在基础，多种信用工具代替了金属货币，信用货币突破了金属货币数量的局限性，大大增加了市场货币供给量，借贷资本取代高利贷资本成为信用主体，形成了高度发达的现代信用体系。但高利贷资本并未完全消亡，即便是现代社会，在某些经济环境下仍然存在。这与高利贷存在的经济基础即金融抑制有关。在现代经济中，一些发展中国家由于存在金融抑制，金融二元化特征明显，现代化的银行与活跃的民间借贷（有些属于高利贷）形式并存。我国的民营经济发达地区如温州等地民间借贷一直比较活跃，2011 年下半年一度出现民间借贷链条断裂，老板“跑路”的区域金融风波。其根源就是在我国金融抑制背景下，大中型银行主导的信用体系下，适应小微企业和个体经营户的融资渠道缺乏，微型金融机构发展不足，从而催生了活跃的民间借贷活动。加之当地传统产业转型升级艰难，一些民间资本在实体经济利润微薄的困境下，转而经营民间借贷获利，产业资本游离出来成为生息资本，加剧了产业空心化，最终形成金融风险。

二、高利贷“高利”的原因

（一）畸形的资金供求关系决定

高利贷之所以能够收取高额利息，在于借款人借贷的需求弹性很小，不是迫于生计的无奈借贷，就是不计成本、不顾后果的孤注一掷。尤其在自然经济占主导的社会，金属货币供给数量有限，社会信用不发达，从事放贷的人或专业信用机构很少，拥有放贷资本的主要是一些官僚、贵族、富商或者宗教机构。相对众多经济主体的借贷需求来讲，信用需求远远大于供给，且这种借贷需求往往具有刚性，而资金供给方处于卖方垄断地位。这种畸形的供求关系必然决定了高利贷的高额利息特征。

（二）贷方高风险和高成本补偿的需要

高利贷关系中，借方往往将资金用于非生产性目的，导致贷方要面临极高的信用风险，这种高风险需要高利息来补偿并要有盈利。同时，为了保证出现风险后能够收回本息，往往采用非法手段来讨债，必然增加贷方的经营成本，这部分成本同样要以利息的方式获得补偿。因此，高风险和高成本决定了高利贷的高利息。

三、高利贷简史

历史上高利贷信用由于“高利”问题一直都受到诟病。中世纪时欧洲高利贷就很盛行，曾被世俗当局和宗教当局宣布为非法，起先只是针对神职人员放高利贷行为，后来扩大到禁止普通社会人员放高利贷。《圣经》中有多处批评和禁止放高利贷的表述，认为高利贷是违反上帝意旨、正义和自然法的。大约在公元800年的查理曼（Charlemagne）统治期间，首次在《查理曼法典》规定禁止向任何人发放高利贷，并将高利贷定义为：“索取超过给予”。伊斯兰教的《古兰经》教义严厉禁止利息，禁止放高利贷。在8～12世纪欧洲教会谴责并禁止高利贷，各国在禁止形式和实施力度上差异很大，但高利贷并未在欧洲彻底绝迹[①]。到18世纪时，欧洲对高利贷尽管仍有非议，但随着古典经济学的兴起，对高利贷有了比较客观的认识。经济学之父亚当·斯密在《国富论》里虽然认为“高利贷”是一种“罪恶”，但是反对禁止“高利贷”，因为其禁止的结果是加剧“高利贷”，增加其“罪恶”。他认为，资本在任何地方都会获得利润，所以也应该在任何地方获得利息。禁止“高利贷”的法律不但防止不了“高利贷的罪恶”，反而会使它加剧。这是因为债务人在本来必须支付的利息之外，还要为出借人所冒的这一法律风险而支付利息。也就是说，他必须为出借人可能遭受的“高利贷”罚款而缴纳保险金[②]。

中国关于高利贷的明确记载始于春秋战国时期。《国语·晋语八》记载晋国大夫栾桓子“假贷居贿”，即是一种放高利贷行为，被视为失德的一种表现。北魏文成帝和平初年，寺院经营高利贷的资本名为“僧祇粟”，到宣武帝永平四年（511年）时下诏禁止，规定“若收利过本，及翻改初券，依律免之，勿复征责”。就是指收取利息不得超过本金，超过部分依法免除。隋朝时政府发给各地官员一笔“公廨钱”，用于经商或放贷取利，“公廨钱”就是高利贷资本，后由于公廨钱“出举兴生，唯利是求，烦劳百姓，败损风俗”被禁止。唐朝时也延续了隋朝的“公廨钱”制度，但由于争议，多次反复废止一恢复。唐开元二十七年的《唐六典》规定“凡质举之利，收子不得逾五分，出息债过其倍，若回利充本，官不理”。就是指利息不得超过月息五分，累积利息不得超过本金，不得复利计息。北宋也对高利贷利息进行限制，规定利息总数不得超过本金，并一度禁止官员放债取息。明朝《明会典》卷一六四《钱债》规定放债及典当财物每月取利不得超过三分，累计利息不得超过本金。北宋规定放债月息不得超过四分，

---

① ［美］悉尼·霍默，理查德·西勒．利率史（第四版）［M］．北京：中信出版社，2010.

② 冯兴元．解说高利贷．中国金融［J］．2017（11）.

积日虽多，不得超过（本金）一倍。原来借米谷的只还谷米，年息不得超过五分，且不准折钱。违法取利及借谷米而折钱的借贷案件官方不予受理。明洪武时期曾规定禁止公侯、内外文武四品以上官员放债，永乐、正统时期仍重申此规定。清朝延续了明代的规定，顺治五年（1468 年）规定借债收息不超过三分，不准“息上增息”即收复利，不许官员对百姓放债和官员借“京债”，但实际上官员放债和赴任官员借“京债”现象禁而不止。清代出现的“账局”（后称为账庄）就是由放京债而产生的专业放款机构。根据清代嘉庆年间刑部389 件借贷案件利率统计分析，利率在三分以上的占234 件，占比60. 2%①。

从欧洲教会和中国历史上官方对高利贷的种种批评和限制，可以看出，对高利贷的非议主要集中在其“高利”上。从商业经营角度来权衡，借高利贷从事生产经营必然无利可图。在以自然经济为主的封建社会，高利贷导致家破人亡、小生产者破产的现象屡见不鲜，并带来了社会不安定问题，故历朝官府都规定利息上限并限制官员放贷和借债。

➢ 专栏阅读与分析

中国古代的高利贷

印子钱：亦称“折子钱”，旧中国的一种高利贷。放债人以高利放出贷款，限借债人分期偿还，每次还款，都在预立的折子上加盖一印，故名。印子钱在清朝初已流行于全国各地，办法各不相同。如抗战前的上海，借印子钱十元，放债人先扣鞋袜费一元，实借九元，分六十天还清。连利息在内，每天拨还两角。

驴打滚：旧中国的一种高利贷。盛行于华北一带。贷款以一月为期，利息四分到五分。到期不还，利息加倍，按八分到十分计算。利上加利，越滚越多，如驴翻身打滚，故名。

典当：亦称“当铺”“押店”。以收取衣物、首饰等作质押，向抵押者放款的机构。最早的典当为南朝时寺庙所经营的当铺。历代名称不同，有唐朝的“质库”，北宋的“解库”“典库”“长生库”（寺院开设的质库）等。受押物品成交后，付以收据，称为“当票”，载明所当物品及抵押价款，交押款人收执。质押期限自 6 ~ 18 个月不等。过期不赎，典当即没收其质押品。质押放款额一般在抵押品价值的五成以下。

放青苗：亦称为“青苗法”，北宋王安石的新法之一。以官仓的存粮和存钱为信贷资金，一年贷放两次，正月三十日和五月三十日前，分别随夏秋税归还。按户等确定贷款额，一至五等户分别贷款不超过 15、10、6、3、1. 5 贯，每次收息 2 分。贷粮亦按时价折成钱。实行青苗法的目的是为了帮助农民能够正常生产，限制高利贷，但它本身也是一种实际利率高于名义利率的官营高利贷。

---

① 叶世昌，潘连贵. 中国古代金融史［M］. 上海：复旦大学出版社，2001.

《管子·治国》称高利贷为“倍贷”，即借债要付对倍的利息，其年息高达10分（100%）。西汉初期，高利贷资本称为“子钱”，放贷者称为“子钱家”；北宋时，京师新任官员借债赴任，称为“京债”。北宋和南宋都有官营高利贷，称为抵当库。

资料来源：[1] 辞海 [M]. 上海：上海辞书出版社，2010.

[2] 叶世昌，潘连贵. 中国古代金融史 [M]. 上海：复旦大学出版社，2001.

四、民间信用与高利贷

民间信用即民间借贷，专指发生在个人之间、个人与企业之间、企业与企业之间的借贷，通常缺乏规范的借贷契约。民间借贷有两种形式：一种是民间自发产生的借贷组织。表现为以地缘或亲缘关系组织起来的各种“会”，民间俗称做会，具体有标会、抬会、轮会、摇会、合会等。另一种形式是没有固定的组织但遵循借贷规则的信用行为，通常发生在邻里、亲戚或者朋友之间。

民间借贷与高利贷往往交织在一起，有时两者可以相互转化。当市场资金紧张，从正规金融机构借贷困难时，民间借贷的利率会大幅上涨，可能转变为高利贷。反之，当市场资金宽松，借贷容易时，民间借贷利率又会大幅降低，高利贷可能变为普通民间借贷。但是民间借贷如果涉及吸收公众存款、集资诈骗、高利转贷、洗钱、金融传销、暴力催收等行为，就属于违法犯罪，不是高利贷了。高利贷是收取极高利息的借贷，极高利息如何界定？并没有统一标准。在现代社会，高利贷本身并不是一个法律问题，故法律也没有明确界定高利贷。2015年9月1日施行的《最高人民法院关于审理民间借贷案件适用法律若干问题的规定》的司法解释：“借贷双方约定的利率未超过年利率24%，出借人请求借款人按照约定的利率支付利息的，人民法院应予支持。借贷双方约定的利率超过年利率36%，超过部分的利息约定无效。借款人请求出借人返还已支付的超过年利率36%部分的利息的，人民法院应予支持。”新的司法解释规定了民事法律应予保护的民间借贷年利率为24%，年利率超过36%以上的借贷利息不予保护。但超过年利率36%的借贷是否就是高利贷，并未明确。2020年8月20日，最高人民法院对民间借贷最高司法保护利率重新做了规定：以中国人民银行授权全国银行间同业拆借中心每月20日发布的一年期贷款市场报价利率（LPR）的4倍为标准确定民间借贷利率的司法保护上线，取代原《规定》中“以24%和36%为基准的两线三区”的规定。

有一种认识，即提到高利贷就认为都是非法的。这主要是由于高利贷往往伴随着暴力威慑等非法讨债行为，有的以欺诈手段从事“套路贷”，还有的演变为非法集资，这些都是违法的。只要是双方自愿的、正当的借贷，没有暴力胁迫、欺诈等行为，高利贷本身并不违法。

民间借贷的盛衰与经济波动、货币政策调控有很大相关性。从现实来看，每当经济过热、货币政策趋紧时，民间借贷利率开始急速上涨；经济下行、货币政策放松时，民间借贷利率开始回落。在民间资本发达地区，活跃的民间借贷补充了正规金融机构的不足，减轻了银根紧缩带来的收缩效应。但如果出现大量的产业资本游离于实体经济之外，参加到民间借贷中来，甚至转变为高利贷谋取高额利息，不仅区域性民间借贷风险增大，还会使民间借贷风险向银行业传递，导致区域性金融风险，最终损害实体经济。

■ 拓展学习资料：温州的合会与会案

3－1

第三节　信用形式

信用在经济活动中表现为各种具体形式。根据信用主体不同，可以把信用形式分为商业信用、银行信用、国家信用、消费信用、国际信用。这些信用形式互为补充，共同编织了现代经济运行体系的信用网络，发挥着资金余缺调剂之功能。这些具体信用形式又可以归纳为两大类：直接信用和间接信用。

一、商业信用

商业信用（commercial credit），是指企业之间在商品或劳务交易时卖方向买方提供的延期付款信用。商业信用的典型做法是商品赊销、分期付款。商品产生或销售企业通过赊销这种方式，促进了商品销售或劳务交易，保证生产经营的持续；购货企业则通过延期付款，解决了资金流动性不足与生产经营连续性的矛盾。所以，采用商业信用对于信用当事人双方来说是双赢。商业信用是最古老的信用形式，也是现代经济的基本信用形式之一，其他信用形式都是在商业信用基础上发展起来的。商业信用不仅在国内交易中广泛存在，在国际贸易中也经常采用。

（一）商业信用的特点

1. 商业信用以商品或劳务形态提供，是商业交易和借贷的结合体

商品或劳务交易是商业信用发生的前提，在提供延期付款信用的同时完成商业交易过程。

2. 商业信用是一种直接信用

商业信用的双方关系人都是企业。在商业交易的赊销行为中，卖方提供信用，是债权人，买方是债务人。

3. 商业票据是商业信用基础上产生的信用工具

商业票据是企业间证明信用关系成立的凭据和债务人履行未来偿付义务的保证。商

业票据的持票人可以将票据向银行贴现获得部分资金，或者经过背书后转让给第三者用以抵偿部分债务。

（二）商业信用的局限性

商业信用在商业交易中发挥着资金融通和促进交易的作用，但是其本身特点决定了它固有的缺陷：

1. 商业信用的规模有限

由于商业信用是在商品或劳务交换过程中伴生的，从单个企业来看，所能提供的信用规模必然受到企业的资本额和现有生产能力的制约。

2. 商业信用的使用方向和范围有限

由于商业信用以商品或劳务交易为基础，仅存在于有供求关系的企业之间，比如上游企业提供给下游企业，而不能反向提供；同时商业信用仅限于经常往来、互相了解的企业之间。缺乏了解和信任的企业之间无法开展。

3. 商业信用具有短期性局限

商业信用基于商品或劳务交易过程中产生，必然受企业商品生产或劳务交易周期决定，仅限于几个月之内的短期信用，不适宜提供长期信用。

4. 商业信用的信用链条不稳定

商业信用是企业之间相互提供的信用。从整体来看，在全社会企业之间形成了错综复杂的信用链条。社会信用链条上某些环节因债务人的经营风险出现偿债困难，有可能导致整个社会信用链条的中断，严重的会形成债务危机。

随着商品经济的发展，商业信用无法完全满足经济主体日益扩大的信用需求，新的信用形式应运而生，如银行信用、国家信用、消费信用等。

二、银行信用

银行信用是指银行等金融机构以存款、贷款与票据贴现等方式以货币形态提供的信用。银行信用是在商业信用基础上发展起来的一种更高层次、适用范围更广泛的信用形式，它和商业信用一起构成现代信用体系的主体。银行信用的基本表现形式就是存款、贷款。银行信用具有以下特点：

1. 银行信用以货币形态提供，授信范围更广泛

提供信用的主体是银行等金融机构。货币作为一般等价物，没有使用范围的限制。

2. 银行信用能够满足任何规模的信用需求，期限灵活

这主要是因为银行能够吸收公众存款，获得更广泛的信用资金来源，没有信用规模的局限性。银行信用的期限更加灵活，能够满足短中长各种期限的信用需求。

3. 银行信用是间接信用

银行作为信用中介把资金从盈余部门引导流向赤字部门。在这个过程中，银行一方面以债务人身份从各经济主体手中通过存款方式筹集资金，另一方面以债权人身份将存款贷放给需求方。资金供求双方分别和银行发生信用关系，利用银行信用中介间接地完成了融资活动。

银行信用克服了商业信用的缺陷，在整个信用体系中占据了核心地位，发挥着主导作用。商业信用的发展也越来越依赖银行信用，银行的票据承兑和贴现业务将银行信用嵌入商业信用中，增加了商业信用当事人的信任度，促进了商业信用的发展。商业票据贴现还是早期商业银行发展过程中最先开展的融资业务。

三、国家信用

国家信用是指政府作为债务人或债权人的一种信用形式。国家信用具有以下特点：

1. 国家信用的主体是政府

国家信用也是一种很古老的信用方式。中国西汉时期汉景帝平定“七国之乱”向关中无盐氏借债，就是利用了国家信用。国家信用的产生与政府的财政赤字密切相关。随着经济的发展，政府在执行公共职能过程中财政支出不断扩大，财政赤字成为现代经济的一个普遍现象。为了弥补财政赤字和暂时性的收支矛盾，世界各国几乎都采取了发行政府债券和向外国直接举债等方式筹措资金。国家信用中债权人多为银行和其他金融机构，也有企业与居民。2010 年爆发的以“欧猪五国”为代表的欧债危机就是过度利用国家信用的结果。

2. 国家信用的主要形式是发行政府债券

政府债券包括短期政府债券和中长期政府债券，统称国债，其中短期政府债券也称为国库券。国家信用的形式还有直接借款，通常是向外国政府借款，形成“外债”。例如在 2010 年，欧债危机中债务最严重的希腊、爱尔兰、葡萄牙和西班牙四国向德国银行借款总额超过 5 000 亿美元。国家信用的另一种形式是中央政府以债权人身份向外国政府发放贷款，属于对外援助性质，通常具有贷款金额大、期限长、利息优惠甚至免息的特点。

3. 国家信用与政府的政治经济状况密切相关

国家信用以一国的政权为后盾，与国家及地区的政治经济状况密切相关，而政府间的信用又与两国政府关系密切相关。在政治平和、经济稳定的形势下，国家信用的风险比较小，政府债券的安全性和流动性较高，可以获得稳定的收益，是深受投资者青睐的投资工具。政府债券通常也是金融中介机构首选的投资工具。中央银行经常通过买卖政府债券进行公开市场操作，以达到调节市场货币供应量之目的。但是当一国出现政治或经济危机，国家信用也会面临较大风险。国家信用的风险主要表现为政府债务风险，往往是由于政府举债过度，出现无法按期偿还的违约问题。

四、消费信用

消费信用是指工商企业、银行及其他金融机构向消费者提供的用于消费支出的信用形式。古代的高利贷其实就是一种消费信用，因为借债者多为生活处于困境的贫困人群。现代社会的消费信用是同耐用消费品的销售紧密联系的信用，主要通过分期付款或消费贷款的形式刺激消费者进行超前消费，促进商品的销售。消费信用在西方国家已非常普遍，当前在我国也有了长足的发展。

消费信用的方式主要有以下几种：

（一）分期付款

分期付款是销售商提供给消费者的一种信用，用于购买耐用消费品如小汽车、家电等。消费者一般在提取货物时先支付一部分价款，称为“首付”，其余货款和利息在约定时期内分次支付（通常为按月支付），在货款付清之后，消费品的所有权转移给消费者。在这种信用方式下，销售商和消费者签订书面合同，规定信用期限、利息、每期付款金额及其他费用。在合同规定的货款付清前，消费者只有使用权，若消费者无力按期还本付息，经催缴无效，销售商有权收回该商品，折价抵销购货款项。

（二）消费贷款

消费贷款是银行和其他金融机构向消费者提供贷款用于购买耐用消费品以及支付其他费用等。这种贷款与分期付款的做法比较相似，借款人也有“首付”，其余消费款项由银行贷款支付。但消费贷款通常不支付给借款人，而是由发放贷款的金融机构直接转入销售商账户，借款人按月向消费贷款机构支付本息。

（三）信用卡

信用卡是银行或其他专业机构提供给消费者的消费信用工具。信用卡有规定的使用限期和限额，持卡人可凭卡在接受信用卡支付的单位购买商品或支付劳务费用。信用卡发卡银行通常每月与持卡人结算一次。持卡人如果在规定期限内付款，则可以免付利息。如逾期付款则要支付高额透支利息。我国信用卡透支利息统一按照日息万分之五收取。中国人民银行发布的《2016 年支付体系运行总体情况》报告显示，至 2016 年末，全国银行卡在用发卡数量 61.25 亿张，其中，信用卡和借贷合一卡在用发卡数量共计 4.65 亿张。全国人均持有银行卡 4.47 张。

消费信用有效地促进了消费品的销售和生产，推动了技术进步和经济发展。对消费者个人来讲，消费信用能使人们在一定程度上暂时超越当前个人可支配收入的限制，提前享受当时购买力达不到的商品和服务。但是，由于信用消费是一种对未来收入的预支，会导致未来购买力的降低，而且消费信用的利息是一笔可观的财务开支，如果无节制地使用，会造成沉重的债务负担，中国台湾地区21世纪初的“卡奴”现象值得我们反思。

➢专栏阅读与分析

信用卡的产生

早在18世纪，一些服装商就采取分期付款的方式销售衣服。他们让顾客先取走衣服，并约定在一段时间里每周付一笔钱来偿付价款。在20世纪初，赊销的方式已被很多零售商采用。在20世纪20年代，美国的一些商店向某些顾客发行一种作为记账消费凭证的金属卡牌，称为“现时购买，以后付账制度”（buy now，pay later system），这是一种更加灵活的赊销方式，但是这种金属卡牌只能在发行的商店使用。到第二次世界大战前，许多百货公司、通讯公司、旅行社都向首选客户发行这种延期付款信用工具（charge card），通常是作为一种吸引顾客的服务外延，仅用于本店而且常常是免息的。1950年，用餐者俱乐部（Diners Club）和美国运通公司联合启动了一种信用卡（charge card）是现代信用卡的雏形。次年，用餐者俱乐部向200名顾客发行了历史上第一张信用卡（credit card），这种信用卡能在纽约的27个餐馆通用。1951年纽约的富兰克林国民银行发行了一种称为“charge it”的信用卡，可以在当地的零售店通用，零售店把货物卖给消费者后从银行得到偿付，而银行再同消费者进行结算。直到1970年银行业的介入使信用卡得到了迅速发展，随着信用卡业务的扩大，各发卡银行和其他发卡公司开始建立一些联盟进行交叉结算，从而实现不同银行的信用卡可以跨行结算。现在最具影响力的信用卡集团包括万事达卡（Master Card）、维萨卡（Visa Card）和美国运通（American Express）等国际集团，中国银联（China UnionPay）也已成为国际性信用卡组织。

资料来源：曹龙骐．货币银行学［M］．北京：高等教育出版社，2000.

五、国际信用

国际信用是指国与国之间发生的借贷活动。国际贸易的发展和国际经济交往的日益频繁，使国际信用成为国际结算、国际资本流动的主要表现形式。

国际信用可以分为以下四种形式：

（一）国际商业信用

国际商业信用是指出口商对进口商提供的延期付款信用，即跨国的赊销。国际商业信用通常要有国际银行信用的支持，如银行对出口商或进口商提供的出口信贷。

（二）国际银行信用

国际银行信用是指由银行跨国提供或接受的信用形式，包括出口信贷（包括卖方信贷、买方信贷）、国际银团贷款、银行发行国际债券等形式。

（三）国际金融机构贷款

国际金融机构贷款是指包括国际货币基金组织（IMF）、世界银行（World Bank）在内的国际金融机构向其成员国提供的贷款。世界银行主要通过提供和组织长期贷款和投资，解决会员国恢复和发展经济的资金需求。

（四）政府贷款

政府贷款是指国与国政府之间相互提供的信用。一般由政府出面进行借贷，贷款利率较低，期限较长，条件比较优惠，具有援助性质，但往往附带限制性条件，如要求借款国必须购买贷款提供国的商品和劳务等。

六、其他信用形式

除了上述五种信用形式外，还有一些特殊的信用形式，比如股份信用、合作信用、租赁信用。

（一）股份信用

股份信用是股份公司以发行股票的方式向社会筹集资金所体现的一种信用形式。股份信用与通常的信用形式不同，它不是债权债务关系，而是一种财产所有权关系，但是仍然属于信用形式。原因是股份制的存在是以信用关系的普遍发展特别是资本市场发展为前提条件。正是基于信用关系的普及，使得小额货币持有者能够通过购买股票实现投资。股票投资无到期日，但可以在二级市场自由转让，收回投资，并且还有股息或者买卖差价收益。在这个意义上，股份信用类似于资金借贷，只不过股份信用没有确定的到期期限，是由投资者来决定何时收回投资。

（二）合作信用

合作信用是在一定范围内由具有共同意愿的出资人之间相互提供的信用。合作信用不同于股份信用、借贷信用，它是互助合作性质的信用，具有封闭运作、民主管理、非盈利性的特点。合作信用的组织形式是信用合作社。典型意义的信用合作社只针对社员提供借贷，社员入股主要是为了获得融资服务，而非盈利，所以经典的信用合作社经营不以盈利为目标。

（三）租赁信用

租赁信用是以出租设备（大型专用性设备）收取租金的一种信用形式。租赁信用的典型形式是融资租赁（financial leasing），其一般运作模式是承租人选好所租的设备，由出租人向供货商购入该设备，然后再出租给承租人使用，承租人定期支付租金。租赁信用是一种集融资与融物相结合的信用形式，对企业资信和担保的要求不高，可以降低企业融资压力，所以非常适合中小企业融资。

第四节 信用工具

一、信用工具及其特征

信用是一个抽象名词，只有在真实的信用活动中才存在具体形态，即信用工具，也称为金融工具。信用工具是证明信用关系当事人之间债权债务关系或所有权关系的具有法律效力的书面凭证。在商品货币经济不发达的条件下，信用关系多以口头协议或记账方式确立，但这种信用关系缺乏规范性，容易引起纠纷，而且债权债务不能转让。信用工具的出现，一方面克服了口头信用和记账信用的缺点，促进了信用活动的规范化；另一方面，规范的信用工具便于流通转让，形成了金融市场。企业、政府在金融市场上通过发行信用工具来融资，投资者通过买卖信用工具实现投资。

信用工具一般具有如下几个特征：

（一）偿还性

信用的有偿性决定了大多数信用工具都要在一定期限内还本付息。只付息不还本的股票和永久性债券的偿还期不确定，但可以在二级市场转让收回本金。

偿还期是一个相对的概念，不同的关系人有不同的认识。债务人所关心的是从发行到期满的全部期限，债权人所关心的是从接受该信用工具距离到期还有多久。比如 ABC 公司 2000 年初发行一笔 10 年期（2010 年年初到期）的债券，他要考虑的是整个 10 年的财务费用和资金安排，而某位投资者 2004 年初买入这种债券，他关注的是从 2004 ~ 2010 年这六年期限。这就是金融工具的偿还期和持有期的区别。

（二）流动性

流动性是指信用工具在不受或少受价值损失的条件下随时变现的能力。信用工具变现能力受耗费时间和交易成本两个因素的影响。变现所需要的时间越短、变现交易成本越低，该信用工具的流动性就越强，反之亦然。通常偿还期短、债务人信誉高、二级市场交易活跃的信用工具流动性比较强。

（三）安全性

安全性是指信用工具持有者收回本金及预期收益的保障程度。信用的核心是风险，作为信用载体的信用工具必然存在风险。主要有两种类型的风险，一是信用风险，即债务人不能按约定时期还本付息的可能性；二是市场风险，即由于市场价格波动导致信用工具的预期收益发生损失的可能性。信用工具的投资者总是希望将风险降到最低程度。

（四）收益性

资本要求增值的本性决定了投资者购买或持有信用工具不仅要求还本，还希望带来利润。信用工具的收益性通过收益率来反映，收益率是收益与本金的比率，通常有三种表现形式：

1. 名义收益率

又称为票面收益率，是按照票面利率计算的每期应收利息与票面价值的比率。例如，ABC 公司发行 10 年期的债券，面值 1 000 元，年利率 8%，则每张债券的年应收利息为 80 元，该债券的名义收益率为 8%。

2. 即期收益率

即期收益率是按票面利率计算的每期利息与信用工具当期市场价格的比率。接上例，假如该债券在市场上售价为 960 元，则即期收益率为 80/960 = 8.3%。

3. 实际收益率

实际收益率是持有期间平均实际收益与信用工具买入价格的比率，也称为持有期收益率。例如，投资者在第二年末以市价购进上述案例的一份债券，并持有到期。在他持有的 8 年中，每年除 80 元的利息外，还有年均资本利得（1 000 − 960）/8 = 5 元。因此他每年的实际收益率是（80 + 5）/960 = 8.85%。如果他在持有一年后以 980 元的价格卖出，则实际收益率为（980 − 960 + 80）/960 = 10.4%。

信用工具的四个特征之间存在有机联系。通常安全性与偿还期呈负相关，即偿还期越长，安全性越低；流动性和收益性也呈负相关，流动性高的信用工具收益性相对较低。流动性和安全性则成正相关，一般情况下流动性高的信用工具安全性也较高。

二、信用工具的类型

信用工具按不同的标准有不同的分类，主要有以下几种：

（一）按融资方式可分为直接融资工具和间接融资工具

直接融资工具包括企业发行的股票、债券、商业票据，以及政府发行的政府债券等。间接融资工具包括银行发行的银行票据（银行本票、银行支票、银行汇票）、大额定期存单、信用证、信用卡等。

（二）按偿还期限可分为短期信用工具、中长期信用工具

短期信用工具是偿还期在一年以内的各种债权债务证明，包括各种商业票据、银行票据、信用证、信用卡、国库券等。中长期信用工具指偿还期在一年以上的各种债权债务证明，包括中长期公司债券、中长期政府债券，股票没有确定的偿还期，属于长期信用工具。

（三）按信用工具产生顺序可分为原生信用工具、衍生信用工具

原生信用工具也称为基础性金融工具，是可以即期交易的票据、债券、股票、大额存单等；衍生信用工具是在原生信用工具基础上派生出来的金融工具，主要有期货、期权、远期、互换合约四种衍生工具，以及由此变化、合成衍生出来的一些变形体，如信用违约互换（credit default swap，CDS）等。

三、短期信用工具

（一）票据

票据是经济活动中反映当事人之间债权债务关系的书面凭证，是代表一定数量货币请求权的有价证券。票据可以发挥汇兑、支付和信用等功能。票据的期限通常不超过一年，所以属于短期信用工具。我国的《票据法》规定的票据种类包括汇票、本票、支票三种，且票据的签发、取得和转让，应具有真实的交易关系和债权债务关系。票据分类见图 3 - 1。

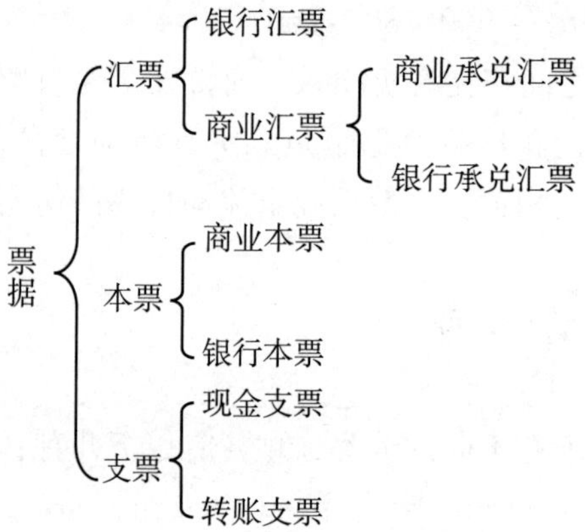

图 3 - 1　票据分类图

1. 汇票

汇票（bill of exchange）是出票人签发的，委托付款人在见票时或者在指定日期无条件支付确定的金额给收款人或者持票人的票据。我国《票据法》规定的汇票分为商业汇票和银行汇票两种。

（1）商业汇票。商业汇票是由债权人向债务人开出的支付命令书，命令债务人在约定期限支付一定金额的款项给持票人或第三者。

商业汇票由于是债权人签发的，必须经债务人承认后才能生效，债务人履行承认兑付的手续叫承兑（acceptance）。商业汇票按照承兑人的不同，可以分为商业承兑汇票和银行承兑汇票。如果由企业做出承兑，就是商业承兑汇票；如果由银行等金融机构做出承兑，就是银行承兑汇票。银行承兑汇票是在商业信用的基础上加入了银行信用保证，汇票的实际付款人还是企业，只有当实际付款人无力按期付款时，承兑银行才履行代偿义务。在我国银行实践中，承兑银行代偿汇票债务后，将把该笔款项作为汇票实际付款人的逾期贷款，一旦企业账户有款即行扣收。

商业汇票经承兑生效后可以在二级市场流通转让。流通转让时要经过背书（endorsement）手续。所谓背书就是持票人（收款人）在票据未到期前，在票据背面签上自己名字（签章），把票据转让给第三方或者用于支付购货款。商业汇票在这时发挥着货币流通手段和支付手段的功能，即马克思所讲的“商业货币”。

商业汇票的持票人除了背书转让外，在票据未到期前，还可以向银行申请贴现（discount），以获得融资。在我国的银行贴现业务中，主要是银行承兑汇票贴现，商业承兑汇票由于安全性和流通性原因，实践中已很少使用。

在发达国家金融市场上，有一种没有商业交易背景的商业票据，通常由大型工商企业或金融公司发行，由银行等金融机构予以包销。这种票据与在商业信用基础上产生的传统商业票据不同，名为票据，实际就是短期公司债券，属于融资性商业本票范畴。我国近几年在全国银行间债券市场发行的中小企业集合票据、中期票据就是属于这种。

（2）银行汇票。银行汇票是由出票银行签发的，并由银行在见票时按照实际结算金额无条件支付给收款人或者持票人的银行票据。银行汇票是银行信用的产物。我国的银行汇票是银行为客户办理异地款项汇划的一种票据结算方式。

2. 本票

本票（promissory note）又称期票，是出票人签发的，承诺自己即期或在一定时期无条件支付确定的金额给收款人或者持票人的票据。本票的出票人就是付款人。按出票人不同可分为商业本票和银行本票两种。商业本票是由债务人向债权人开出的支付承诺书，承诺在约定期限支付一定金额的款项给债权人。

我国《票据法》规定的本票，只有银行本票，没有商业本票。银行本票是本票申请人将款项交存银行，由银行签发的承诺自己在见票时无条件支付确定的金额给收款人或者持票人的票据。我国的银行本票作为一种票据支付结算工具，适用于个人、单位在同城范围内的各种款项划拨。

3. 支票

支票（check）是银行存款客户向其开户行签发的，授权该银行即期无条件支付一定金额给某一指定收款人的支付命令书。

我国的支票是银行的一种支付结算工具。按支付方式，可以分为现金支票和转账支票，前者可用于支取现金，后者只能用于转账。由于支票是由存款人自己签发，为了避免出票人开出空头支票，保证支票的可靠性，有的收款人要求付款银行对支票的付款进行保证，因此产生了保付支票。

（二）信用证

信用证（letter of credit）是一种有条件的银行付款承诺，是在国际贸易中银行用来保证买方支付能力的一种凭证。在信用证支付方式下，开证行（issuing bank）根据买方（开证申请人）的要求和指示，向卖方（受益人，beneficiary）开出信用证，承诺在一定期限内，凭符合信用证条款规定的单据，即期或在将来某一日期，支付一定金额给受益人。

（三）大额可转让存单

大额可转让存单是银行等金融机构面向非金融机构和个人发行的一种大面额存款凭证。通常不记名，发行后持有者可以在二级市场转让变现。大额可转让存单分为固定利率存单和浮动利率存单两种，期限从几个月到几年不等。付息方式分为到期一次还本付息和定期付息、到期还本。未到期的大额可转让存单可以在银行办理质押融资。

（四）国库券

国库券（treasury bill）是国家为了弥补年度内短期收支不平衡，由财政部发行的以国家为债务人的短期信用凭证。国库券的偿还期有 3 个月、6 个月、9 个月和 1 年。国库券发行以后进入二级市场流通，是企业、机构、个人比较青睐的一种流动性和安全性都很高的投资工具。中央银行根据货币政策的需要在公开市场买卖国库券，达到调控货币供应量的目的。

四、中长期信用工具

中长期信用工具包括公司债券、金融债券、政府债券和股票。

（一）公司债券

公司债券（corporate bond）是公司为筹集长期资金而向社会发行的承诺在一定期限偿还本金并支付利息的债务凭证。债券持有人凭借债券有权定期从债券发行公司取得利息，到期收回本金，或到期一次取得本金和利息，但是不能参与公司的管理。

（二）政府债券

政府债券（government bond）是以政府作为债务人而发行的债券，包括中央政府债券和地方政府债券。中央政府债券也称国债，其中一年期以内的短期国债即国库券，一年期以上的为中长期国债。

（三）金融债券

金融债券（financial bond）是银行或非银行金融机构为筹集中长期资金而向社会发行的债务凭证。其利率通常高于政府债券，但低于公司债券。金融债券包括一般性金融债券和资本性金融债券两种。其中资本性金融债券是为了弥补银行等金融机构的资本金不足而发行的债务凭证。

（四）股票

股票（stock）是股份公司为筹集资金而发给投资者的入股凭证。股票持有人即股东，是股份公司的所有权人而非债权人，因此，普通股东对股份公司有管理监督权，同时也承担公司经营的风险和责任。按股东权益的不同，股票可分为普通股（common stock）和优先股（preferred stock）。

➢ 本章小结

（1）信用的本质。信用是以契约关系保障本金回流和增值的特殊价值运动。信用以信任为基础，以偿还和付息为条件，表现为一种债权债务关系，信用与风险紧密联系。信用的发展可以分为三个阶段：信用口头承诺阶段、信用工具化阶段、信用工具市场化阶段。

（2）信用的功能。信用的功能表现为资金余缺调剂、提供和创造信用工具、调控经济运行。

（3）高利贷。高利贷是生息资本的古老形态，是前资本主义社会占主导地位的信用形式。高利贷的“高利”源于其畸形的资金供求关系、高风险和高成本补偿的要求。高利贷与民间借贷相伴而生，两者可以相互转化。

（4）信用形式。现代信用形式按信用主体不同，可分为商业信用、银行信用、国家信用、消费信用、国际信用等。商业信用是现代信用制度的基础；商业信用和银行信用构成现代信用体系的主体。

（5）信用工具及特征。信用活动通常借助一定的信用工具完成。信用工具是证明信用关系当事人之间债权债务关系或所有权关系的具有法律效力的书面凭证。各种信用工具都具有偿还性、流动性、安全性和收益性四个特征。

（6）信用工具的分类。按融资期限分类，信用工具可分为短期信用工具、中长期信用工具。短期信用工具包括商业票据、银行票据、国库券、信用证、大额可转让存单；中长期信用工具主要包括公司债券、政府债券、金融债券、股票。

➢ 关键术语

信用　商业信用　银行信用　国家信用　消费信用　高利贷　银行本票　商业承兑汇票　银行承兑汇票　银行汇票　公司债券　政府债券　金融债券　股票

➢ 思考与练习

（1）信用的本质是什么？有哪些特征？

（2）信用的功能有哪些？

（3）现代信用的主要形式有哪些？

（4）比较商业信用与银行信用的优缺点。

（5）什么是消费信用？其具体有哪些形式？

（6）什么是信用工具？它可以分为哪些类型？

➢ 进一步学习的资源

[1] 大众汽车金融（中国）有限公司 . http：//www. volkswagen-finance-china. com. cn/.

[2] 温州指数网 . http：//www. wzpfi. gov. cn/.

[3] 温州民间借贷服务网 . http：//wzmjjddj. com/.

CHAPTER 4

第四章　货币的时间价值与利率

➢ **本章导入**

利息是信用的本质要求，利息的存在使货币具有时间价值。由于货币具有时间价值，不同时间的货币价值不能简单比较。现金流贴现分析是不同时间货币价值比较的基本方法。利息的计算需要先确定利率。利率在现代经济体系中，是经济调节的重要杠杆，也是判断投资收益的基本标准。如何计算利息、如何进行现金流贴现分析、利息的本质是什么，利率如何决定，影响利率变动的因素等问题是本章所要分析的主要问题。

➢ **学习本章后，你将能够：**

■ 认识货币的时间价值

■ 理解利息的本质

■ 掌握终值与现值、现金流贴现分析模型

■ 理解利率决定的理论

■ 掌握影响利率变动的因素

■ 理解利率作为经济杠杆的作用

■ 认识利率市场化的内涵和意义

第一节　货币的时间价值与利息

一、货币的时间价值

在本金相同的条件下，借贷的时间越长，支付的利息也越多。利息是资金贷出一定期间的报酬。金融学以“货币的时间价值”概括这种报酬，利息就是货币时间价值的表现。货币的时间价值（time vale of money）通常被定义为：现在持有的一定量货币比未来获得的同等量货币具有更高的价值，也可以理解为将一项收益从一个时间点转换到另一个时间点重新估算的价值。财务管理人员或投资者有必要清晰理解货币时间价值及其对资产价值的影响。

货币时间价值分析可以采用画出现金流的时间序列图（见图 4－1）来情景化说明：

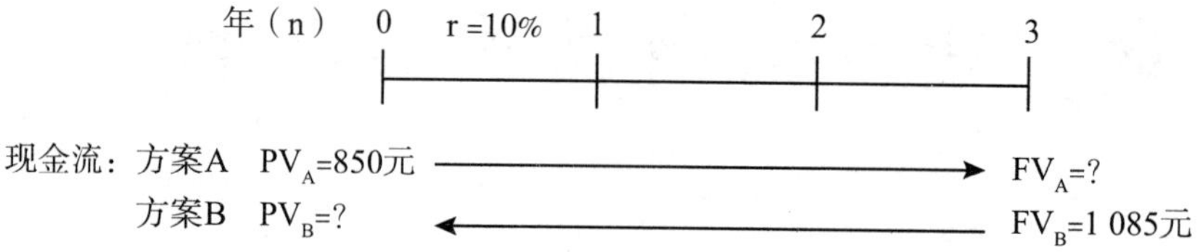

图 4－1 货币时间价值的现金流时间序列图

图 4－1 中是两种投资方案 A 和 B 的现金流时间序列，PV（Present Value）表示某项投资的现值或初始值，也代表未来一定数量价值的当前值。本图中方案 A 现金流的现值是 850 元。在当前这个时点，我们不知道方案 B 的现值。

FV（Future Value）表示某项投资的终值或期末值，是在考虑投资期内获得利息的情况下，某项投资在期末的价值。在图中方案 B 的三年末终值是 1 085 元。在三年末的这个时点，我们不知道方案 A 的终值。

r 是投资回报率或利率，也是投资的机会成本。每期获得的利息取决于期初投资额。本图中 AB 两种投资方案的回报率 r 都是 10%。n 是计息期数，本图中 n＝3 年。

针对上图中 AB 两种投资方案，要判断哪种方案的价值更大？有两种途径：其一是我们需要计算出方案 A 中当前投资的 850 元在第三年的终值，并与方案 B 中第三年获得的 1 085 元进行比较；其二是计算方案 B 第三年获得的 1 085 元的现值，并与方案 B 中的 850 元现值进行比较，才能得出。关于现值与终值的计算方法，在本章第二节“利息的计算与应用”中将专门讲解。

货币之所以有时间价值，可以从不同角度分析：其一，货币可以用于投资，货币所有者贷出货币，让渡货币使用权失去了获得投资收益的机会，通过利息来弥补机会成本；其二，由于通货膨胀的影响，货币的购买力会降低，通过收取一定的利息来弥补货币贬值的影响。由上述分析可见，关于货币时间价值的原因分析其实质是关于利息本质或者来源的讨论。

二、利息的本质

利息是从属于信用关系的一个经济范畴，它随着信用关系的产生而产生，是信用关系赖以存在和发展的条件。利息是债务人支付给债权人的报酬，是货币所有者暂时让渡货币使用权所取得的收入。货币因贷放而获得利息增值的概念已经深入人们的思想中，被认为是理所当然事情。但利息究竟是来源于哪里，也就是利息的本质，长期以来就是经济学家关心和争论的问题。关于利息本质的争论，西方形成了多种理论。

（一）利息报酬说

利息报酬说由威廉·配第和约翰·洛克先后提出。17 世纪英国古典政治经济学创始人威廉·配第（William Petty，1633～1687）认为，利息是债权人暂时放弃货币的使用权而获得的报酬。因为一旦信用关系成立，在约定的时间内，债权人就失去了使用贷出货币进行投资获利的机会，因此需要得到补偿。他把“暂时放弃货币的使用权分为三种情况：第一种情况是贷者可以随时收回借出的货币；第二种情况是贷者到期才能收回借出的货币；第三种情况是贷者自己急需货币，但他借出的货币尚未到期，不能收回。并认为，只有在第三种情况下贷者才应收取利息”。约翰·洛克（John Locke，1632～1704）也把利息看做是贷款人获得的报酬。但是他认为贷者收取利息是因为贷款人承担了风险，即债务人到期不能偿还本金的风险。贷款人在贷出前就认识到了这种可能性，并根据违约可能性的大小来收取相应的风险报酬。

（二）资本租金说

英国古典经济学家达德利·诺思（Dudley North，1641～1691）把贷出货币所收取的利息看成是像地主收取的租金。他认为“资本所有者常常出借他们的资金，像出租土地一样。他们从中得到叫作利息的东西，所谓利息不过是资本的租金罢了”。

（三）生产力说

生产力说（Productivity Theory）认为利用资本可以产生比较多的价值，而这种价值是由生产力创造的，所以利息是基于资本的生产力所产生，并且生产力的大小决定利息的高低。例如有网较无网所捕的鱼多，捕鱼量的增加是基于运用资本的生产力所获得，所以生产力就是利息的源泉。萨伊（J. B. Say，1762～1832）、马尔萨斯（T. R. Malthus，1766～1834）、罗斯切（W. Roscher，1817～1894）等均为这种学说的倡导人[①]。

（四）利息节欲说

这种观点认为利息是资本家节欲或等待的报酬。英国经济学家西尼尔（Nassaue Senior，1790～1864）认为，人类社会存在三种生产要素：第一要素是人类的劳动；第二要素是与人力无关的自然要素；第三种要素叫“节欲”（abstinence）。所谓“节欲”是指牺牲眼前的消费欲望。他认为，要扩大未来的生产，就需要更多的资本。资本来源于储蓄，储蓄又来源于节欲。因此，节欲是比资本更为基础的生产要素。资本由储蓄形成，增加储蓄就要减少人们目前的消费，这需要人们做出额外的牺牲。因此，利息就是人们牺牲自己当前消费而应得的报酬。马克思所谓的庸俗经济学就是指这类为资产阶级

---

① 周大中．现代金融学［M］．北京：北京大学出版社，1994：82.

辩护的经济学家。节欲论曾经在 18 ~ 19 世纪受到广泛推崇。

（五）流动性偏好说

流动性偏好说认为利息是在一定时期内人们放弃货币流动性的报酬。流动性偏好理论是约翰·梅纳德·凯恩斯（John Maynard Keynes，1883 ~ 1946）在 20 世纪 30 年代提出的。所谓流动性偏好，就是指人们宁愿持有流动性强但不能生利的货币资产，也不愿持有其他虽能生利但较难变现资产的一种心理倾向。人们偏好流动性主要源于三种动机：交易动机、预防动机和投机动机。凯恩斯比较了债券和货币这两种形式资产认为，持有债券虽能获得一定收益，但必须在持有期间放弃货币的使用权，这不仅给持有者带来一定资金周转的不便，而且可能蒙受债券价值损失。持有货币虽不能给人们带来收益，但却具有高度灵活性，可以在任何时间方便地使用。所以，人们对货币这种资产具有偏好。别人要获取一定的货币资金，就必须以支付一定报酬为代价。利息就是货币持有人放弃货币流动性偏好的报酬。

（六）马克思的利息理论

根据马克思（Karl Heinrich Marx，1818 ~ 1883）对利息本质的阐述，利息来源于利润，是工人创造的剩余价值的一部分。马克思从借贷资本运动的全过程揭示了利息的来源和本质。他认为，利息绝不是货币本身生出的果实，不是在再生产过程之外的借贷活动中产生的，也不是在购买生产要素和销售产成品的流通过程中产生的，而是工人在生产过程中创造的归货币所有者占有的剩余价值的一部分。

借贷资本家把货币作为资本贷给产业资本家后，后者把货币投入生产或流通，从而产生利润，在一个生产或流通循环完成后产业资本家把实现的利润的一部分以利息的形式分给借贷资本家。资本和土地、劳动力共同构成生产的基本要素，在生产循环中必须得到补偿，因此资本的提供者要参与已实现的剩余价值的分配。

按照马克思剩余价值论的观点，利息体现了借贷资本家与产业资本家共同占有剩余价值以及瓜分剩余价值的关系。它揭示了资本主义社会下的剥削关系，所以马克思的利息来源理论也称为“剥削说”。

➢ 专栏阅读与分析

中世纪的利息理论

拉丁语利息的动词 intereo 是指“损失”，而其名词形式 interisse 演变成了现代术语“利息”（interest）。利息并不是利润，而是损失。

中世纪的利息理论就是从禁止高利贷教义的例外情形中缓慢发展起来的。贷款报酬如果是放贷者的收益就不合法，但是如果报酬不是净收益，而是对损失或费用的补偿就合法了。利息之所以被认为是应当支付给债权人的补偿，是因为他在放贷过程中发生了损失。这一概念源自罗马法典。该法典认为，利息是放贷人当前受损地位与他没有放贷时的地位之间的差别。这种广义的“损失”有时包含了放贷人通过贷出金钱而可能获取的利润。带有这种含义的interesse一词在1220年左右成了标准释义。它常常是贷款偿还延迟时的补偿或者罚金。这种损失的产生可能是因为：（a）贷款的担保人为了还款而被迫借款，从而需要支付高利，他们可以收取高利以弥补损失；（b）如果贷款没有在商定的时间偿还，可能就会被收取滞纳金，只要放贷人愿意接受加息推迟偿还贷款。

资料来源：［美］霍默·西勒．利率史（第四版）［M］．北京：中信出版社，2010：59.

三、利率及利率种类

（一）利率的表示

利率，是利息率的简称，指一定时期内利息额占本金的比率，是货币资本的价格。用公式表现为：

$$利率 = \frac{利息额}{借贷本金} \times 100\%$$

例如，王某因做生意向朋友李某借款 50 000 元，一年期，双方商定一年利息为 6 000 元。那么，这笔借款的利率就是：

$$\frac{6\ 000}{50\ 000} \times 100\% = 12\%$$

利率的表示方式有年利率、月利率、日利率。我国习惯上把利率的单位称“厘”，厘以上为“分”，厘以下为“毫”。其换算关系为：1 分 =10 厘，1 厘 =10 毫。

年利率以百分比表示，比如 6%，通常称为年息 6 厘。若年利率为 12%，则称为年息一分两厘，即本金 100 元，每年利息为 12 元。我国民间借贷的利率习惯用月利率，即月息。月利率以千分比表示，比如 12‰，称为月息一分两厘，即本金 1 000 元，每月利息为 12 元。日利率用万分比表示，如日息 5 厘，即表示本金 10 000 元，每日利息 5 元。日利率通常在银行计息用得较多。不同期限的利率经常需要换算，其换算关系如下：

$$月利率 = 年利率 \div 12$$

$$日利率 = 年利率 \div 360$$

例如，年利率为 12%，换算为月利率就是：10‰ = 12% ÷ 12。

（二）利率的种类

1. 基准利率与市场利率

基准利率（benchmark interest rate）是在整个利率体系中发挥基础性、主导作用的利率。基准利率是利率体系的核心，是市场化利率、基础性利率、传导性利率。

基准利率的特性可以归纳为三方面：（1）基准利率水平具有可控性。基准利率通常是中央银行运用货币政策可以适时调节的利率，它表明中央银行对于当期金融市场货币供求关系的总体判断。例如美联储控制的联邦基金利率（federal funds effective rate）、再贴现利率；欧盟中央银行的主要再融资操作利率；我国目前的中期借贷便利利率（MLF）、上海银行间同业拆借利率（SHIBOR）具有基准利率的特征。（2）基准利率是金融体系的参照利率。基准利率决定着一国金融市场的利率水平，是制定贷款利率、有价证券利率的依据；基准利率的变化趋势引导着一国利率的总体变化方向。（3）基准利率比较稳定且风险低。基准利率基本上没有信用风险，流动性风险和利率风险也比较小，因此，其他金融资产的风险收益率都是基准利率基础之上的风险溢价。

市场利率（market interest rate）是金融市场上以货币资金供求为基础通过借贷双方竞价形成的利率。市场利率完全由市场供求规律决定，波动比较大。市场利率受基准利率的左右，基准利率的调整影响市场利率的总体水平；市场利率是金融市场借贷资金供求状况的晴雨表，反映了利率的一般水平。我国的上海银行间同业拆借利率（SHIBOR）、国债利率、全国银行间债券市场利率、大额存单利率、企业债券利率及商业票据利率都是市场利率。

➢ 专栏阅读与分析

欧洲中央银行下调主要再融资操作利率

针对欧债危机持续蔓延，欧盟经济不景气的状况，2011 年 12 月 9 日，欧盟中央银行理事会决定，将主要再融资操作利率下调 25 个基点，从 1.25% 下调至 1.00%。从 2011 年 12 月 14 日结算的相关操作开始适用这一利率。边际贷款利率下调 25 个基点，至 1.75%，从 12 月 14 日开始生效。边际存款利率下调 25 个基点，至 0.25%。

欧洲中央银行的再融资利率是商业银行向中央银行融资的利率，商业银行可以根据这一利率向中央银行借入资金。这是中央银行执行货币政策的一种工具，用来影响银行间市场的流动性和拆借利率，并进而影响商业银行对公众的存贷款利率。欧洲央行的“主要再融资操作”（main refinancing operations）每周操作一次，根据主要再融资利率向货币市场注入期限一周的贷款，商业银行通过竞标获得。中国人民银行也有类似的操作工具：再贷款、再贴现，但并不作为最主要的流动性管理工具。

资料来源：东方财富网.2011－12－08.

2. 名义利率和实际利率

名义利率（nominal interest rate）和实际利率（real interest rate）之分是通货膨胀下

的利率现象。名义利率是指没有扣除通货膨胀因素的利率，实际利率则是名义利率扣除通货膨胀因素后的利率。名义利率一般大于零；实际利率根据通货膨胀率的高低，可能大于零、等于零或者小于零。名义利率和实际利率关系有两种表述方法。

$$r=\frac{1+i}{1+p}-1 \tag{4.1}$$

这是国际上通用的计算实际利率公式。上式中，r 是实际利率，i 是名义利率，p 是通货膨胀率。该公式的含义是，用投资者赚取一年的名义利率 i 之后拥有的金额（1+i），除以代表当年价格水平增加量的（1+p）。因此，实际利率表示一笔金融投资的本息收益，相对于它能购买的实际商品和劳务而言的购买力的预期变化。

公式（4.1）使用起来比较麻烦，如果公式中的各项都比较小，那么可以使用下列近似公式：实际利率=名义利率-通货膨胀率

$$r=i-p \tag{4.2}$$

例如，某公司发行债券的票面利率为6%，当年的通货膨胀率为4%，则该债券的实际利率为2%。若用公式（4.1）计算的实际利率约为1.92%。可见，两者有一些差别。

为了弄清楚为什么可以用近似公式（4.2），我们做一简单推导，首先可以将公式（4.1）两边加上1得到：

$$1+r=\frac{1+i}{1+p} \tag{4.3}$$

再将公式（4.3）两边乘以（1+p），得到：

$$(1+r)\times(1+p)=1+i \tag{4.4}$$

将公式（4.4）两边的各项开展，得到：$1+r+p+r\times p=1+i$；现在从公式两边减去 $1+p+r\times p$，得到：$r=i-p-r\times p$。由于上式中最后一项 $r\times p$ 是非常小的，可以忽略。因此，我们在计算中通常使用这个公式（4.2）。但当通货膨胀率和实际利率都较高的时候，使用公式（4.1）更符合实际。

由于经济生活中物价一成不变极为罕见，而物价上涨似乎已成为普遍趋势，因此区分和计算名义利率和实际利率对投资者做出适当的投资决策具有重要的参考意义。在通货膨胀条件下，市场上的各种利率都是名义利率，实际利率是不易被直接观察到的，但反映借款成本和贷款收益的是实际利率而不是名义利率。

实际利率对经济产生实质性影响，然而人们可操作的只有名义利率。所以一般根据对通货膨胀率的预期调整名义利率。由于人们对通货膨胀率预测的滞后性，使名义利率和通货膨胀率并不能保持同步，并且通常名义利率的调整滞后于通货膨胀率的变化。

实际利率与名义利率的比较，通常会出现三种情况：

（1）当名义利率高于通货膨胀率时，实际利率为正利率；

（2）当名义利率等于通货膨胀率时，实际利率为零；

（3）当名义利率低于通货膨胀率时，实际利率为负利率。

一般而言，只有正利率才符合价值规律的要求。当通货膨胀率大于名义利率出现负

利率时，会对经济领域产生许多不良影响，也就是通货膨胀的经济影响，这将在后面的章节中详细讲述。

■ 拓展学习资料：存贷款都负利率，这个世界怎么了

4-1

3. 固定利率和浮动利率

固定利率（fixed interest rate）是指在整个借贷期限内，约定的利率固定，不随资金供求状况或其他因素的变化而变化。浮动利率（floating interest rate）是借贷发生时确定一个参考利率，该利率在借贷期限内可以随着市场利率的变化而调整。

固定利率和浮动利率各有优缺点。固定利率便于借方计算借款成本、贷方预计贷款收益，适合借款期限短、市场利率稳定的状况。当市场利率变动较大时，采用固定利率会承受较大的利率风险。当市场利率上升，借方将利率固定于市场利率下方，减少了借款成本，而贷方则损失了市场利率高于合约利率的那部分利息，承担了利率风险；当市场利率下降则刚好相反，借方要按高于市场利率的合约利率支付利息，而贷方由于市场利率的变动相对获益。浮动利率根据市场利率进行变动，减少了市场利率波动带来的风险，但是计算比较复杂，不便于预计成本和收益。浮动利率一般以银行间拆借利率为参考利率，国际上常用的有 LIBOR（伦敦银行间拆借利率）、SIBOR（新加坡银行间拆借利率）、HIBOR（香港银行间拆借利率）等。

4. 长期利率和短期利率

长期利率是指期限在一年以上的利率；短期利率指期限在一年以内（包括一年）的利率。由于长期信用风险比短期信用风险大，所以长期利率通常要高于短期利率。

第二节　利息的计算与应用

一、单利、复利与终值

（一）单利与复利

单利（simple interest）和复利（compound interest）是两种不同的计息方法。

1. 单利

单利是指不论期限长短，只按原始本金计算利息，未支付的利息不并入本金重新计算利息。单利的计算公式为

$$I = P \cdot n \cdot r \tag{4.5}$$

$$S = P(1 + n \cdot r) \tag{4.6}$$

其中，I 表示利息，n 表示借款期限，P 表示本金，S 表示期末本利和，r 表示利息率。

例如，一笔10万元的借款，期限为3年，年利率6%，按年计息，到期一次还本付息，单利计息。则三年应计利息为：100 000×6%×3=18 000（元）

2. 复利与终值

复利是指将上一期本金所生的利息加入本金在下一期一并计算利息的方法。俗称“利滚利”。按某约定利率采用复利方法计算的期末本利和称为终值（Future Value，FV）。

例如，一笔10万元的借款，期限为三年，年利率6%，按年计息，到期一次还本付息，采用复利方法计息。则利息和本利和分别为：

（1）第一年年末：

利息为　　100 000×6%=6 000（元），

本利和为　　100 000+6 000=106 000（元）；

（2）第二年将6 000元利息并入本金重新计算利息，到第二年末：

利息为　　106 000×6%=6 360（元），

本利和为　　106 000+6 360=112 360（元）；

（3）第三年年末：

利息为　　112 360×6%=6 741.6（元），

本利和为　　112 360+6 741.6=119 101.6（元）。

可以看出，10万元本金三年到期，按照复利计息，本息合计为119 101.6元，比单利多得1 101.6元。可见相同本金和利率，复利计息比单利计要大。

在上例中，第一年末计算的本利和为100 000元本金P在第一年末的终值S_1，第二年末计算的本利和为第二年末的终值S_2，第三年末计算的本利和为第三年末的终值S_3，用公式可表示为：

$$S_1 = P(1+r)^1;$$
$$S_2 = P(1+r)^2;$$
$$S_3 = P(1+r)^3;$$
$$\cdots$$

依此类推，第n年末的本利为（终值）公式：$S_n = P(1+r)^n$　　（4.7）

复利利息：　　$I = S_n - P = P[(1+r)^n - 1]$　　（4.8）

其中，S_n表示第n年末的本利和，就是终值，P表示本金，I表示复利利息，r表示利率，n表示计息期数。

公式（4.7）是计算终值的基本公式，从中可以推断在本金固定的条件下，利率越高，期限越长，终值越大。

复利的应用非常广泛，除了存贷款利息的计算，还常用于计算债券收益、估计证券的理论价格等方面。

（二）计息期间对终值的影响

上面复利计算的例子都是每年计息一次，然而在现实中，并不是所有的货币交易都是每年计息的，比如美国和英国的公司债券通常是半年计息一次的，这样计息期间变为6个月，一年期的债券计息期数变为2期，年利率也相应地要进行形式转换。

例如，泰利公司发行面值为1 000元的一年期计息债券，票面利率为10%，复利计息，到期一次还本付息。

（1）如果每年计息一次，则一年后终值为：$1\ 000 \times (1+10\%) = 1\ 100$（元）

（2）如果半年计息一次，则一年后终值为：$1\ 000 \times (1+10\%/2)^2 = 1\ 102.5$（元）

（3）如果三个月计息一次，则一年后终值为：$1\ 000 \times (1+10\%/4)^4 = 1\ 103.8$（元）

由上例可见，在相同时期内本金及年利率不变的条件下，计息期数越多，期末终值越大。用公式可表示为：

$$S = P\left(1+\frac{r}{m}\right)^{nm} \tag{4.9}$$

其中，S为期末终值，P为本金，r为年利率，n为年数，m为每年计息期数。

（三）连续复利

由于计息期间是人为划定的，理论上可以继续缩短：我们可以假定每月计息一次、每周计息一次、每日计息一次、每小时计息一次、每分钟计息一次……直至m趋向无穷大，此时称为连续复利（continuously compounded interest），即每时每刻都在平均地计息。随着计算复利时间间隔的缩小，按复利方法计算的年利率不断增大，若计算复利的时间间隔无穷小时，一年内复利次数趋向无穷大。即当$m\to\infty$，则$(1+r/m)^{nm}\to e^{nr}$。因此对本金P以年利率r连续复利计算n年末的终值公式为：

$$S = P \cdot e^{nr} \tag{4.10}$$

仍以上例，如果ABC公司的债券用连续复利计算，则1年末终值为：

$F = P \cdot e^{nr} = 1\ 000 \times e^{0.1} = 1\ 105.2$（元）

因此，对于给定利率，在n年末的终值中，连续复利的终值最大。

二、现值和年金

（一）现值

现值（present value，PV），也称在用价值，是指未来某一数额现金流量的现在价值。现值实际上就是前面复利终值公式中，在已知终值和给定利率的条件下，要计算取得这样的终值（本利和）现在必须投入的本金。因此，现值公式就是终值公式的逆转：

$$P = \frac{S}{(1+r)^n} \tag{4.11}$$

其中，P为现值；S为终值；r为利率，也称为折现率（通常用市场利率）；n为期数。通常把$1/(1+r)^n$称为折现系数。

例如，如果一年后你想要取得 10 000 元的本息收益，若现在的银行存款利率是 3.5%，现在你需要把多少钱存入银行，一年后才能正好能取出 10 000 元呢？这就是求现值的问题。

一年后终值 10 000 元的现值是 $P=S/(1+r)=10\ 000/(1+3.5\%)=9\ 661.84$（元）

你现在存 9 661.84 元钱，在利率为 3.5% 的条件下，一年后能取得本息共计 10 000 元，也就是说一年后 10 000 元的价值和现在的 9 661.84 元一样大。因此，现在的 1 万元比未来的 1 万元的价值更大，现值的概念就是基于这样一种认识。

（二）贴现现金流分析

上述现值公式是未来收到一次性支付的现值。现实中，经常有些投资是定期收到多次支付的现金，如浮动利息债券投资，在持有期内，每期获得的利息不相等，这种现金流称为不均衡现金流（uneven cash flow）。未来多次支付不均衡现金流的现值就是每期支付现金流的现值之和。金融学将计算多次支付不均衡现金流的现值过程称为贴现现金流分析（discounted cash flow analysis）。计算现值使用的利率称为贴现率。

例如，投资一项期限为三年的浮动利息债券，一年后会收到利息 100 元，两年后收到 150 元，三年后收到 200 元。到期收回本金 5 000 元，若市场利率为 4%。那么，该浮动利息债券的现值计算为：

$$P=\frac{100}{(1+0.04)^1}+\frac{150}{(1+0.04)^2}+\frac{200}{(1+0.04)^3}+\frac{5\ 000}{(1+0.04)^3}=4\ 857.61\text{（元）}$$

由此，可以得到多次支付的现值一般公式：

$$P=\frac{S_1}{(1+r)^1}+\frac{S_2}{(1+r)^2}+\cdots+\frac{S_n}{(1+r)^n}+\cdots+\frac{A}{(1+r)^n} \tag{4.12}$$

公式（4.12）可以用来计算各种有价证券的现值，即证券的理论价格。其中 S 为有价证券的各期收益，A 为到期收回的本金。从公式中可以看出，与一次性支付的状况相似，未来各期支付的现金流越高，其现值也越高；现值的大小与贴现率负相关，较高的贴现率计算出的现值会较低。

（三）年金的现值

如果在一段时期内每隔相等的期限有一笔相同金额的收入或支出，则这个金额称为年金（annuity）。年金现值（present value of annuity）的计算公式为

$$P_a=A\cdot\frac{1-[1/(1+r)]^N}{r} \tag{4.13}$$

公式（4.13）中，P_a 表示年金现值，A 表示年金，r 表示折现率，N 表示期数。年金现值公式实际上就是现值一般公式（4.12）在每期现金流相同情况下的简化形式。用两个公式计算出的结果应该是相等的。

年金现值在计算未来资产价值、比较投资方案等方面是非常有用的工具。比如，可

以计算一笔抵押贷款的现值。

例如，你想利用一笔 30 年期的按揭贷款够买房子，银行要求你未来 30 年内每年支付 7 000 元。假设抵押贷款利率为 7%，那么该笔贷款的现值，或者你现在需要的借款额应该是：

$$P_a = 7\ 000 \times \frac{1-(1/1.07)^{30}}{0.07} = 86\ 863.30\ (\text{元})$$

显然，当支付现金次数很多时，用年金现值公式比现值一般公式的加总计算要简便。

（四）永续年金的现值

如果年金收入一直持续到永远，则该年金称为永续年金。永续年金的现值也就是当 N 趋向无穷大时年金的现值。在资本市场上有些证券没有到期时间，如永久性债券和股票就是永久支付利息而不偿还本金。永续年金的现值用公式表示为：

$$P_a = \frac{A}{r} \tag{4.14}$$

其中，P_a 表示永续年金现值，A 表示年金，r 表示利率。

第三节 利率的决定与影响利率的因素

一、利率的决定理论

关于利率是由什么因素决定的问题，经济思想史上有多种理论解释，影响较大的主要有下列几种：

（一）真实利率理论

真实利率理论也称为古典利率理论，流行于 19 世纪 80 年代到 20 世纪 30 年代。该理论强调非货币的实际因素在利率决定中的作用，认为利率决定于储蓄和投资的互相作用。储蓄是利率的递增函数，投资是利率的递减函数，利率的变化取决于投资流量和储蓄流量的均衡。储蓄、投资和利率的关系可以用图 4－2 表示。

图中横轴表示投资或储蓄额，纵轴表示利率，储蓄曲线是向右上方倾斜的 S 曲线，投资函数是向右下方倾斜的 I 曲线。投资曲线和储蓄曲线交于 E_0 点，此时投资等于储蓄，经济体系处于充分就业的均衡状态，均衡利率为 r_0。如果某些因素引起边际储蓄倾向增加，储蓄曲线从 S 右移到 S′，与 I 曲线相交点所确定的利率 r_1，即为新的均衡利率。显然可以看出，在投资不变的情况下，储蓄增加会导致利率水平下降。如果某些因素引起边际投资提高，投资曲线从 I 右移到 I′，与 S 曲线相交点所确定的利率 r_2 为新的均衡利率。同样可以看出，储蓄不变的情况下，投资增加，会导致利率的上升。

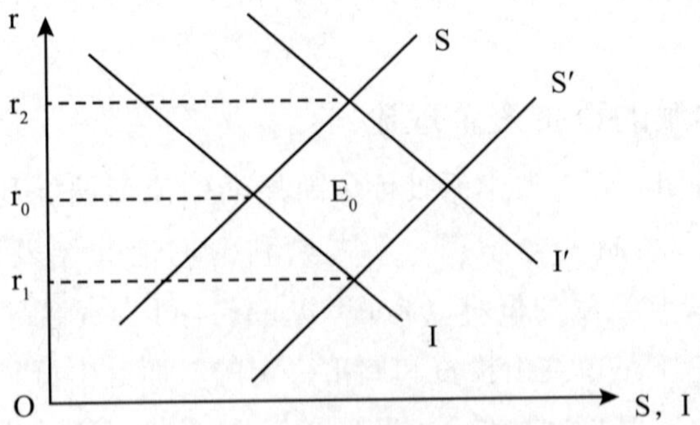

图 4－2　真实利率理论

（二）流动性偏好理论

凯恩斯的利率决定理论刚好与真实利率理论相反，他不认为利率决定于储蓄和投资的相互作用，而是决定于货币的供求数量。凯恩斯认为货币供给是外生变量，由中央银行直接控制。因此，货币供给独立于利率的变动，在图形上表现为一条垂直于横坐标的直线。货币需求是一个内生变量，决定于人们的流动性偏好。流动性偏好的动机包括交易动机、预防动机和投机动机。其中交易动机和预防动机与利率没有直接关系，而与收入成正相关。投机动机则与利率呈负相关。

如果人们对流动性偏好增强，货币需求就增大，当货币需求大于货币供给时，利率上升；反之，当人们流动性偏好降低时，对货币需求减少，利率下降。因此，利率是由流动性偏好曲线与货币供给曲线共同决定的。如图 4－3 所示，货币供给曲线 M 是垂线，货币需求曲线 L 是一条从左上方向右下方倾斜的曲线，越向右，越与横轴平行。当货币供给线从 M_1 增加到 M_2 时，利率随之下降，与货币需求线 L 的平行部分相交时，利率将不再下降。即货币供给无论再增加多少，货币都会被人们储存起来，不会对利率产生任何影响。这就是所谓的“流动性陷阱”。在流动性陷阱区间，货币政策是完全无效的，只能依靠财政政策。

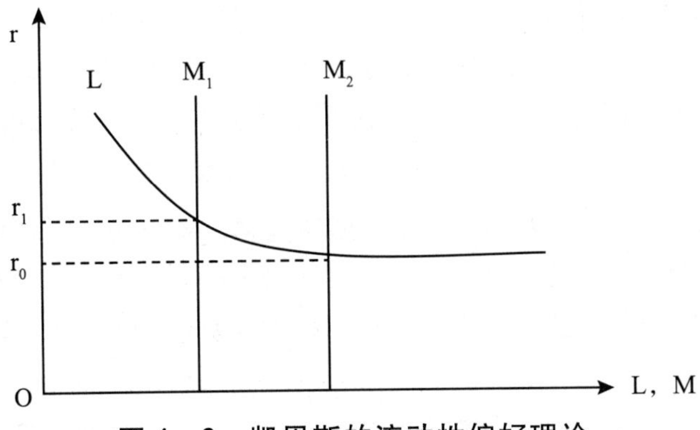

图 4－3　凯恩斯的流动性偏好理论

凯恩斯流动性理论隐含的假定是，当货币供求达到均衡时，整个国民经济处于均衡状态。利率决定的所有因素均为货币因素，利率水平与实体经济部门没有任何联系。

（三）新古典学派的可贷资金理论

20 世纪 30 年代后期，新古典学派批评了凯恩斯的流动偏好利率理论，对真实利率理论进行补充，提出了可贷资金学说，新古典利率理论的代表是剑桥学派的罗伯森（D. H. Robertson）和瑞典学派的俄林（Bertil Ohlin）。可贷资金理论认为，利率是借贷资金的价格，市场利率不是单纯由投资和储蓄决定的，而是由可贷资金的供求关系决定的。可贷资金的供给来自某期间的储蓄流量（S）和该期间货币供给量的变动（ΔM_s），可贷资金供给与利率水平正相关；可贷资金需求来自同一期间的投资流量（I）和该期间人们希望保有的货币余额的变动（ΔM_d），可贷资金需求与利率水平负相关。用公式表示：$F_s = S + \Delta M_s$；$F_d = I + \Delta M_d$。其中，F_s 为可贷资金供给，F_d 为可贷资金需求。利率就是由可贷资金供给与需求均衡决定的，即 $S + \Delta M_s = I + \Delta M_d$。

可贷资金理论不仅继承了古典利率理论提出的储蓄和投资决定利率的说法，又吸取了凯恩斯流动性偏好理论的货币供求决定利率的观点。认为在投资和储蓄这两个实际变量保持不变的情况下，货币供求力量的对比将会导致利率的变动。由于可贷资金供给中的货币供给量的变动主要受中央银行控制，而中央银行调控货币量主要依据货币政策实施，因此，货币政策也是利率决定的重要因素。

（四）IS – LM 模型的利率决定

IS – LM 模型是由英国经济学家约翰·希克斯（John Richard Hicks）于 1937 年首次提出，后经美国经济学家汉森（Alvin Hansen）于 1953 年加以完善和发展的经济模型，也称希克斯—汉森模型。他们认为凯恩斯的流动性偏好理论只着眼于货币需求，没有考虑到收入水平，所以，利率还是不能确定。为此，必须吸取“古典”理论的传统，将实体经济影响收入和利率的因素考虑进去，使利率与收入在投资、储蓄、流动性偏好及货币供给等四个因素相互影响下决定，才能导出一个明确的利率决定理论。

IS – LM 模型将国民经济均衡看作是商品市场均衡和货币市场均衡共同决定的结果。在进行利率分析时，加入了国民收入这一重要因素，认为利率是在既定的国民收入下由商品市场和货币市场共同决定的。并认为表示储蓄与投资相等的 IS 曲线，就是使商品市场供求均衡的利率与收入的组合；表示货币供求相等的 LM 曲线，就是使货币市场供求均衡的利率与收入的组合。IS 曲线与 LM 曲线的交点，就是同时使商品市场与货币市场相均衡的利率与收入的组合；在这个交点上所决定的利率称为均衡利率，所决定的收入是均衡收入。可以认为，在这点上的均衡利率和均衡收入支配下，整个国民经济就达到了均衡。

IS – LM 模型以图 4 – 4 表示，IS 曲线与 LM 曲线交点对应的利率 r_e 就是均衡利率，

Y_e 就是均衡收入。当 IS 曲线和 LM 曲线发生移动时，均衡利率也会变动为 r_1 或 r_2，对应的均衡收入变为 Y_e'。由于 IS 曲线移动是由投资和储蓄的变动引起的，LM 曲线移动则是由货币供给和需求变动引起，因此，这四个因素的变动都将改变均衡利率，并引起均衡收入的变动。

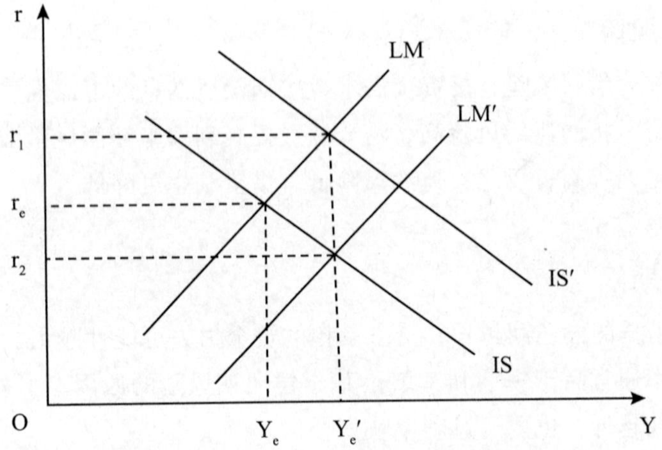

图 4－4　IS－LM 模型的利率决定

(五) 马克思的利率决定理论

马克思的利率决定理论是以剩余价值理论为基础的。马克思认为，利息是借贷资本家从职能资本家那里分割来的利润的一部分，因而利息率取决于利润率。利润总额一定时，利率越高，借贷资本家分到的剩余价值越多，当利率等于平均利润率时，职能资本家利用借贷资本从事生产就无利可图，因此平均利润率是利率的上限。利率也不可能等于零，否则借贷资本家就不会贷出资本。所以，利率只能在零和平均利润率之间摆动。马克思认为，平均利润率随技术的发展和资本有机构成的提高有下降的趋势，因此利率也有下降的趋势，但这个过程是极为缓慢的。

二、影响利率的因素

上述关于利率决定的各种理论是西方经济学家从不同视角对决定利率水平的根本性因素的分析。从现实来看，影响利率变动的因素极为复杂，概括起来，主要有下列几方面：

(一) 平均利润率

利息来源于利润，是平均利润的一部分。因此，平均利润率是决定利率的基本因素，也是利率的最高界限。

（二）资金供求状况

在利润率一定的情况下，利率的高低是由借贷资金的供给和需求状况决定的。借贷资金的供给大于需求，利率下降；借贷资金的需求大于供给，利率上升。

（三）违约风险

违约风险也称为信用风险，是资金需求者按期偿还本息的可靠性。对于信用较差的借款者来说，贷方承担的违约风险高，需要通过提高利率来补偿风险成本。因此，违约风险越高，利率随之提高；反之，违约风险低，借贷利率可降低。

（四）偿还期限

一般来说，借贷的偿还期越长，贷方承担的资金损失可能性越大，要求提高利率得到补偿。长期利率通常高于短期利率就是基于偿还期风险的原因。另外，偿还期越长，金融资产的流动性越低，也要通过利率获得补偿。

（五）通货膨胀率

根据名义利率与实际利率的关系，通货膨胀会降低实际利率，甚至导致实际利率为负数。因此，在确定利率时，要考虑通货膨胀对货币贬值的因素，进而提高名义利率。此外，在预期通货膨胀率上升时，名义利率水平也有上升趋势。总之，利率与通货膨胀率的变动具有同方向运动的趋势，要保持实际利率为正，就必须在通货膨胀时调高利率。反之，在通货膨胀下降时，利率水平也趋于下降。

（六）利率管制

在经济体系存在金融抑制的状况下，利率管制通常是政府采取的基本手段之一。利率管制的主要做法就是由货币当局直接制定官方利率或限定利率浮动界限。

（七）国际利率

在开放经济条件下，资本可以自由流动，国际利率水平对国内利率也有重要影响。当外国利率水平低于本国利率水平时，外国资本就会向本国流动，从而增加本国货币市场资金供应，导致本国利率水平降低。反之，当国外利率水平高于本国利率水平时，不仅原来进入本国的外国资本会流出，本国资本也会外流，导致本国货币市场资金供应减少，引起本国利率水平上升。

第四节 利率与经济运行

一、利率作用于经济的机制

在市场经济中，利率作为一个重要的经济杠杆，对经济运行发挥着不可替代的调节作用。这种作用主要通过如下几种机制实现。

（一）储蓄—消费—产出机制

根据经济学原理，居民收入减去消费等于储蓄。一般来讲，提高利率，会促进储蓄增加，消费减少。储蓄增加会提高国民储蓄率，从而增加社会总产出。另一方面，消费减少会减少社会总需求，从而减少社会总产出。那么，利率提高是否会促进经济增长？这要看消费和储蓄各自的乘数效应。当储蓄的乘数效应大于消费的乘数效应时，储蓄增加引起的社会总产出增加额大于消费减少所引起的社会总产出减少额，提高利率具有促进经济增长的作用。反之，利率降低时，若储蓄减少引起的社会总产出减少额大于消费增加所引起的社会总产出增加额，则具有抑制经济增长的作用。当然，这种机制仅是单纯分析利率对储蓄、消费而言，没有涉及对投资、资本流动等的影响。

（二）投资—产出机制

利率通过影响企业投资成本进而影响社会总产出。市场利率降低，企业融资成本降低，意味着投资成本下降，从而刺激投资，促进产出增长。反之，提高利率意味着投资成本上升，从而减少投资，抑制经济增长。

（三）信贷需求—物价—经济运行

利率变动会调节经济主体的信贷需求，进而影响社会信贷规模，信贷规模变化会影响货币供应量。所以，当市场出现通货膨胀时，提高利率会抑制信贷需求，从而控制信贷投放，减少市场货币供应量，有利于物价稳定与经济平稳运行。反之，当出现通货紧缩时，降低利率以刺激信贷需求，进而增加货币供应量，有利于促进经济增长。

（四）国际资本流动—国际收支状况

利率除了通过调节储蓄、投资影响产出外，还可以调节国际收支，从而影响经济运行。当一国出现国际收支逆差时，可以提高本国短期利率，这样有利于吸引短期外资流入，同时，防止本国资本外流，鼓励长期投资，进而改善国际收支状况。

二、利率的作用

弄清了利率作用于经济运行的机制后，我们对利率的作用归纳如下：

（一）集聚资金和引导资金流向

利率变化通过调节人们的储蓄和消费结构，从而实现资金积累和集聚。例如，调高利率可以引导人们减少消费，增加储蓄，通过银行的信用中介功能，实现储蓄向投资转化。同时，利率作为资金成本和投资收益的参考指标，通过金融工具发行能够引导资金流向利用效率更高的行业、企业和地区，从而促进社会资源的有效配置。

（二）调节银行信贷规模和结构

在信贷市场上，贷款利率的高低直接影响企业财务费用，从而调节企业融资需求。当利率提高到一定水平时，企业经营者基于成本的考虑，会减少借款需求，从而制约银行信贷规模扩张。反之，当利率降低到一定水平时，企业会基于融资成本降低而扩大借款需求。利率还能够发挥调节信贷结构的作用。对那些需要从产业政策上扶持的行业、企业和产品，可以实行低于市场利率的优惠利率，促进其发展。反之，对那些产业政策限制的行业、企业和产品，则实行较高的贷款利率，从而抑制信贷资金流向这些部门。此外，利率作为借贷成本，还有利于促进借款人加强资金使用的管理，提高使用效益，创造更多的利润，为偿还提高保障。

（三）调节货币流通和稳定物价

利率通过调节银行信贷规模，从而间接调节货币供应量，有利于物价稳定。同时，利率可以引导居民储蓄，推迟社会购买力的实现，从而调节市场需求，实现货币流通和物价的稳定。另外，利率通过其结构调节功能，从而增加社会有效供给，平抑物价。

（四）调节国际资本流动进而影响汇率

利率水平的变动会对一国的资本流动产生影响，进而影响本国货币的汇率。在资本账户可自由兑换条件下，一国货币利率高于其他国家的利率，国际短期资本会内流，导致外汇市场上对该国的货币需求扩大，从而提高本国货币的即期汇率，而本币的远期利率通常会下跌。在国际收支逆差严重时，可以利用利率杠杆来调节国际收支，进而间接调节本币汇率。但是由于利率上升对国内经济产生紧缩效应，同时本币汇率上升会对国际贸易产生不利影响，所以要充分权衡利率上升带来的多种经济影响来决定。

三、利率市场化

（一）利率市场化的内涵

利率市场化是针对利率管制而言的，是指政府逐步放松对利率的直接管制，央行只控制基准利率，让市场供求决定金融资产交易的利率水平。利率作为非常重要的资金价格，应该在市场资源配置过程中起基础性调节作用，实现资金流向和配置的不断优化。同时，利率也是其他很多金融产品定价的参照基准。因此，利率市场化是市场经济发展过程中的必然要求。

利率市场化的目的是形成一个以中央银行基准利率为参照、市场利率为主体的多元化利率体系，从而充分发挥利率的经济杠杆功能，实现其经济调节作用。

具体来讲，利率市场化的内涵包括：

（1）金融机构有权自主决定利率。利率市场化的基本要求是体现金融机构在竞争性市场中的自主定价权。

（2）央行通过间接手段影响市场利率。中央银行主要通过调整基准利率来影响市场利率，如调整再贴现率，影响同业拆借利率。中央银行也经常通过公开市场业务来调节货币供应量，进而影响市场利率。

利率市场化是对利率管制时期扭曲的利率水平进行的调整，在调整的初期往往导致实际利率水平的提高。从国际经验来看，利率市场化后将加大商业银行的竞争程度，短期内商业银行存贷利差迅速缩小，对以利差为主要收益来源的银行将形成较大冲击。另一方面，利率自由化使资金价格变动频繁，利率风险增加，对银行资产负债管理水平提出更高要求，同时也影响企业的投资成本，给企业经营带来考验。

（二）利率市场化的条件

从20世纪80年代开始，西方发达国家陆续推行了利率市场化，随后拉美、东南亚等新兴市场经济国家也开始实施利率市场化改革。在这一期间许多国家从中获益，金融效率得到了提高，资金配置得到了优化。随着全球经济一体化的发展，放松利率管制，实现利率自由化是一个总的趋势。从世界各国的经验来看，利率市场化是一个渐进的过程，要根据本国的经济发展状况和具体条件来有步骤地进行。

利率市场化要获得成功，必须具备一些前提条件，具体包括：

1. 稳定和公平的市场竞争环境

宏观经济稳定是利率市场化改革的基础。只有在经济稳定增长，经济主体能够遵循市场规律运作，并对国家经济有乐观的预期时，才有利于推进利率市场化。其次，利率市场化是在市场竞争中运行的，因此必须要有一个公平的市场竞争环境。这样，金融机构才能通过竞争来定价，才能在竞争中形成多样化、多元化的产品和服务，形成多层次竞争格局的金融机构，才能产生相对均衡的金融资产价格。

2. 具有较强风险控制能力的金融机构

利率市场化必然加剧金融业的价格竞争，优胜劣汰的市场法则将发挥作用，利率风险突显，风险控制能力弱的金融机构将会面临市场退出的考验。如果金融业竞争不够充分，金融机构的风险控制能力很弱，贸然实施利率市场化，将会导致整个金融业出现系统性风险，危及国家经济安全。

3. 高效运行的直接融资市场

利率市场化后，对银行业为主导的间接融资会形成较大冲击，资金脱媒现象会比较突出。若直接融资市场不够发达，金融市场效率不高，利率传导机制不灵，地下金融等非正规金融大量涌现，若监管不能及时跟进，会给金融市场带来不稳定因素。

4. 有效的金融监管方式和监管制度

利率市场化的实施，金融业的市场风险会更加突出，金融机构的准入退出制度必须随之配套，金融监管必须适应从数量型、行政性监管向价格型、市场化监管的转变，这对监管水平和能力提出了更高的要求。此外，利率市场化后，必须建立针对存款类金融机构的存款保险制度，以处置非系统性风险，最大限度地稳定金融业。

5. 完善的货币政策传导机制

无论是在正常经济环境下，还是在危机时期，只有当中央银行货币政策得到充分有效的传导时，政策意图作用于金融系统进而向实体经济传递的路径才会通畅，利率市场化才能实现微观利益与宏观利益的相互协调，社会效益才能最大化，负面作用最小化。

（三）我国的利率市场化进程

我国利率市场化改革的目标是，建立由市场供求决定金融机构存、贷款利率机制，央行运用货币政策工具调控和引导市场利率，使市场机制在金融资源配置中发挥主导作用。

我国利率市场化改革的总体思路：从货币市场起步，二级市场先于一级市场；先外币，后本币；先贷款，后存款；先长期，后短期；其中贷款利率先扩大浮动幅度，后全面放开，存款利率先放开大额长期存款利率，后放开小额和活期存款利率。

从我国的利率市场化进程来看，主要经历了以下几个阶段的改革：

1. 银行间同业拆借利率和债券利率的市场化

1996 年 6 月 1 日人民银行放开了银行间同业拆借利率，1997 年 6 月放开银行间债券回购利率。1998 年 8 月，国家开发银行在银行间债券市场首次进行了市场化发债，1999 年 10 月，国债发行也开始采用市场招标形式，从而实现了银行间同业拆借利率、国债和政策性金融债发行利率的市场化。

2. 贴现利率市场化

1998 年，中国人民银行改革了贴现利率生成机制，贴现利率和转贴现利率在再贴现利率的基础上加点生成，在不超过同期贷款利率（含浮动）的前提下由商业银行自定。再贴现利率成为中央银行一项独立的货币政策工具，服务于货币政策需要。2013年7月，取消票据贴现利率管制，改变贴现利率在再贴现利率基础上加点确定的方式，由金融机构自主确定。

3. 境内外币利率市场化

2000年9月，放开外币贷款利率和300万美元（含300万美元）以上的大额外币存款利率；300万美元以下的小额外币存款利率仍由人民银行统一管理。2002年3月，人民银行统一了中、外资金融机构外币利率管理政策，实现中外资金融机构在外币利率政策上的公平待遇。2003年7月，放开了英镑、瑞士法郎和加拿大元的外币小额存款利率管理，由商业银行自主确定。2003年11月，对美元、日元、港币、欧元小额存款利率实行上限管理，商业银行可根据国际金融市场利率变化，在不超过上限的前提下自主确定。

4. 人民币贷款利率市场化

（1）贷款利率浮动及取消

1998年、1999年中国人民银行连续三次扩大金融机构贷款利率浮动幅度。2004年1月，人民银行再次扩大金融机构贷款利率浮动区间。商业银行、城市信用社贷款利率浮动区间扩大到[0.9，1.7]，农村信用社贷款利率浮动区间扩大到[0.9，2]，同时贷款利率浮动区间不再根据企业所有制性质、规模大小分别制定。2004年10月，规定金融机构（不含城乡信用社）的贷款利率原则上不再设定上限，贷款利率下浮的幅度为基准利率的0.9倍；但对金融竞争环境尚不完善的城乡信用社贷款利率仍实行上限管理，最高上浮系数为贷款基准利率的2.3倍，贷款利率下浮幅度不变。2012年6月，贷款利率浮动区间的下限调整为基准利率的0.8倍。2012年7月，进一步将贷款利率浮动区间的下限调整为基准利率的0.7倍。自2013年7月20日起全面放开金融机构贷款利率管制，取消金融机构贷款利率0.7倍的下限，由金融机构根据商业原则自主确定贷款利率水平。同时，取消农村信用社贷款利率2.3倍的上限，由农村信用社根据商业原则自主确定对客户的贷款利率。自此，我国金融机构的贷款利率全面放开，为利率市场化奠定了重要基础。

（2）贷款市场报价利率与利率市场化

金融机构贷款利率浮动限制完全放开后，央行不再直接制定和发布贷款基准利率。但如何构建一个信贷市场的基准利率，使其具有引导贷款利率定价的作用，成为利率市场进程中的迫切问题。2013年10月25日，中国人民银行主导下的贷款市场报价利率（loan prime rate，LPR）集中报价和发布机制正式运行，由10家全国性商业银行按日报价，加权平均计算得出当日的一年期贷款市场报价利率（LPR），作为商业银行贷款利率的定价参考。

但是，由于当时仍保留存贷款基准利率（人民银行确定的银行存款、贷款利率），存在贷款基准利率和市场利率并存的“利率双轨”问题。银行发放贷款时大多仍参照贷款基准利率定价，特别是个别银行通过协同行为以贷款基准利率的一定倍数（如0.9

倍）设定隐性下限，对市场利率向实体经济传导形成了阻碍（如市场利率下行明显但实体经济感受不明显）。

为提高 LPR 的市场化程度，以发挥 LPR 对贷款利率的引导作用，中国人民银行于 2019 年 8 月开始，构建了新的贷款市场报价利率（LPR）机制。与原有的 LPR 形成机制相比，新的 LPR 主要有以下几点变化[①]：

（1）报价方式改为按照公开市场操作利率加点形成。原有的 LPR 多参考贷款基准利率进行报价，市场化程度不高，未能及时反映市场利率变动情况。改革后各报价行在公开市场操作利率的基础上加点报价，市场化、灵活性特征更加明显。其中，公开市场操作利率主要指中期借贷便利（Medium-term Lending Facility，MLF）利率，中期借贷便利期限以 1 年期为主，反映了银行平均的边际资金成本，加点幅度则主要取决于各行自身资金成本、市场供求、风险溢价等因素。

（2）在原有的 1 年期一个期限品种基础上，增加 5 年期以上的期限品种，为银行发放住房抵押贷款等长期贷款的利率定价提供参考。

（3）报价行范围代表性增强，在原有的 10 家全国性银行基础上增加城市商业银行、农村商业银行、外资银行和民营银行各 2 家，扩大到 18 家。报价行的扩大增强了 LPR 的代表性。

（4）报价频率由原来的每日报价改为每月报价一次。这样有利于提高报价行的重视程度，有利于提升 LPR 的报价质量。

新的 LPR 形成机制，其市场化程度更高，银行难以再协同设定贷款利率的隐性下限，打破隐性下限可促使贷款利率下行；央行要求商业银行在新发放的贷款中主要参考 LPR 定价，并在浮动利率贷款合同中采用 LPR 作为定价基准。此外，中国人民银行还把商业银行的 LPR 应用情况及贷款利率竞争行为纳入宏观审慎评估（macro prudential assessment，MPA），督促各银行运用 LPR 定价。

■ 拓展学习资料：利率市场化改革的关键一步

4 -2

5. 人民币存款利率市场化

（1）大额长期存款利率市场化。1999 年 10 月，中国人民银行批准中资商业银行法人对中资保险公司法人试办由双方协商确定利率的大额定期存款（最低起存金额 3 000 万元，期限在 5 年以上不含 5 年）利率改革。2003 年 11 月，商业银行、农村信用社可以开办邮政储蓄协议存款（最低起存金额 3 000 万元，期限降为 3 年以上不含 3 年）。

（2）存款利率浮动及取消。从 2004 年 10 月开始，中国人民银行允许所有存款类金融机构对其吸收的人民币存款利率，可在不超过存款基准利率的范围内向下浮动，开启了渐进式推进利率市场化的进程，但不能上浮。2012 年 6 月，金融机构存款利率浮动

---

① 参考中国人民银行货币政策司“中国人民银行有关负责人就完善贷款市场报价利率形成机制答记者问”. 中国人民网站 . 2019 -08 -17.

区间的上限调整为基准利率的1.1倍；2014年11月，又将存款利率的浮动上限调整为基准利率的1.2倍；2015年3月，存款利率浮动上限进一步调整为基准利率的1.3倍；2015年5月再次调整为基准利率的1.5倍；2015年10月，央行全面取消存款利率浮动上限，即对商业银行和农村合作金融机构等不再设置存款利率浮动上限，并抓紧完善利率的市场化形成和调控机制。自此，我国存款利率市场化进程迈出了最为关键性的一步。但是，全面取消存款利率上浮限制并不等于实现了存款利率市场化。央行仍然制定并发布存款基准利率，商业银行可以根据存款基准利率自主确定对存款人的名义利率。

➢本章小结

(1) 利息是债务人支付给债权人的报酬，是货币所有者暂时让渡货币使用权所取得的收入。关于利息的本质西方经济学家有不同的认识，代表性的学说有利息报酬说、资本租金说、产生力说、利息节欲说、流动性偏好说等。马克思从利息的源泉着手研究利息的本质，阐明了利息的直接来源是利润，利息是剩余价值的转化形式，体现了借贷资本家和职能资本家共同剥削雇佣工人的关系。

(2) 利率是借贷资金的价格。现实经济中有不同的表现，如基准利率与市场利率、名义利率与实际利率等、固定利率与浮动利率、长期利率与短期利率。其中，实际利率是不易被直接观察到的，反映借款成本和贷款收益的是实际利率而不是名义利率。

(3) 利息的计算方法有单利和复利。我国的利率单位习惯上称为“厘”，表示方法有年利率、月利率和日利率。在复利计息的基础上，派生连续复利、终值和现值的概念。现值和终值在计算未来资产价值、比较投资方案等方面是非常有用的工具。年金和年金现值、永续年金现值也是常用概念。

(4) 西方经济学家对利率的决定有多种理论，代表性的有真实利率理论、流动性偏好理论、可贷资金理论等。马克思从利息来源于剩余价值出发，认为利率是由社会平均利润率决定的，只能在平均利润率和零之间波动。

(5) 影响利率变动的因素主要有：平均利润率、货币资金的供求、通货膨胀、偿还期限、违约风险、利率管制、国际利率水平等。

(6) 利率是一个重要的经济杠杆，发挥着调节经济的重要作用。

(7) 利率市场化是市场经济发展的必然要求。利率市场化改革的目标是建立由市场供求决定金融机构存、贷款利率机制，央行运用货币政策工具调控和引导市场利率，使市场机制在金融资源配置中发挥主导作用。利率市场化必须具备一些条件，如条件不具备贸然实行利率市场化，会给经济社会带来不利影响。

➢关键术语

基准利率　市场利率　名义利率　实际利率　复利　连续复利　现值　终值　年金　利率市场化　贷款市场报价利率（LPR）

➢ 思考与练习

(1) 利息的本质是什么?

(2) 名义利率和实际利率是什么关系?

(3) 影响利率水平变动的因素有哪些?

(4) 利率是通过哪些机制来发挥其经济调节作用的?

(5) 利率市场化改革要具备哪些条件? 为什么?

(6) 计算题:

①ABC 公司发行面值为 1 000 元的 2 年期债券，票面利率为 10%，每年计息一次，市场利率为 12%，用现值方法计算该债券的理论发行价格应为多少?

②甲投资者用 1 万元进行为期两年的投资，年利率为 6%，利息按半年复利计算，该投资者投资的期末价值是多少?

③一年期贷款利率为 4.60%，换算成月利率是多少?

④信用卡借款的日利率为 0.5‰，换算成年利率是多少?

⑤本金 1 万元，存期 2 年，年利率 2.50%，单利计算的利息额是多少? 复利计算的利息额是多少?

⑥预计 1 年后获得 1.2 万元收益，无风险利率为 3.5%，计算当期的现值是多少?

⑦现有 AB 两种投资方案，投资期限都是 3 年，投资回报率为 10%。A 方案在期初投资 850 元，B 方案在三年末能够获得本息共计 1 085 元。试从现值和终值两个角度，比较两种投资方案哪种价值更大。

➢ 进一步学习的资源

[1] [美] 霍默·西勒. 利率史（第四版）[M]. 北京：中信出版社，2010.

[2] 刘絜敖. 国外货币金融学说 [M]. 北京：中国金融出版社，2010.

[3] 温州指数. http://www.wzpfi.gov.cn/.

CHAPTER 5

第五章　汇率与汇率制度

➢ **本章导入**

汇率与利率一样是金融的基本要素之一，是金融体系重要的价格指标。汇率变化对企业进出口、居民非贸易外汇收支、跨境资本流动都有重要影响。两国货币的基本汇率是如何决定的？汇率变化受哪些因素影响？汇率与利率的关系如何？一国如何规定本国的汇率制度？本章将对这些问题进行系统介绍。

➢ **学习本章后，你将能够：**

- 认识外汇、汇率及汇率制度的相关概念
- 理解汇率是如何决定的
- 把握影响汇率变化的基本因素
- 了解人民币汇率制度的特点

第一节　外汇与汇率

国与国之间的商品交易及其他经济往来引起货币收付，这种国际间的支付必须以某一种在国际上被普遍接受的货币进行，如美元、欧元、日元等，这就是外汇。但并非所有国家货币都是外汇。若持有的货币不是外汇，要对外支付，就需要把非外汇按一定比率兑换为外汇。这就产生了汇率的问题。

一、外汇的概念

外汇（foreign exchange）是指以外国货币表示的可以用于国际结算的各种支付手段或债权。某种货币要成为能够用于国际结算的外汇，通常要具备三个基本属性：（1）以外币表示的支付手段。用本币表示的支付手段不能视为外汇，如美国出口商收到的美元汇票不能算为外汇；（2）具有充分的可自由兑换性。作为外汇的货币必须能够自由地兑换成其他国家的货币。一国货币的可兑换性，取决于该国进出口能力的大小及对外贸易的自由度；（3）能够被各国普遍接受。一国的货币能够作为外汇被其他各国普遍接受，意味着该国具有相当规模的产生能力和出口能力，即具有强大的国家经济实力保障。

2008 年修订后的《中华人民共和国外汇管理条例》第三条规定：外汇是指下列以外币表示的可以用作国际清偿的支付手段和资产。具体包括：（1）外币现钞，包括纸币、铸币；（2）外币支付凭证或者支付工具，包括票据、银行存款凭证、银行卡等；（3）外币有价证券，包括债券、股票等；（4）特别提款权；（5）其他外汇资产。因此，外汇不仅包括外币，还包括外币表示的金融资产。这里所指的外汇等同于外币资产。

二、汇率及其标价方法

（一）汇率

汇率又称汇价，是两种货币兑换的比率，即一种货币用另一种货币表示的价格。汇率具有双向表示的特点，既可以用本国货币表示外国货币的价格，也可以用外国货币表示本国货币的价格。这样就形成了不同的汇率标价方法。

（二）汇率的标价方法

1. 直接标价法

直接标价法是指以一定单位（1 个或 100 个等）的外国货币作为标准，折成若干数量的本国货币所表示的汇率。在直接标价法下，是以本国货币表示外国货币的价格。世界上的绝大多数国家都采用直接标价法。我国的人民币汇率也采用直接标价法。在直接标价法下，一定单位外国货币折算的本国货币数额越大，说明外国货币升值，同时意味着本币贬值。例如：某日人民币对美元的市场汇率为：USD1 = CNY6. 9580，次日汇率为 USD1 = CNY7. 0760。说明美元升值，人民币贬值。

2. 间接标价法

直接标价法是指以一定单位的本国货币为标准，折算成若干数额的外国货币所表示的汇率。在间接标价法下，是以外国货币表示本国货币的价格。美国、英国等国的外汇市场采用间接标价法，但美元对英镑一直采用直接标价法。在间接标价法下，一定单位的本国货币折算的外国货币数量增多，说明外币贬值，或本币升值。

三、汇率的种类

在实际业务中，从不同的使用角度来划分，汇率有不同的种类。

（一）按银行外汇买卖业务划分为：买入汇率、卖出汇率

买入汇率（bidding rate）是银行从客户或其他银行手中买入外汇时所使用的汇率，又称外汇买入价。卖出汇率（offering rate）是银行向客户或其他银行卖出外汇时所使用的汇率，又称为外汇卖出价。银行买卖外汇是以盈利为目的，其卖出价与买入价的差价就是其收益，因此银行的外汇卖出价必然高于其买入价。一般买卖之间的差价率约在1‰～5‰之间不等。

由于国际间牌价数字的标价排列总是前一数字小，后一数字大，因而在不同的标价法下，买卖价的排列顺序也就不同。在直接标价法下，汇价的前一数字为买入价，后一数字为卖出价。如在日本东京外汇市场，USD1 = JPY108.05～108.15，则 USD1 = JPY108.05 是银行买入美元的价格，USD1 = JPY108.15 是银行卖出美元的价格。在间接标价法下，汇价的前一数字为卖出价，后一数字为买入价。如在美国纽约外汇市场，USD1 = HKD7.7330～7.7335，则银行买入 7.7335 港元需付出 1 美元，而卖出 7.7330 港元收入 1 美元。

银行买入价与卖出价的算术平均数称为中间价。此汇率不适用于一般顾客，金融类报刊报道外汇行情信息时常用中间汇率。

此外，还有一种现钞汇率。它是指银行买卖外币现钞所使用的汇率。一般来讲，外币现钞的买入价比外汇汇票等支付凭证的价格低。因为外汇不能在本国流通，银行买入外币现钞后，要将其集中运送到外国银行，期间会有利息损失以及支付运费、保险费等。这些费用需要从现钞买入价中扣除，因此，外币现钞买入价要低于一般外汇支付凭证的买入价。

（二）按汇率制定的方法划分为：基本汇率、套算汇率

基本汇率（benchmark exchange rate）是指本国货币与关键货币或最常用主要货币的汇率。关键货币是本国国际收支中使用较多、在外汇储备中所占比重较大且国际上普遍可接受货币。绝大多数国家都把美元作为制定汇率的关键货币，因此常把对美元的汇率作为基本汇率。

套算汇率（cross exchange rate）又称为交叉汇率，是指两种货币通过第三种货币为中介而推算出来的汇率。套算汇率的应用有两种情况：第一，由于世界主要外汇市场只公布各种货币对美元的汇率，而不能直接反映其他货币之间的汇率，因此要求其他货币之间的汇率，必须通过其对美元的汇率进行套算。第二，各国在制订出基本汇率后，对其他国家货币的汇率就可通过基本汇率套算出来。

（三）按外汇交割的期限划分为：即期汇率、远期汇率

即期汇率（spot rate）也称为现汇汇率，是指外汇买卖双方在成交后的两个营业日

以内办理交割的汇率。远期汇率（forward rate）也称为期汇汇率，是指外汇买卖双方在成交后，约定在未来某一日期进行交割的汇率。到了交割日期，不管汇率是否有变化，都按预先约定的汇率进行交割。远期交割的期限可以是几个月内，最长不超过1年，比较常见的是3个月、6个月期。

远期汇率与即期汇率的差额叫远期差价。差额用升水、贴水或平价来表示，升水（premium）是表示远期汇率比即期汇率贵，贴水（discount）表示远期汇率比即期汇率便宜，平价（par）表示两者相等。

（四）按汇率制度划分为：固定汇率、浮动汇率

固定汇率是指两国货币的汇率基本固定，汇率的波动被限制在较小的幅度之内。在固定汇率制度下，如果政府因为特殊情况而无法维持原来的汇率水平时，就会对汇率进行调整，如果将本币币值上调，则称为法定升值；如果将本币币值下调，则称为法定贬值。

浮动汇率是指一国货币当局不规定本国货币与另一国货币的官方汇率，听任外汇市场的供求来决定的汇率。实行浮动汇率制的国家，往往根据各自经济政策的需要，由货币当局对汇率变动进行干预或施加影响。

（五）按货币当局对汇率的管理程度划分为：官方汇率、市场汇率

官方汇率是指由国家货币管理当局（中央银行或外汇管理当局）直接规定的汇率。在实施比较严格的外汇管制的国家，禁止自由外汇市场的存在，规定一切交易都按其公布的汇率进行。许多发展中国家的汇率就属于这种类型。

市场汇率是指由外汇市场的供求关系决定的汇率。政府要想对汇率进行调节，就必须对外汇市场进行干预。西方发达国家普遍采取市场汇率。

第二节　汇率的决定与影响汇率的因素

一、汇率的决定

汇率的决定是要揭示决定汇率的基础是什么，汇率的决定是汇率理论的核心问题。历史上，在国际金本位制时期，两国货币的汇率由各自的含金量之比决定，即铸币平价（mint par），市场汇率围绕铸币平价且在黄金输送点（gold transport point）之间波动。

在不兑现的信用货币制度下，货币不再和黄金挂钩，以什么为基准来确定两国货币的可比性，成为汇率决定所要回答的基本问题。由于汇率决定因素的复杂性，在不同经

济发展时期，产生了不同的汇率决定理论。在此，我们主要介绍购买力平价理论、利率平价理论和国际收支决定理论这三种最具代表性的理论。

（一）购买力平价理论

购买力平价理论是汇率决定理论中最具有说服力，也是接受度最高的理论。该理论由瑞典经济学家卡塞尔（Cassel）于1922年系统提出。购买力平价理论的核心思想是：汇率是两国货币的价值之比，货币的价值在于其具有的购买力，因此，汇率应该由两国货币的购买力决定。货币购买力以物价水平来体现，货币购买力与物价水平呈反向关系，物价水平越高，货币购买力越低。因此，两国货币的汇率就表现为两国的物价水平之比，即购买力平价（purchasing power parity，PPP）。

购买力平价理论包括绝对购买力平价理论和相对购买力平价理论两种。

1. 绝对购买力平价理论

绝对购买力平价理论有一个重要假设，即在国际自由贸易且不考虑交易费用的条件下，对于可贸易商品，相同的物品在不同国家的价格是等值的。这就是所谓“一价定律”。如果不符合一价定律，就会出现商品套利行为，即人们从低价国购进，运到高价国出售。这种行为不断发生，会改变两国的商品供求关系，直到两国的价格一致。绝对购买力平价理论的汇率可表示为：

$$e = \frac{p_a}{p_b} \tag{5.1}$$

公式（5.1）中，e是汇率，即两国货币购买力之比，P_a 代表A国的一般物价水平，P_b 代表B国的一般物价水平。

2. 相对购买力平价理论

绝对购买力理论是对汇率决定的静态分析，相对购买力平价理论则从动态角度考察汇率的决定。相对购买力平价理论认为，国际贸易中由于交易成本的存在，使一价定律不可能完全成立，而且由于各国经济状况的变化，其货币购买力也会经常变化。应该用相对购买力（relative purchasing power parity）来反映这种变化，并进一步提出汇率的变化，与同一时期两国物价水平的相对变动成比例。也就是说，某一国货币汇率在一定时期的变动是由该国与外国在此期间的物价水平的差异决定的。若本国物价水平持续地高于外国，则本币汇率趋于贬值。相对购买力平价理论的汇率可表示为：

$$e_1 = \frac{p_a^1/p_a^0}{p_b^1/p_b^0} \times e_0 \tag{5.2}$$

公式（5.2）中，e_1 和 e_0 分别代表当期和基期的汇率水平；P_a^1 和 P_a^0 分别代表当期和基期A国的物价水平；P_b^1 和 P_b^0 分别代表当期和基期B国的物价水平。

相对购买力平价理论从货币的基本功能出发，把汇率这一复杂的问题简化为两国的物价水平对比，更直观且易于理解，也更具实用性。购买力平价理论所决定的汇率是一种长期均衡汇率，并认为短期均衡汇率围绕长期均衡汇率波动。

（二）利率平价理论

利率平价理论（theory of interest rate parity）最早是在 1923 年由凯恩斯（Keynes）提出，1937 年英国经济学家艾因齐格（Einzig）进行了完善。利率平价理论从国际间资本套利角度分析汇率变化的动因，系统阐述了利率对汇率的决定和影响关系。利率平价理论认为，某种货币的远期汇率是由两国金融市场上的利率水平决定的。两国利率水平的变化，会影响远期汇率的变化。这是因为在两国存在利率差异的情况下，套利性短期跨境资本将从低利率国向高利率国流动。但是为了规避投资结束时面临的汇率风险，套利者会在投资开始时就在远期外汇市场做一笔掉期交易，即卖出一笔相当于期末投资本息的远期外汇。大量套利与掉期交易结合（称为抵补套利）的结果，将导致低利率国家的货币汇率在远期市场升水，高利率国家的货币汇率在远期市场贴水，且远期汇率的升水率或贴水率由两国的利差决定。短期资本基于套利交易的流入流出促使汇率发生变化，最终使国内投资与国外投资的收益率相等为止。利率平价理论可以表示为：

$$\rho = i_A - i_B \tag{5.3}$$

公式（5.3）中，ρ 为远期汇率的升水率或贴水率；i_A 代表 A 国利率水平；i_B 代表 B 国利率水平。

利率平价理论的经济含义是：某种货币的远期汇率变化等于两国货币的利率之差。如果本国利率高于外国利率，则本币远期贬值；如果本国利率低于外国利率，则本币远期升值。利率平价理论将汇率的决定由商品市场扩展到金融市场，把利率与汇率这两个重要的经济变量结合起来，具有较强的实用性，对汇率政策的制定具有很好的指导意义。该理论的缺陷是其假设跨境资本流动不受限制，外汇市场没有交易成本，但这些条件在现实中不可能实现。

（三）国际收支决定理论

国际收支决定理论是由英国经济学家戈申（Goschen）在 1961 年提出的，后经凯恩斯（Keynes）等经济学家进行了完善。该理论认为，汇率作为外汇交易的价格，外汇供给和需求必然对其具有重要影响。外汇的供给和需求主要由国际收支决定，即国际贸易和跨境资本流动形成的债权债务关系结算决定。当一国的流动债权大于流动负债时，即出现国际收支顺差时，外汇供给会大于外汇需求，则外汇汇率下降而本币汇率升值；反之，当流动负债大于流动债权时，即国际收支逆差时，外汇需求大于外汇供给，则外汇汇率升值而本币汇率下降。当流动债权等于流动负债时，即国际收支基本平衡时，外汇供给等于需求，汇率处于均衡。

二、影响汇率的主要因素

汇率的决定探讨的是决定汇率的根本性因素。导致汇率经常性、偶发性波动，还涉及诸多其他因素。

（一）经济增长

经济增长和劳动生产率的相对差异，会对汇率变动产生长期性影响。首先，一国实际经济增长率较高，国民收入会较快增长，或者反映了投资的快速增长，会导致本国进口支出的大幅度增长，从而增加对外汇的需求，促使外汇汇率上升，本币贬值。其次，如果经济快速增长是由劳动生产率提高引起的，有利于提高本国产品的竞争力，进而增加出口，则本币汇率可能升值。

（二）中央银行的干预

各国货币当局为保持汇率稳定，以实现于其既定的宏观经济目标，经常在外汇市场利用其掌握的国家外汇储备，通过买卖外汇来干预本币汇率。这种干预行为会对短期汇率波动产生较大影响。此外，中央银行必要时还可能采取外汇管制，如制定官方汇率，限制资本跨境流动等。这些都会给汇率带来影响。

（三）心理预期

在外汇市场上，当投资者预期某种货币汇率可能下跌时，就会出现大量抛售该种货币的行为，从而引发该货币汇率急剧下跌。反之，当投资者预期某种货币汇率可能上升，就会出现大量买入行为，从而引发该货币汇率上涨。心理预期往往引起汇率短期性波动，长期而言，某种货币汇率还是由该国的经济实力决定的。

（四）其他因素

除了上述因素外，引起汇率变动的因素还可能是重大政治或经济事件，以及突发性的外部冲击，如战争、自然灾害等。

三、汇率变动对经济的影响

汇率作为重要的经济变量，不仅直接影响国际收支状况，还会对国内物价、经济增长等产生影响。

（一）汇率变动对国际收支的影响

1. 汇率变动对进出口的影响

通常，本币贬值，有利于增强本国出口商品的国际竞争力，也意味着同样数量的外汇能够兑换更多的本国货币，从而刺激出口增加；同时，本国货币只能购买更少的外汇，从而抑制本国进口量。出口扩大、进口减少，国际贸易收支呈现顺差。反之，本币升值，则有利于进口，不利于出口，导致国际贸易收支逆差或顺差减少。

2. 汇率变动对国际资本流动的影响

汇率变动主要影响短期跨境资本流动。当本币出现贬值趋势时，国内资本和境外投资者为避免本币进一步贬值的损失，会将资本兑换成外币调离该国，出现资本外流。反之，若本币出现升值趋势，跨境资本会增持以本币计价的金融资产，导致资本流入。

3. 汇率变动对外汇储备的影响

外汇储备来源于经常账户顺差和资本与金融账户顺差。一方面，本币汇率变动通过影响资本流动和进出口贸易额的增减，直接影响本国外汇储备的增减；另一方面，本币汇率变化影响外汇储备计价货币贬值或升值，使持有储备货币国家的外汇储备的实际价值发生损失或增值。

（二）汇率变动对国内物价的影响

本币对外贬值，会引起国内物价水平上升。因为本币贬值，会刺激出口增加，导致国内商品供应相对减少，同时货币供给增加，促进物价上涨；另一方面，本币贬值不利于进口，一些国内必需的原材料进口的本币成本上升，从而带动国内与进口原材料相关的商品价格上涨。反之，本币升值，则有利于抑制国内物价水平。

（三）汇率变动对经济增长和就业的影响

本币对外贬值，通常有利于国内经济增长。本币贬值，有利于提高本国商品的国际竞争力，增加出口，通过外贸乘数作用，促进本国经济增长。出口对经济增长的作用关键是出口结构。如果出口商品中加工产品特别是技术含量高的产品比重大，则对经济增长的作用明显；反之，如果是初级产品比重较大，则出口对经济增长的作用有限。另外，本币贬值带来的贸易顺差使本国的外汇储备增加，可用于购买先进技术设备和国内紧缺的原材料，为经济增长创造物质条件。本币贬值有助于经济增长，从而有利于国内就业机会的增加。

第三节 汇率制度

一、汇率制度及类型

（一）汇率制度的内涵

汇率制度又称汇率安排，是一国货币当局对本国汇率水平的确定、汇率的变动方式做出的一系列规定。汇率制度首先要解决的是本币汇率确定的基础，即以什么为基础来决定本币与外币的兑换比率，即汇率的决定。其次，对本币汇率的波动如何管理，是采取固定汇率制还是浮动汇率制，是有管理的浮动汇率制还是自由浮动汇率制。这里的汇率制度仅指针对汇率波动管理所做的安排。

（二）汇率制度的种类

按照货币当局对汇率变动所做的规定不同，汇率制度一般划分为固定汇率制度和浮动汇率制度。

1. 固定汇率制度

固定汇率制度是指货币当局将本国货币与其他货币的汇率保持长期不变，或者把汇率的波动幅度控制在一个较小范围之内的汇率安排。国际固定汇率制度主要经历了两个阶段：一是国际金本位制下的固定汇率制；二是1945年确立的布雷顿森林体系下的固定汇率制。

（1）固定汇率制度的优点。在固定汇率制下两国货币比价基本固定，这就便于国际贸易、国际信贷与国际投资的经营主体进行成本和利润的核算，也使其面临的汇率波动风险损失较小，从而有利于国际经济交易的开展。

（2）固定汇率制度的缺点。首先，限制了汇率调节国际收支的作用。汇率变动能够调节国际收支。汇率基本固定或波动范围被限制在较小的幅度之内，汇率也就基本不能发挥其调节作用；其次，导致国内经济不稳定。当一国国际收支失衡时，由于汇率基本不能发挥调节作用，就需采取财政政策或货币政策调节，这会牺牲国内经济稳定目标。

2. 浮动汇率制度

浮动汇率制度是指货币当局不对本国货币与他国货币的汇率规定上下波动限制，而由外汇市场供求状况决定的汇率安排。浮动汇率从不同的角度可以分成很多种。

按货币当局是否干预汇率，浮动汇率制度可划分为自由浮动和管理浮动。自由浮动是指货币当局对汇率不进行任何干预，完全由外汇市场的供求决定；管理浮动是指货币当局通过对外汇市场的干预，以使本币汇率朝有利于本国经济的方向浮动。在现行货币体系下，各国实行的实际上都是管理浮动。

（1）浮动汇率制度的优点。首先，能充分发挥汇率对国际收支的调节作用，只要国际收支失衡不是特别严重，就没有必要调整财政政策和货币政策，不必以牺牲内部平衡来换取外部平衡。其次，减少了对外汇储备的需求。在浮动汇率制度下，货币当局一般没有干预外汇市场的义务，这就不必保持太多的外汇储备，从而能把节省的外汇用于本国经济的发展。

（2）浮动汇率制度的缺点。首先，汇率频繁、剧烈地波动，使正常的国际贸易与国际投资主体难以核算成本和利润，面临外汇风险。其次，容易助长外汇投机活动，加剧外汇市场的波动。再次，一些国家会利用汇率浮动，相互之间进行汇率战。当一国通过操纵汇率来调节国际收支时，往往会引发其他国的报复性行为，最终演变为汇率战和贸易战，打乱国际贸易的正常秩序。

■ 拓展学习资料：美元汇率变动因素分析

5－1

二、人民币汇率制度

人民币汇率制度随着我国经济对外开放的进程，经历了多次改革和完善。

（一）1981～1993 年的人民币双重汇率制

从 20 世纪 80 年代至 1993 年，我国处于向社会主义市场经济转型初期。为配合外贸体制改革，调动地方、企业出口创汇的积极性，自 1981 年开始实行官方汇率与外汇调剂市场汇率并存的双重汇率制。以 1993 年为例，官方汇率月平均为 1 美元＝5.76 元人民币，外汇调剂市场汇率月平均为 1 美元＝8.58 元人民币。

（二）1994 年的有管理的浮动汇率制

1993 年 11 月，党的十四届三中全会提出建立社会主义市场经济体制，改革开放进入了一个新的时期。汇率制度进行重大改革，于 1994 年 1 月 1 日起，建立全国统一的银行间外汇市场，官方汇率与外汇调剂汇率并轨，人民币汇率实行“以市场供求为基础的、单一的、有管理的浮动汇率”。在此基础上，1996 年 12 月 1 日起，我国对外宣布，人民币实现经常账户下的可兑换。

（三）1998～2005 年 7 月前的钉住美元的固定汇率制

1997 年亚洲金融危机爆发，中国经济面临外部金融危机冲击、内部需求下滑的挑战。为了稳定经济，提升国际社会对人民币汇率的信心，中国政府对外宣布坚持人民币汇率不贬值。人民币汇率实行钉住美元的固定汇率制，在此期间人民币汇率稳定在 1 美元＝8.27 元人民币的水平。

（四）2005 年的人民币参考一篮子货币的管理浮动汇率制

从 2005 年 7 月 21 日起，我国开始实行以市场供求为基础、参考一篮子货币进行调节、有管理的浮动汇率制度。当日人民币对美元升值 2 个百分点。这里的“一篮子货币”，是指按照我国对外经济发展的实际情况，选择若干种主要货币，赋予相应的权重，组成一个货币篮子。同时，根据国内外经济金融形势，以市场供求为基础，参考一篮子货币计算人民币汇率。8 月 11 日，中国人民银行进一步改革人民币汇率报价机制，新的报价机制下，外汇市场的做市商在每日银行间外汇市场开盘前，参考上一日银行间外汇市场收盘汇率，综合考虑外汇供求情况向外汇交易中心提供中间价报价。通过改革，初步形成了“收盘汇率＋一篮子货币汇率变化”的人民币中间价定价机制，促进了人民币汇率形成机制市场化。

2015年12月11日，中国外汇交易中心正式发布CFETS（China foreign exchange trade system）人民币汇率指数。汇率指数作为一种加权平均汇率，主要用来综合计算一国货币对一篮子外国货币加权平均汇率的变动，能够更加全面地反映一国货币的价值变化。参考“一篮子货币”与参考单一货币相比，更能反映一国商品和服务的综合竞争力，有利于保持人民币汇率在合理均衡水平上的基本稳定。CFETS人民币汇率指数由中国外汇交易中心于每个工作日定期发布。

2007年以前，每日银行间外汇市场即期美元对人民币的交易价浮动幅度为3‰，2007年扩大至5‰，2012年4月16日起又进一步扩大至1%，自2014年3月17日起，浮动幅度由1%扩大至2%。浮动区间的扩大有利于增加人民币汇率的弹性。2019年8月5日，人民币对美元汇率“破7”，当日美元与在岸人民币收盘价报1美元＝7.0508元人民币。标志着人民币汇率市场化迈出了自2015年“8·11汇改”以来的标志性一步。

➤本章小结

（1）外汇与汇率。外汇是以外币表示的可以直接用于国际结算的各种支付手段或债权。并非所有外币都是外汇，外币要成为外汇，要具备三个基本属性：必须是以外币表示的支付手段；具有充分的可自由兑换性；能够被各国普遍接受。汇率是两种货币兑换的比率，即一种货币用另一种货币表示的价格。汇率有直接标价法和间接标价法。

（2）汇率的种类。汇率有不同的分类，按银行买卖可划分为买入汇率、卖出汇率；按汇率制定方法划分为基本汇率、套算汇率；按外汇交割期限划分为即期汇率、远期汇率；按汇率制度划分为固定汇率、浮动汇率；按货币当局对汇率的管理程度划分为官方汇率、市场汇率。

（3）汇率的决定。汇率的决定是要揭示决定汇率的基础是什么。汇率的决定有不同的理论解释，主要有购买力平价理论、利率平价理论和国际收支决定理论。购买力平价理论认为汇率应该由两国货币的购买力决定。两国货币的汇率就表现为两国的物价水平之比，即购买力平价。购买力平价理论包括绝对购买力平价理论和相对购买力平价理论。利率平价理论认为某种货币的远期汇率是由两国金融市场上的利率水平决定的，其远期汇率变化等于两国货币的利率之差。国际收支决定理论认为汇率是由外汇供求决定的，而外汇的供给和需求主要由国际收支决定，即国际贸易和跨境资本流动形成的债权债务关系结算决定。

（4）影响汇率经常性波动的因素主要是经济增长、中央银行干预、心理预期及其他突发性因素。汇率波动对进出口、跨境资本流动和外汇储备、物价及经济增长都有影响。

（5）汇率制度。汇率制度是一国货币当局对本国汇率水平的确定、汇率的变动方式做出的一系列规定。汇率制度包括固定汇率制和浮动汇率制。两种汇率制度各有优缺点。当代世界各国实行的基本上都是浮动汇率制度。

（6）人民币汇率制度经历了双重汇率制、有管理的浮动汇率制、钉住美元的固定汇率制和参考一篮子货币的管理浮动汇率制。

➢ 关键术语

外汇　汇率　直接标价法　间接标价法　升水　贴水　即期汇率　远期汇率　购买力平价理论　利率平价理论　固定汇率制　浮动汇率制

➢ 思考与练习

（1）某种外币要成为外汇，需要满足哪些基本属性？

（2）汇率的决定主要有哪些理论？

（3）影响汇率的因素有哪些？

（4）汇率变动对经济的影响体现在哪些方面？

（5）比较固定汇率制度和浮动汇率制度的优缺点。

➢ 进一步学习的资源

[1] 陈雨露．国际金融（第6版）[M]．北京：中国人民大学出版社，2019.

[2] 姜波克．国际金融新编（第6版）[M]．上海：复旦大学出版社，2018.

[3] 托马斯·A. 普格尔．国际金融（第15版）[M]．北京：中国人民大学出版社，2014.

[4] 中国人民银行．统计数据．货币统计概览．http：//www. pbc. gov. cn.

[5] 国家外汇管理局．统计数据．http：//www. safe. gov. cn.

第二篇 微观金融运行

CHAPTER 6

第六章　金融市场

➢ 本章导入

金融市场是各类经济主体进行资金借贷和金融资产交易的渠道，金融市场的发展状况是反映一国金融发展水平的重要标志。货币市场、资本市场、衍生金融市场、外汇市场和黄金市场是金融市场的主要组成部分。金融市场上有多种多样的金融工具，供融资者和投资者选择。认识各种金融市场的功能，了解不同金融工具的特性，才能真正把握金融市场的业务活动。

➢ 学习本章后，你将能够：

- 把握金融市场的主要功能
- 熟悉货币市场和资本市场的差异及其主要金融工具
- 认识一级市场与二级市场的区别与联系
- 把握证券发行与交易的相关环节
- 了解衍生金融市场的金融工具和交易原理

第一节　金融市场概述

一、金融市场的概念

金融市场是经济主体进行资金借贷和金融工具交易的市场。金融市场作为资金融通的渠道，可以从下列三个层面理解：第一，金融市场的资金融通方式包括直接资金借贷和发行金融工具融资。直接资金借贷，如银行存款和贷款、同业拆借等；发行金融工具融资，如发行股票、债券等；第二，在数字经济时代，金融市场不再是一个有形的场所，更多是通过数字网络进行的无形交易；第三，金融市场是一个反映资金供求关系及其交易机制的集合，其中最主要的是价格机制。

二、金融市场的功能

金融市场作为要素市场，是市场体系的重要组成部分。金融是现代经济的核心。经济发展依赖于资源的合理配置，资源的合理配置主要靠市场机制的运行来实现。金融市场在市场机制中扮演着主导和枢纽的角色，发挥着极为关键的作用。

（一）资金聚集功能

资金聚集功能是指金融市场引导众多分散的小额资金汇聚成为可以投入社会再生产的资金集合。金融市场起着资金“蓄水池”的作用。在国民经济运行中，各经济主体的资金收入和支出在时间上并不总是对称的。某些部门、单位在一定时间内可能存在暂时闲置不用的资金，而另一些部门和单位则存在资金缺口。金融市场提供了两者资金融通的渠道。在这个过程中，金融市场一方面通过多样化的融资工具为资金需求者融资，同时也为资金盈余者提供了投资手段；另一方面金融市场提供金融工具交易机制，为市场创造流动性，保障市场持续运行。

（二）资源配置功能

金融市场的资源配置功能表现在三个方面：一是资金的有效配置；二是财富的再分配；三是风险的再分配。

在经济运行过程中，资金盈余的部门并不一定是最有能力和机会作最有效投资的部门，金融市场将资金从低效率的部门转移到高效率的部门，从而使社会经济资源实现合理配置和有效利用。

财富是各经济单位持有的全部资产的总价值。政府、企业及个人通过持有金融资产的方式来持有的财富。在金融市场上的资产价格发生波动时，其财富的持有数量也会发生变化，一部分经济主体的财富量随金融资产价格的升高而增加，另一部分经济主体的财富量则随着金融资产价格下跌而减少。这样，社会财富就通过金融市场价格的波动实现了再分配。

金融市场同时也是风险再分配的场所。在现代经济活动中，风险无处不在。而不同经济主体对风险的厌恶程度不同。利用各种金融工具，风险厌恶程度高的人可以把风险转嫁给风险厌恶程度较低的人，从而实现风险的再分配。

（三）经济调节功能

经济调节功能是指金融市场对宏观经济的调节作用。金融市场一边连着储蓄者，另一边连着投资者，金融市场的运行机制通过对储蓄者和投资者的影响而发挥作用。

首先，金融市场具有直接调节作用。在金融市场大量的直接融资活动中，投资者为了自身利益，一定会谨慎地进行选择。只有那些符合市场需要、经济效益高的投资对象，才能获得投资者的青睐。而且投资对象在获得资本后，只有保持较高的经济效益和较好的发展势头，才能继续生存并进一步扩张。这实际上是金融市场通过其特有的引导资本形成及合理配置机制对微观经济部门产生影响，进而影响到宏观经济活动的一种自发调节机制。

其次，金融市场的存在及发展，为政府实施宏观经济间接调控创造了条件。货币政策是调节宏观经济活动的重要经济政策，其调控工具包括存款准备金政策、再贴现政策和公开市场操作等，这些政策的实施对象就是金融市场上的银行等金融中介机构。

（四）信息反映功能

金融市场被称为国民经济的“晴雨表”，是公认的国民经济信号系统。具体表现在如下几个方面：（1）金融工具的交易行情反映了国民经济发展状况。证券交易所、期货交易所、黄金交易所作为金融市场的重要组织形态，证券、期货、黄金和外汇等金融工具交易行情变化，既是投资者据以判断投资机会的信息来源，更是国民经济发展状况的集中反映；（2）金融市场的交易可以反映货币供应量的变动。中央银行实施紧缩或者宽松的货币政策，其作用的直接对象就是金融市场上的各类金融机构及其交易行为，金融机构通过减少或增加融资规模，随之收缩或扩张对企业和居民的货币供应。统计金融市场各类交易规模，就能直接或间接地反映整个国民经济的货币供应量；（3）金融市场可以反映微观经济主体的经营状况。基于证券交易的需要，金融市场有大量专业机构和人员长期从事商情研究和分析，他们会主动调研各类上市公司，了解公司的发展动态。

三、金融市场的类型

金融市场按照不同的标准，可以有如下分类。

（一）按金融工具的期限不同可划分为：货币市场、资本市场

1. 货币市场

货币市场（money market）是指期限在一年以内的金融工具交易的市场。货币市场的主要功能是满足经济主体短期的周转性资金需求。货币市场一方面满足了借款者的短期资金需求，另一方面也为暂时闲置资金找到了出路。

2. 资本市场

资本市场（capital market）是指期限在一年以上的金融工具交易的市场。资本市场的主要功能是满足经济主体中长期的投资性资金需求。资本市场主要包括债券市场和股票市场。

（二）按交易的金融工具对象不同可划分为：票据市场、证券市场、衍生金融市场、外汇市场、黄金市场

1. 票据市场

票据市场（note market）是各种票据交易的市场。票据通常属于短期金融工具，票据市场是货币市场的重要部分。主要包括票据承兑市场和贴现市场。

2. 证券市场

证券市场（security market）是股票、债券等有价证券发行和交易的市场。证券市场是资本市场的主体与核心，主要包括股票市场、债券市场和证券投资基金市场。

3. 衍生金融市场

衍生金融市场（derivatives market）是由基础性金融工具派生的新型金融工具交易的市场。衍生金融工具通常包括金融远期合约、金融期货合约、金融期权合约、金融互换合约等。

4. 外汇市场

外汇市场（foreign exchange market）是进行外汇交易的市场。外汇市场有广义和狭义之分。狭义的外汇市场指的是银行间的外汇交易市场，由于参加者主要是商业银行、中央银行，也称为批发外汇市场。广义的外汇市场是指由各国中央银行、商业银行、外汇经纪人及公司和个人组成的外汇交易活动，包括了批发外汇市场。

5. 黄金市场

黄金市场（gold market）是专门进行集中性黄金交易的场所。尽管 20 世纪 70 年代后黄金非货币化已得到国际认可，但由于黄金仍是当今国际储备的基本形式之一，因此，黄金市场仍被看作金融市场的组成部分。

（三）按金融中介机构在融资中的地位可划分为：直接金融市场与间接金融市场

1. 直接金融市场

直接金融市场（direct finance market）也称为直接信用市场或者直接融资市场，是资金需求者直接从资金供给者那里融通资金的市场。金融中介机构在融资中仅提供中介性服务，收取手续费，不与融资双方发生债权债务关系。股票市场和债券市场是直接金融市场的主体。此外，发生在民间个人之间、个人与企业之间以及企业之间的借贷也属于直接金融市场范畴。

2. 间接金融市场

间接金融市场（indirect finance market）也称为间接信用市场或者间接融资市场，是通过银行等信用中介机构作为媒介来进行资金融通的市场。在间接金融市场上，资金所有者将手中的资金借给银行等信用中介机构，然后再由这些机构转贷给资金需求者。在

此过程中，资金所有者、资金需求者并不直接联系，而是分别与银行等信用中介机构形成债权或债务关系。银行存款、贷款是间接金融市场的主要形式。

第二节　货币市场

一、货币市场的概念和特点

（一）货币市场的概念

货币市场作为期限在一年以内的金融工具交易的市场，也称为短期资金市场。其主要功能是满足经济主体短期和临时性的资金需求，以便能够随时获得流动性。中央银行实施货币政策进行宏观金融调控就是在货币市场进行。

从外延来看，广义的货币市场包括同业拆借市场、短期政府债券市场、回购协议市场、票据市场、大额可转让定期存单市场，以及银行短期信贷市场。狭义的货币市场通常指除了银行短期信贷市场之外的其他短期资金市场。本节内容主要分析狭义的货币市场。

（二）货币市场的特点

从金融工具视角看，货币市场具有如下三个特征：

1. 融资期限短，流动性强

最短的只有一天，也称隔夜拆借，最长也不超过一年，大多数是3~6个月。由于这些金融工具期限短，变现能力强，具有“准货币”性，故短期金融工具交易的市场称为货币市场。

2. 安全性较高

金融工具的流动性与安全性正相关。货币市场的金融工具期限短，流动性高，决定了其金融工具的安全性也高。此外，货币市场金融工具的发行主体的信用等级较高，也决定了其安全性较高的特点。

3. 市场参与主体以机构投资者为主

货币市场的参加者主要是金融中介机构、政府机构及信用等级较高的大企业，其交易规模普遍较大。所以，货币市场不适合普通个人投资者，但个人投资者可以通过购买货币市场基金来间接参与该市场。

二、同业拆借市场

同业拆借市场（interbank offered market）是指金融机构之间以货币借贷方式进行短

期资金融通的市场。同业拆借以金融机构为主体，交易量大，完全是信用借贷，程序简便快捷，全部通过专用电子网络系统进行。

（一）同业拆借市场的交易原理

同业拆借市场主要是银行等金融机构相互借贷存放在中央银行的准备金余额，其目的是调剂准备金头寸。按照中央银行法规定，商业银行必须按照规定的比率将吸收的存款缴存到其在中央银行开立的准备金账户，这就是法定存款准备金。法定存款准备金采取定期上缴制。在临近上缴时，有的商业银行可能达不到规定的准备金比率，而银行资金头寸也面临暂时性紧张，有的银行则可能超过规定的准备金比率，超出的部分就形成超额准备金。中央银行对超额准备金通常不付利息或利息很低。这样，有准备金缺口的银行和有多余准备金的银行之间就有了调剂余缺的需求。这种基于存款准备金余额调剂需求的借贷活动就是银行间同业拆借。由于参加同业拆借的银行都在中央银行开立存款准备金账户，因此，拆借资金只要通过双方的存款准备金账户划转即可完成。

同业拆借除满足金融机构法定存款准备金缴纳需求外，还常用于轧平票据交换差额的资金需求，以及解决临时性、季节性的资金需求等。

（二）同业拆借市场的拆借期限与利率

同业拆借市场的拆借期限有1天、1～3周、1～12个月不等。最常见的是隔夜拆借（1天）或1周，1年的通常较少。

同业拆借利率是完全市场化的利率，也是货币市场上其他借贷具有重要参考作用的基准利率。在国际市场上，伦敦银行同业拆放利率（Libor）、纽约银行同业拆放利率（Nibor）、新加坡银行同业拆借利率（Sibor）都是著名的货币市场基准利率。上海银行间同业拆放利率（Shibor）是我国重要的基准利率。对社会公布的Shibor品种包括隔夜、1周、2周、1个月、3个月、6个月、9个月及1年。同业拆借按日计息，不同期限的拆息率按日公布。

三、短期政府债券市场

短期政府债券是政府以债务人身份发行的期限在一年以内的短期债务凭证。从广义上看，短期政府债券不仅包括国家财政部门发行的债券，还包括地方政府发行的债券。狭义的短期政府债券仅指国家财政部门发行的国库券（treasury bill）。

在欧美等国家，国库券市场发达，中央银行实施公开市场业务调节货币供应量主要就是在国库券市场进行。我国的国库券市场不发达，财政部很少发行国库券，主要发行中长期国债。因此，我国中央银行实施公开市场业务，其买卖对象不是国库券，其中对象之一是中央银行票据。中央银行票据（简称央票）是中国人民银行发行的一年期以内的短期债务凭证。

与货币市场其他金融工具相比，国库券具有一些显著的特征，是深受投资者青睐的投资工具。国库券的投资特征主要是：

1. 违约风险小

由于国库券是国家的债务，因而通常认为是违约风险很小或者无违约风险。尤其在经济衰退时期，国库券违约风险小的特性对投资者更有吸引力。

2. 流动性强

国库券以政府信用为保障，违约风险低，所以容易变现，具有良好的流动性。加之，交易者以金融机构为主，采取做市商制度，保证了交易的连续性和稳定性，增强了市场流动性。

3. 贴现发行

国库券通常采取贴现发行方式，即以低于面值的价格发行，到期时按面值偿还，面值与发行价之间的差额就是付给投资者的利息。

4. 收益免税

各国政府通常规定国库券的利息免缴所得税，而其他金融工具，如商业票据、股票、债券等投资收益必须要纳税。所以，尽管国库券的名义利率没有商业票据等其他金融工具高，但由于免税的特征，国库券的实际收益率仍有可能高于商业票据。

四、回购协议市场

回购协议市场是指通过回购协议进行短期资金融通的市场。所谓回购协议（repurchase agreement）是在出售证券的同时，和证券的购买方签订协议，约定在一定期限后按约定的价格买回所卖证券的行为。回购协议实质是一种以证券为质押品的短期资金融通。回购协议的证券主要是政府债券，包括国库券和中长期政府债券。金融债券也可以作为回购协议的对象。

（一）回购协议的交易原理

回购协议签订后，从表面看，证券出售者通过出售证券获得了资金，但由于协议规定了回购证券到期买回的时间，实际上，相当于从市场上借入一笔短期资金。对于证券购买者而言，它获得了一笔短期内有权支配的证券，但这笔证券到期要按约定的价格如数卖出，实际上相当于收回贷款本息。所以，回购协议的证券出售者实际上是借款人，证券购买者是贷款人。

回购协议中有一个概念称为逆回购协议（reverse repurchase agreement），这实际上是针对回购协议的反方而言，即证券的买入方。从回购协议的证券买入方视角看，逆回购协议的实质是以证券为质押品的资金贷出。中央银行通过公开市场业务调节货币供应量时，若实施的是逆回购协议，则是货币投放行为，意在增加市场货币供应。

商业银行之间的短期资金融通，一般以同业拆借的形式解决，不一定采取回购协议的办法。但是，一些非银行金融机构、非金融企业等，由于资信所限，不一定能够从同业拆借市场获得临时性资金。回购协议市场采用证券质押方式，只要有合格的证券即可以获得质押融资。因此，回购协议市场是深受非银行金融机构、非金融企业青睐的短期融资市场。

（二）回购协议期限与利率

回购协议的期限从 1 天至数月不等。若回购协议的时间为 1 天，则称为隔夜回购，如果时间长于 1 天，则称为期限回购。最常见的回购协议是 7 天回购和 14 天回购。在回购协议市场中，回购利率高低取决于多种因素，这些因素主要有：（1）回购的证券的信用度。证券的信用度越高，流动性越强，回购利率就越低，否则，利率就会高一些；（2）回购期限的长短。一般来讲，回购协议的期限越长，由于不确定因素越多，因而利率也应高一些；（3）货币市场其他子市场的利率水平。一般是参照同业拆借市场利率而确定的。由于回购协议是以较高信用等级的证券特别是政府债券为质押品的短期借款，风险相对较小，因而利率也较低。

五、票据市场

票据市场是短期资金融通的主要场所，是联系产业资本和金融资本的枢纽，是货币市场中最基础、交易主体最广泛的子市场。票据市场可以把不能流动的挂账信用转变为具有高度流动性的票据信用。

票据市场通常包括银行承兑汇票市场和商业票据市场两类。

（一）银行承兑汇票市场

以银行承兑汇票（bank’s acceptance bill）作为交易对象的市场即为银行承兑票据市场。银行承兑汇票是商业汇票的一种。商业汇票基于真实的商业交易基础上产生，是付款人（出票人）签发的，承诺在指定日期无条件支付确定的金额给收款人或持票人的票据。经银行承兑的商业汇票即为银行承兑汇票。由于银行承兑汇票由银行承诺承担最后付款责任，实际上是银行信用对商业信用的一种保证，增强了商业信用的可接受性。银行承兑汇票在国内和国际贸易中普遍使用。

银行承兑汇票只有经过银行的“承兑”后才能在市场流通。在承兑汇票未到付款期，但持票人（收款人）有融资需求时，可以将承兑汇票向银行申请贴现，银行从票面金额中扣除贴现利息后将余额支付给持票人。由于有银行的承兑保证，所以，银行承兑汇票市场不仅成为企业短期融资的有效途径，也是银行进行短期资金运用的重要场所。

（二）商业票据市场

商业票据市场是以商业票据的发行和交易为对象的短期融资市场。所谓商业票据（commercial paper）是大公司为了筹措资金发行的一种无担保的短期债务凭证。由于无担保，仅以信誉作保证，因此商业票据的发行者一般是那些信誉卓著的大公司。商业票据的期限一般不超过270天，大多在20～45天。这种单纯以短期融资为目的商业票据，在欧美等西方发达国家的金融市场最为普遍。我国的票据市场不发达，票据发行强调有真实的商业交易背景，尚没有商业票据这种金融工具。

在西方票据市场发达的国家，除了大公司外，作为金融中介机构的财务公司也通过发行商业票据来进行低成本融资，这使得商业票据成为银行短期贷款的重要替代品。我国缺乏商业票据这种融资工具，这也是公司短期融资过度依赖银行贷款的原因之一。

商业票据市场上，商业银行的作用非常活跃，主要是作为承销商代理发行商业票据、提供商业票据发行的信用额度支持等，同时商业银行也投资商业票据。其他非银行金融机构如保险公司、信托公司、养老基金和货币市场基金等都是商业票据的重要投资者。

六、大额可转让定期存单市场

大额可转让定期存单市场（negotiable certificates of deposits，CD_S），是商业银行发行的一种面额大、不记名、可流通转让的定期存款凭证。大额可转让定期存单是20世纪60年代美国金融创新的产物，最先由美国花旗银行创设。商业银行通过发行大额可转让定期存单可以更主动地进行负债管理，改变了传统资产管理理念下的被动局面。

同传统的定期存款相比，大额可转让定期存单具有以下投资特点：

（1）定期存款记名、不可流通转让；大额可转让定期存单则是不记名、可以流通转让。

（2）定期存款金额不固定，可大可小；大额可转让定期存单金额较大（美国至少为10万美元起）。

（3）定期存款利率固定；大额可转让定期存单利率既有固定的，也有浮动的，且一般比同期限的定期存款利率高。

（4）定期存款可以提前支取，提前支取时要损失一部分利息；大额可转让定期存单不能提前支取，由于不记名，所以便于在二级市场流通转让。

（5）定期存款期限灵活，有短期和中长期；典型的大额可转让定期存单期限通常在6个月内，国外的存单最短期限为14天。

大额可转让定期存单作为银行的一种短期融资工具，通常采取贴现发行，是货币市场重要的投资工具，商业银行、非银行金融机构、非金融企业都是该市场的投资者。

我国现有的大额可转让定期存单有两种类型，包括面向金融机构发行的“同业存单”和面向非金融机构投资人的“大额存单”。这两种类型的大额定期存单的期限既有1年期以内的，也有1年期以上中长期的。这区别于国外以短期为主的大额定期存单。

2013年中国人民银行发布《同业存单管理暂行办法》，允许存款类金融机构在全国银行间同业拆借市场发行同业存单。但该存单与国外通常的大额可转让定期存单有所不同。首先，同业存单的投资和交易主体仅限于全国银行间同业拆借市场成员、基金管理公司及基金类产品，非金融企业和个人不能投资。其次，同业存单的期限除了短期，还有中期。如固定利率存单期限为1个月、3个月、6个月、9个月和1年；浮动利率存单期限在1年以上，包括1年、2年和3年。

2015年6月，中国人民银行发布了《大额存单管理暂行办法》，办法允许银行业存款类金融机构面向非金融机构投资人发行的、以人民币计价的记账式大额存款凭证，是银行存款类金融产品，属一般性存款。其中的非金融机构投资人包括个人、非金融企业、机关团体等。个人投资者认购起点金额不低于30万元，机构投资人认购起点金额不低于1 000万元。大额存单期限包括1个月、3个月、6个月、9个月、1年、18个月、2年、3年和5年共9个品种。大额存单的转让可以通过第三方平台进行，但转让范围限于非金融机构投资人。

➢ 专栏阅读与分析

温州民商银行2020年度第009期
同业存单发行公告

发行要素					
发行人	温州民商银行股份有限公司				
主体评级等级	AA -	主体评级机构	东方金诚国际信用评估有限公司		
存单全称	温州民商银行股份有限公司2020年第009期同业存单				
存单代码	112091934	存单简称	20温州民商银行CD009		
发行方式	报价发行	计划发行量（亿元）	1.0	期限	6M
发行价格（元）	98.0976	面值（元）	100	息票类型	零息
起息日	2020 - 02 - 17	首次付息日		到期日	2020 - 08 - 17
参考兑付日	2020 - 08 - 17	缴款日	2020 - 02 - 17	参考收益率	3.9000%
票面利率（%）		发行日	2020 - 02 - 14	发行开始时间	2020 - 02 - 14 09：30

续表

发行结束时间	2020－02－14 16：30	基准利率		基准利率精度	
利差（BP）		付息频率	期满	计算基准	A/360
首次利率确定日		币种	人民币		
申购约束					
单笔最低认购量（亿元）		单笔最高认购量（亿元）	0.2	最高认购总量（亿元）	

资料来源：中国货币网．http：//www. chinamoney. com. cn.

第三节 资本市场

一、资本市场的概念和特点

（一）资本市场的概念

资本市场（capital market）作为期限在一年以上金融工具交易的市场，也称为中长期资金市场，其基本功能是满足经济主体中长期投资性资金需求，并促进企业并购。广义的资本市场包括两大部分：一是中长期信贷市场。包括商业银行的中长期贷款和其他金融机构的中长期信贷；二是证券市场。主要包括股票市场、债券市场和投资基金市场。狭义的资本市场就是指证券市场。本节主要着眼于狭义的资本市场。

（二）资本市场的特点

从金融工具视角来看，资本市场具有下列三个特点：

1. 金融工具的期限长

金融工具均为1年期以上，最长可达数10年，如商业银行发行的资本性债券；有的甚至没有到期日，如股票等权益类证券。

2. 融资规模大

资本市场的融资主要用于投资性资金需求，通常用于企业的固定资产投资或技术改造，或者政府的公共设施建设等，所以比货币市场的融资规模更大。

3. 金融工具的风险大

资本市场的金融工具由于期限长，价格变动幅度较大，风险较高，收益不确定性大，既可能获得很高收益，也可能出现较大亏损。

二、证券市场的一级市场与二级市场

按照金融工具发行与流通的次序，证券市场可以分为一级市场与二级市场。

一级市场（primary market）是新证券首次向公众发行的市场，也称为发行市场或初级市场。证券发行有两种方式：一是证券只向特定的对象销售，不公开发行，称为私募（private offering）；二是证券公开地向社会公众销售，称为公募（public offering）。一级市场是一个抽象的市场，其发行行为不具有连续性，也没有一个固定的场所。

依据发行价格的确定方式不同，证券发行又可以分为溢价发行、平价发行和折价发行。溢价发行是指证券发行价格高于证券票面价格的发行方式；平价发行是指发行价格等于票面价格的发行方式；折价发行是指发行价格低于票面价格的发行方式，折价发行也称为贴现发行。

二级市场（secondary market）是证券发行后，在不同投资者之间流通交易的市场，又称流通市场或次级市场。二级市场通常是一个有形市场，有固定的交易场所。股票交易所就是典型的二级市场。

一级市场是二级市场的基础和前提，没有一级市场就没有二级市场；二级市场是一级市场存在与发展的重要条件之一，无论是发行数量还是发行价格的确定，一级市场都受到二级市场的影响。

三、股票市场

股票市场（stock market）是股票发行和交易市场的统称，因为股票是一种权益工具，所以，也称为权益市场（equity market）。股票市场通常分为一级市场和二级市场。

（一）股票的种类

按照股东的权利不同，股票可以分为普通股、优先股。

1. 普通股

普通股（common stock）是股份公司资本构成中最基本的股份，也是发行量最大、最重要的股份。普通股对企业盈利分配权和剩余资产索取权排在公司所有债权和优先股东之后，其盈利分配数额和剩余资产索取数额均具有不确定性。普通股股东有出席股东大会权、表决权、选举和被选举权等。

普通股上市后，其交易价格受公司的经营状况、经济政治环境、供求关系等诸多因素的影响，暴涨暴跌现象屡见不鲜。因此，普通股的投资风险较大。

2. 优先股

优先股（preferred stock）是指在公司盈利分配权和剩余资产索取权上优先于普通股

的股份。虽然优先股在盈利分配权上具有优先权，但只能获得预先规定的固定股息率，且不能再参与公司分红。其次，优先股股东通常没有投票权、选举和被选举权。由于优先股股息固定且能获得优先分配，所以其投资风险小于普通股。

（二）股票的一级市场

股票的一级市场是股份公司向投资者发行新股票的市场。一级市场发行新股票包括三种：（1）首次公开发行（Initial Public Offerings，IPO）。IPO 是股份公司设立时首次发行股票，这类股票也称为原始股。（2）增资发行。增资发行是股份公司设立后，为了新项目投资而再次发行股票。增资发行的对象通常是公司大股东或者机构投资者。（3）配股发行。配股发行是股份公司向现有股东按照所持股份的一定比例认购配售的股份。配股发行是对现有股东以低于市场价格优先购买新发行的股票，其优点是发行费用低并可维持现有股东对公司的权益比例不变

股票一级市场的运作，包括发行方式的选择、选定发行承销商、编制招股说明书、发行前的路演、发行定价、销售与申购六个阶段。

1. 发行方式的选择

股票发行方式可以选择公募或者私募。公募发行涉及的投资者众多，监管法规对发行条件要求高，控制严格，如发行人必须提供各类财务报表及审计意见等。股份公司采取募集设立方式发行股票，通常采取公募发行。股份公司采取发起设立方式募集股份，通常采取私募发行。此外，增资发行、配股发行、资本公积金转增股本、股票分红等通常也采取私募发行。

首次公开发行（IPO）股票时，一般有核准制和注册制两种发行制度。

核准制是指证券监管部门要对发行人依法提供的发行文件进行形式审查外，还要对发行人是否符合发行条件进行实质性审查。在核准制下，股票发行审核的权力集中于证券监管部门。注册制是指证券监管部门仅对发行人依法提供的各种发行文件进行形式审查，不对发行人的发行条件进行实质性审核和价值判断。在注册制下，证券交易所负责股票发行的依规审核，审核通过后，在证券监管部门履行注册手续。

注册制的基础是强制性信息公开披露原则，遵循把发行人资质的良莠交给市场判断和监督的理念。核准制的基础是强制性信息公开披露和合规性管理相结合的原则，遵循监管部门对发行人资质的把关和市场监督相结合的理念。我国股票市场于 2001 年 3 月实施股票发行核准制。2019 年 3 月在上海证券交易所科创板试行股票发行注册制，2020 年创业板实施注册制改革试点。

2. 选定发行承销商

公募发行股票一般都选择投资银行或证券公司作为发行承销商（underwriter）。作为证券市场的中介机构，承销商为发行股票提供承销服务。

股票承销服务通常采用代销和包销两种方式：代销是指承销商代发行人出售股票，

在承销期结束时，将未售出的股票全部退还给发行人的承销方式。代销发行方式下，发行风险全部由发行人承担，手续费通常较低。包销是指承销商将发行人的股票按照协议全部买入（全额包销），或者在承销期结束时将未售出的剩余股票全部自行买进（余额包销）的承销方式。包销发行方式下，发行风险由承销商承担，手续费比代销要高，全额包销的手续费又比余额包销更高。

承销商除了帮助发行股票外，事实上还为股票发行、上市及发行人的规范运作提供担保，即所谓保荐职责，承销商就是保荐人（sponsor）。

3. 编制招股说明书

招股说明书（prospectus）是股份公司公开发行股票计划的书面说明，是投资者投资分析的依据。招股说明书必须包括公司的财务信息和经营历史的陈述、高级管理人员的状况、筹资目的和资金使用计划，以及公司内部悬而未决的问题如诉讼等。

4. 发行前的路演

发行前的路演（road show）是指股票发行人和承销商在股票发行前，面向可能的投资者所举行的股票推介活动。路演的目的是促进投资者与股票发行人之间的沟通和交流，以保证股票的顺利发行。发行前路演主要采取网上路演形式，即借助互联网平台，以实时、开放的形式实现发行人与投资者互动交流和新闻发布。网上路演已成为上市公司新股推介的重要形式。

5. 发行定价

股票发行定价是一级市场的关键环节。发行价格的确定要综合考虑发行人的融资需求、市场投资者的投资意愿以及承销商的意见这三方面因素。股票发行通常采用溢价发行。我国目前股票发行采用询价制。询价制是主承销商和发行人根据发行人的情况和市场需求，先确定一个发行价格的区间，然后向证监会认可的机构投资者和部分个人投资者询价，根据投资者的反馈，按照大多数投资者能接受的价格水平确定最终发行价格。询价制的目的在于增进信息沟通，减少发行人与投资者的信息不对称，提高发行定价的准确性。

6. 销售与申购

发行人和承销商完成发行各种准备工作之后，即可按照预定的方案发售股票。对于承销商来说，就是按照承销合同，以代销或者包销方式销售股票。对于投资者来说，就是在规定的时间进入证券交易所网络系统，进行新股申购。

（三）股票的二级市场

股票的二级市场是已经发行的股票，在投资者之间流通转让的市场。由于股票没有到期日，投资者需要变现，只能在二级市场上转让给其他投资者。二级市场为股票交易提供了流动性。

股票的二级市场通常可分为场内交易市场（证券交易所）和场外交易市场。

1. 证券交易所

证券交易所（stock exchange）是由证券监管部门批准的，为证券提供有组织、集中性交易的场所。证券交易所也称为主板市场（main-board market），是二级市场的核心。

（1）股票上市。股票上市就是指股票在证券交易所挂牌交易。股票上市对发行人来说，有利于提高公司的知名度，增强股票的流动性，扩大融资来源，以及改善公司治理结构等；对于投资者来说，上市提供了一个连续的、便利的、低成本的股票买卖途径，同时发行人的持续信息披露为投资决策提供了重要依据。证券交易所对股票上市有严格的条件规定，通常对股票发行人的经营年限、财务状况、最低公开发行比例和公司治理、诚信记录等提出要求。相比场外交易市场，证券交易所的上市条件要求最高。

（2）股票交易程序。证券交易所的股票交易程序通常包括以下四个环节：①开户。投资者需要开立股东账户和资金账户。②委托交易。投资者委托证券经纪人向交易所发出买卖指令。③竞价成交。交易所收到证券经纪人申报的买卖指令，按照时间优先、价格优先的原则进行竞价成交。④清算、交割与过户。清算是交易所对各家证券经纪人之间的买卖进行轧差后，计算实际应收应付的过程；交割是股票卖方向买方交付证券，买方向卖方交付价款的行为；过户是股票交割完成后，办理股东变更登记手续。

（3）证券交易的专业中介人。证券交易的专业中介人主要是证券经纪人与证券交易商。股票交易所实行会员制，只有作为会员的专业中介人才可以进入交易所交易。证券经纪人和证券商就是两种重要的专业中介人。证券经纪人（broker）是在证券交易所充当交易中介并收取佣金的专业中介人。证券经纪人接受投资者的委托，代理客户买卖证券，本身不承担交易风险。证券交易商（dealer）也称为证券自营商，是为了自身利益买卖证券的专业中介人。证券交易商以赚取证券买卖差价收益为主，自负盈亏。我国的证券公司从事经纪业务就是证券经纪人，从事自营业务就是证券交易商。

2. 场外交易市场

场外交易市场是指在证券交易所之外开展股票交易的市场，即场外交易。在股票市场发展早期，由于这种交易主要在证券交易商的柜台上进行，因而也称为柜台交易市场（over the counter，OTC）。

场外交易市场与证交所相比，没有固定的集中性场所，而是分散于各家证券交易商，规模大小不一。证券交易商以自己的资金买入证券，然后根据市场需求随时将这些存货卖给客户，从而维持市场流动性和交易连续性，因而也被称为做市商（market maker）。

为了适应不同规模、不同资质融资者的需求，资本市场在长期发展过程中，逐渐形成了多层次的结构模式。证券交易所作为上市条件最高的市场，主要满足融资规模大、经营管理资质高的企业融资需求，基于其地位的重要性，通常称为主板市场。场外交易市场上市条件通常低于证券交所，主要满足融资规模较小、经营管理资质相对较低的中小企业融资需求。场外交易市场根据上市要求条件的差异，可细分为二板市场、三板市场和四板市场等层次。在这几个市场交易的股票其上市条件依次降低，股票交易的流动性也依次变弱，市场影响力也渐次降低。

创业板市场（growth enterprise market，GEM）也称成长板市场或二板市场，着眼于创业，是满足创新企业及其他成长型企业发展需要而设立的场外市场。各国对此的称呼不一，有的叫成长板，有的叫证券交易商报价系统，比如美国的纳斯达克（NASDAQ），英国称为另类投资市场（alternative investment market，AIM）等。与主板市场只接纳成熟的、已形成足够规模的企业上市不同，创业板以自主创新企业及其他成长型企业为服务对象，具有上市门槛低，信息披露监管严格等特点，它的成长性和市场风险均要高于主板。

■ 拓展学习资料：我国的多层次资本市场

6-1

四、债券市场

债券市场是除了股票市场外资本市场的第二大子市场，是满足各类债权债务类金融工具发行与交易的市场。债券与权益工具有着本质的区别，因而债券市场的特点也与股票市场不同。

（一）债券的概念和特征

债券是政府、公司或金融机构通过债务方式筹集资金的有价证券。按照发行者的不同，债券通常分为政府债券、金融债券和公司债券三类。债券的票面通常载明面值、本金到期日期、付息方式、票面利率这些基本要素。这些要素使得债券具有与股票不同的投资特征：

1. 偿还性不同

股票没有到期日，因而无须偿还；而债券有到期期限，到期必须偿还本金。因此，公司若发行过多的债券，就可能导致债务负担过重，出现债券违约风险；而公司发行股票，由于无偿还的压力，就不存在违约问题。

2. 收益获取不同

股票投资的收益包括两部分：一是每年公司分配的股息或红利，这类收益通常不固定；二是股票在二级市场买卖的差价收益，但也可能亏本。债券持有者的收益主要包括两部分：一是公司定期支付的固定利息收入；二是债券在二级市场买卖的差价收益，若债券未上市，也就没有差价收益。

3. 对公司剩余资产的索偿顺序不同

当股份公司破产或解散时，对公司剩余资产的索偿顺序上，股东排在债权人之后。即债权人优先取得公司剩余资产的分配，其次是优先股股东，最后是普通股股东。

4. 对公司控制权的差异

股东可以通过投票来行使对公司的控制权，而债权人一般没有投票权，对公司缺乏控制权。但在某些情况下，债权人也可能获得公司的控制权，如在破产情况下，债权人有权决定是清算公司还是重组公司。

（二）债券的发行和交易

1. 债券的发行

债券发行涉及发行申报、发行方式、信用评级、发行价格、票面利率与付息方式、担保方式等几方面事项。

（1）发行申报。债券发行必须按法律规定向债券管理部门提出书面申报。我国公司债券的发行要经中国证监会核准，金融债券的发行要经中国人民银行核准。美国公司债券的发行要向美国证券交易委员会（SEC）获得注册。政府债券的发行必须经国家或地方预算审查机构批准。

（2）发行方式。债券发行方式分为直接发行和间接发行两种。直接发行就是不通过证券承销商而由发行人直接销售的方式。直接发行通常适用于私募发行或定向发行，其发行费用较低。间接发行是发行人委托证券承销商承销发行的方式。间接发行通常适用于公开发行，即公募发行，也是最常用的发行方式。承销商承销发行可以采用协议承销、招标承销方式。

（3）信用评级。债券信用评级是由专业评级机构收集发行人的信用信息，依据一定标准对债券的违约风险评出等级的行为。债券发行前一般要聘请信用评级机构进行信用评级，债券发行后信用评级机构还要每年对债券进行跟踪评级，若发生影响债券信用评级的重大事项，信用评级机构要及时调整对债券的信用评级，并向投资者公告。穆迪投资者服务公司（Moody's Investors Services）、标准普尔全球评级公司（S&P Global）、惠誉国际评级公司（Fitch Ratings）是全球最著名信用评级机构，2018 年这三大国际信用评级公司都已经在北京设立了独资子公司。

（4）发行价格。债券发行价格是指债券在一级市场出售给投资者的价格。理论上来说债券的面值就是它的价格，但实际上，由于要考虑市场资金供求关系、利率等因素，债券发行价格常常与其面值不一致。债券发行价格有平价发行、溢价发行和折价发行三种方式，国库券多采用折价发行。不论债券发行价格如何变化，发行人还本付息，还是以债券面值为依据。

（5）票面利率和付息方式。债券票面利率有固定利率和浮动利率两种，债券票面利率确定要考虑期限、市场利率水平、债券信用等级和利息支付方式等。债券付息方式有定期付息（按年或半年付息）和贴现付息（折价发行债券）。定期付息的债券称为付息债券，贴现付息的债券称为零息债券。

（6）担保方式。债券按有无担保，可分为担保债券和信用债券。担保债券一般由发行人或第三方的财产做抵押或担保，政府、金融机构发行的债券大多数是无担保债券。

2. 债券的交易

债券发行后的交易分为在证券交易所上市交易和非上市交易。上市交易的债券一般为公开发行的债券，通常是上市公司。非上市债券一般是非公开发行的私募债券，只能在投资者之间采取协议转让。债券的交易价格受债券偿还期、债券信用等级、市场利率及资金供求关系等因素影响。

五、证券投资基金市场

（一）证券投资基金的概念和特点

证券投资基金是通过发行基金份额筹集资金，交由专业管理团队分散投资于证券资产或其他金融资产，并将投资收益分配给基金持有者的一种集合投资制度。证券投资基金是投资基金的一种形式，广义的投资基金除了证券投资基金外，还包括以实业投资为主要对象的产业投资基金，如私募股权投资基金（PE）、风险投资基金（VC）等。

证券投资基金的投资特点可以归纳为四个方面：

1. 规模经营——低成本化

证券投资基金将众多分散投资者小额资金汇集起来，具有规模经营优势，解决了小额投资者的规模不经济问题，能有效降低投资运作的交易成本。

2. 组合投资——降低风险

证券投资基金利用庞大的资金优势，将资金分散投资到多种证券或金融资产上，通过专业化操作，利用量化投资技术，构建由众多证券形成的投资组合，最大限度地降低非系统风险，实现风险分散基础上的最大收益。这一投资优势是个人投资者无法实现的。

3. 专家理财——投资效益高

证券投资基金由专业团队（基金管理人）进行管理，专业团队由经验丰富的基金管理专家组成，专家理财能够精选投资对象，抓住各个市场的投资机会，为投资者创造更好的效益。尽管在熊市中，证券投资基金也会亏损，但相对而言，会比个人投资亏得更少，长期来看，投资基金收益更稳定。

4. 专人保管——安全性高

证券投资基金募集的资金要交给专业的基金托管人保管，托管人负有监督基金管理人规范运作的职责。基金托管人通常由商业银行或其他金融机构担任，其实力雄厚，信誉可靠，能够保证托管资金的安全性。

（二）证券投资基金的募集与交易

证券投资基金的募集分为公募和私募。公募是向不特定投资对象的公开募集。私募是向特定投资对象的募集，主要是机构投资者和部分个人投资者，即所谓合格投资者，凡符合规定条件的投资者才能成为合格投资者。

公募基金管理人要向证券监管部门注册，取得注册牌照后方可进行募集，募集完成后，基金份额可以向证券交易所申请上市交易。公募基金可以分为开放式基金和封闭式基金两类。开放式基金是指基金份额总额不固定，投资者持有的基金份额可以随时申购或者赎回的基金。开放式基金份额的申购、赎回，依据申购、赎回日基金份额的净值加、减手续费确定；封闭式基金是基金份额总额在基金合同期限内固定不变，基金份额持有人不能申请赎回的基金。公募开放式基金和封闭式基金完成募集后，都可以在证券交易所上市交易。

私募基金的管理人要向证券投资基金行业协会申请私募证券基金管理人牌照登记，取得管理人资格后方可进行基金募集。私募基金通常不能上市交易，其基金份额的销售和赎回由基金管理人与投资者协商进行。

第四节 衍生金融工具市场

衍生金融工具（financial derivatives）是在原生金融工具基础上派生出来的金融工具，以这些金融工具为交易对象的市场就是衍生金融工具市场。衍生金融工具从内容来看，是一种包含了交易标的物、交易价格、单位和数量、交割时间和地点、交易双方权利和义务的标准化合约。衍生金融工具是20世纪70年代以来国际金融创新的产物，其创新出发点是规避利率、汇率等金融市场价格剧烈波动带来的交易风险。从实质来看，衍生金融工具是通过套期保值（hedging）机制规避市场风险的金融交易合约。但是衍生金融工具同时也具有投机套利的功能，其所带来的投资风险不容忽视。

衍生金融工具通常具有杠杆交易效应。衍生金融工具是保证金交易，购买方仅需支付合约总价值的一定比率的保证金，即可获得全部合约权利。通常保证金比率为5%～10%。这样购买方就相当于获得了保证金放大10～20倍的杠杆效应。杠杆效应在放大交易规模的同时也放大了交易风险。

衍生金融工具主要包括金融远期交易、金融期货交易、金融期权交易、金融互换交易四种类型。

一、金融远期交易

（一）金融远期交易的概念和特征

金融远期交易（financial forward transactions）是交易双方按约定的价格买卖在未来某一确定的时间交割的一定数量的某种金融资产的合约。合约约定的价格称为交割价格，未来确定的时间称为交割日，远期合约中以约定的价格购买某项金融资产的一方称为多头（long position），以约定的价格出售该金融资产的一方称为空头（short position）。在远期合约到期日，交易双方必须进行实物交割，即空头方交给多头方约定数量的金融资产，多头方付给空头方按约定价格计算的资金。

金融远期交易具有如下几个特征：（1）金融远期交易属于场外交易，主要在商业银行与进出口商之间、商业银行之间开展。金融远期合约是非标准化的，其合约金额、交易价格、交割到期日都由交易双方协商确定。（2）金融远期交易双方通常互相熟悉，交易意味着接受对手的风险。（3）金融远期交易无强制保证金要求，金融远期合约交易都会进行实物交割。

（二）金融远期交易的种类

金融远期交易主要有远期利率协议、远期外汇交易等。远期利率协议是买卖双方同意在未来某一时间点（结算日），双方按照约定的协议利率、市场参照利率、期限和名义本金，由一方将协议利率与市场参照利率的差额付给另一方的合约。远期利率协议交易的主要目的在于防范利率风险。远期外汇交易是买卖双方约定在未来某一时间按约定的远期汇率买卖一定金额的某种外汇的合约。

二、金融期货交易

（一）金融期货交易的概念和特征

金融期货交易（financial future transactions）是在期货交易所开展的交易双方约定在未来某一日期按约定的条件（协议价格、交割地点、交割方式）买入或卖出一定数量的某种金融资产的标准化合约。期货交易具有转移价格风险、价格发现、投机套利等功能。

金融期货交易具有如下几个特征：

（1）期货交易的合约规模、交割日期、交割地点等都是标准化的。交易双方所要做的是选择适合自己的期货合约，并通过交易所竞价确定成交价格。价格是期货合约的唯一变量。

（2）期货交易实行严格的交易保证金制度。买卖双方在交易之前必须在期货经纪公司开立专门的保证金账户，在交易前存入按规定比例计算的保证金，即初始保证金。

（3）期货合约的买者或卖者可以在交割日之前，采取对冲交易以结束其期货头寸（即平仓），而无须进行最后的实物交割。大多数期货合约持有人都在未到期前对冲平仓。

（4）期货交易实行每日无负债结算制度。交易结束时，期货交易所按每日的结算价对未平仓合约的盈亏进行结算，客户的保证金账户要根据当日账户资产的盈亏进行调整。当账户保证金余额低于规定的最低保证金水平时，期货经纪公司就向客户下达追加保证金通知，若客户未能在规定时间内补齐所欠保证金，经纪公司有权将客户持有的期货合约强制平仓。

（二）金融期货交易的种类

按期货标的物不同，金融期货可分为利率期货交易、外汇期货交易和股价指数期货交易。

1. 利率期货交易

利率期货交易是以债务类有价证券为交易标的物的期货合约。由于债务类有价证券对利率变化极其敏感，利率的稍许变动都会带来债券的价格波动，给债券持有者带来风险，所以利率期货交易创新的目的就是规避债务类有价证券的利率风险。

2. 外汇期货交易

外汇期货交易是以某种外汇作为交易标的物的期货合约。外汇期货种类如美元、欧元、英镑、日元期货交易等。外汇期货交易是进出口商、商业银行规避汇率风险的主要手段之一。

3. 股价指数期货交易

股价指数期货交易是以某种股票价格指数为标的物的期货合约。由于股价指数没有具体的实物形态，交易时只能把股价指数的点数换算成规定的某一货币单位进行结算。因而，股指期货交易没有实物交割，这是股价指数期货与其他标的物期货的最大区别。

三、金融期权交易

（一）金融期权交易的概念

期权（options）是一种选择权，期权交易就是交易双方关于未来买卖权利达成的合约。金融期权交易是指赋予期权购买方在约定期限内按双方约定的价格购买或出售一定数量某种金融资产权利的标准化合约。期权的买方（权利方）通过向卖方（义务方）支付一定的费用（期权费或权利金）获得一种权利，即有权在约定的时间以约定的价格向期权卖方买入或卖出约定数量的某种金融资产，如某种股票或股价指数。当然，买方（权利方）也可以选择放弃行使权利。如果买方决定行使权利，卖方就有义务配合。对于期权的买方来说，期权合约赋予他的只有权利，而没有任何义务。对期权的出售者来说，他只有履行合约的义务，而没有任何权利。

按期权购买者的权利不同，可分为看涨期权（call option）和看跌期权（put option）。凡是赋予期权购买者买进某种标的资产权利的合约，称为看涨期权；而赋予期权购买者出售某种标的资产权利的合约，称为看跌期权。期权交易是在期货交易基础上创新的一种衍生金融工具，其主要目的还是为了规避价格、利率和汇率风险。期权交易一般在期权交易所开展，但也有场外期权交易。1973 年芝加哥期权交易所首次把期权引入有组织的交易所交易。我国的金融期权交易始于 2015 年 2 月 9 日上海证券交易所上市的上证 50ETF 期权合约，其合约标的为“上证 50 交易型开放式指数证券投资基金”。

按期权购买者执行期权的时限划分，期权可分为欧式期权和美式期权。欧式期权的买者只能在期权到期日才能执行期权（即行使买进或卖出标的资产的权利）。而美式期权允许购买者在期权到期前的任何时间执行期权。

按照期权合约的标的资产划分，金融期权交易可分为利率期权、货币期权、股票期权、股价指数期权、期货期权等。

（二）期权交易与期货交易的区别

1. 权利和义务不同

期货合约的双方都被赋予相应的权利和义务。而期权合约只赋予买方权利，卖方无任何权利，他只有在对方履约时进行对应标的物买卖的义务。特别是美式期权的买方可在约定期限内的任何时间执行权利，也可以不行使这种权利，期权的卖方则须准备随时履行相应的义务。

2. 标准化不同

期货合约都是标准化的，因为是在交易所中交易的，而期权合约则不一定。在场外交易的现货期权是非标准化的，但在交易所交易的现货期权和所有的期货期权则是标准化的。

3. 风险不同

期货交易双方所承担的盈亏风险都是无限的。而期权交易卖方的亏损风险可能是无限的，也可能是有限的，因为其盈利以期权费为限；期权交易买方的亏损风险是有限的（以期权费为限），盈利风险可能是无限的。

4. 保证金不同

期货交易的买卖双方都须交纳保证金。期权的买方则无须交纳保证金，因为其亏损不会超过他已支付的期权费，而在交易所交易的期权卖者也要交纳保证金，场外交易的期权卖方是否需要交纳保证金则取决于当事人的意见。

四、金融互换交易

金融互换交易（swaps）是在国际信贷市场上，不同的债务人由于融资条件差异导致融资成本、融资币种等与融资者本身期望产生背离，基于取长补短的考虑，在协商基础上，双方债务人将各自具有优势的债务与对方调换，从而起到规避利率风险，降低双方融资成本的目的。互换交易最常见的是货币互换交易和利率互换交易。

货币互换交易是指两个债务人将金额相同、期限相同，但货币种类不同的债务本金和利息同时调换，从而节省融资成本的合约。货币互换双方交换的仅是不同的货币本息，双方各自原有的债权债务关系不变。

利率互换是两个债务人在某一期限内，约定对相同数量的同种货币名义本金的利息额进行交换的合约。利率互换是相同币种债务的利息调换，通过调换，双方都能够节省融资成本，获得共赢。同样也不会改变各自原有的债权债务关系。

第五节 外汇市场和黄金市场

一、外汇市场

（一）外汇市场概述

外汇市场是以各种外汇为交易对象的市场，表现为交易双方按约定汇率和金额买入一种货币卖出另一种货币的交易合约，包括本币与外币的交易、外币与外币的交易。

外汇市场是一个批发交易和零售交易并行的市场，批发交易主要在机构之间进行，特别是商业银行之间，以及商业银行与非银行金融机构、外汇经纪人、进出口商之间，主要用于外汇头寸调度或套期保值。此外，中央银行出于稳定本币汇率的目的，也经常参与外汇市场交易。零售交易主要发生在商业银行与企业、个人客户之间，主要满足进出口贸易和非贸易需求。

外汇市场的交易，使各国间债权债务关系的货币清偿和资本的国际流动得以形成，实现购买力的国际转移，并对国际贸易中进出口商进行融资，从而加速了国际资金周转，调剂资金余缺。此外，商业银行和进出口商利用外汇市场的各种外汇买卖业务，可有效规避汇率风险。

国际外汇市场是一个没有统一交易场所的无形市场，通过专用的网络系统连接了世界各地的市场参与者。基于全球主要金融中心的地理位置不同，亚洲市场、欧洲市场、美洲市场因时差关系，连城一个全天 24 小时不间断交易的全球外汇市场。早上 8：30（纽约时间）纽约市场开市，9：30 芝加哥市场开市，10：30 旧金山开市，18：30 悉尼开市，19：30 东京开市，20：30 新加坡、中国香港开市，到凌晨 2：30 法兰克福开市，3：30 伦敦市场开市。这种连续交易，为各类投资者交易提供了极大的便利性，保证了外汇市场的流动性。据国际清算银行（BIS）统计数据，2019 年 4 月，全球外汇交易量日均高达 6.6 万亿美元。较 2016 年同月的 5.1 万亿美元增长了 29%。

（二）外汇市场的交易方式

外汇市场上的交易按不同的标准有不同的种类。按合同的交割期限不同，可分为外汇即期交易和外汇远期交易；按交易目的来划分，可分为因国际贸易和跨国投资等引起的商业性外汇交易，因规避汇率风险而进行的外汇远期交易、外汇期货交易、外汇期权交易、外汇掉期交易等，因稳定汇率而开展的中央银行外汇交易。

➢ 专栏阅读与分析

全球主要外汇市场交易规模排名

根据国际清算银行（BIS）的一项调查报告显示，2019 年 4 月，全球外汇交易市场上，市场规模和占比保持第一位的是英国伦敦，其日均交易额是 3.58 万亿美元，占全球外汇交易量的 43.1%。1979 年，英国外汇管制取消，伦敦开始成为金融交易的中心，从外汇到债券到衍生品和基金管理，这也让英国成为世界上最大的金融服务净出口国家。

排名第二位的是美国纽约，其日均交易额为 1.37 万亿美元，占全球外汇交易量的 16.5%。纽约外汇市场不仅是美国外汇业务的中心，也是全球美元交易的清算中心。

新加坡外汇市场则以 6 330 亿美元排名第三，占全球外汇交易量的 7.6%。得益于独特的地理位置，新加坡外汇市场发展迅速，并在 2013 年超过日本，成为全球第三大外汇交易中心，2019 年蝉联亚洲第一，且外汇交易量仅次于英国和美国。

中国香港以 6 320 亿美元位居第四，占全球外汇交易量的 7.6%。排名第五的是日本东京，日均交易量为 3 760 亿美元，占全球外汇交易量的 4.5%。第六名是瑞士苏黎世，日均外汇交易量约 2 760 亿美元，占全球外汇交易量的 3.3%；第七名是法国巴黎，日均外汇交易量为 1 670 亿美元，占全球外汇交易量的 2.0%；中国（上海）外汇交易中心以 1 360 亿美元进入全球第八大外汇交易中心之列，占全球外汇交易量的 1.6%。

BIS 这份针对包括 53 个主要国家近 1 300 家银行及其金融机构的调查显示，美元仍保持全球货币主导地位，在所有交易货币中占比 88%，欧元交易份额有所上升，达到 32%。相比之下，日元下降了约 5%，但仍是第三大活跃交易货币（占比 17%）；其次分别是英镑（13%）、澳元（7%）、加元（5%）以及瑞郎（5%）。人民币保持全球第八大货币地位，占比 4.3%。

资料来源：新浪财经官方微博账号. 2019－09－17.

二、黄金市场

（一）黄金市场和黄金的金融属性

黄金以其稀有的自然属性和社会属性成为财富的象征，而且作为国际间的最后支付手段，执行世界货币的职能，黄金市场一直是国际金融市场的一个重要组成部分。

在典型的金本位制下，黄金作为本位币的地位，决定了黄金市场在金融领域起着非常重要的作用，主要表现为通过黄金市场来稳定币值以及通过黄金自由输出入来稳定汇率两个方面。随着金本位制在20世纪30年代的崩溃，黄金的货币职能大为削弱，黄金市场在金融市场中的地位也逐步下降。1944年7月以后，随着以美元为中心的国际货币体系建立，黄金市场与金融市场的联系主要靠黄金与美元的固定比价关系来维持。1976年牙买加协议宣告"黄金非货币化"，彻底隔断了黄金与货币的固定联系，黄金逐步丧失其货币的职能，成为贵金属商品，黄金市场恢复其商品市场的本来面目。

与没有内在价值的信用货币不同，黄金天然具有内价值，且长久以来被社会广泛认可，这种特有属性，使黄金在当今社会仍然具有很强的金融属性。表现在下列两方面：第一，黄金储备一直是世界各国国际储备多元化构成的重要组成部分。据世界黄金协会发布的数据显示，截至2019年10月，全球官方黄金储备共计34 500.9吨。其中，欧元区（包括欧洲央行）共计10 776.2吨，占其外汇总储备的57.4%。美国黄金储备8 133.5吨，占外汇储备77.04%，是全球持有黄金储备最多的国家。中国的黄金储备占外汇储备比重为2.94%①。第二，黄金作为一种具有避险特征的金融资产在国际金融市场为投资者所熟悉。由于黄金的稀缺性和储存优点，黄金资产的价值受经济周期和通货膨胀的影响较小，黄金是几乎没有信用风险的金融资产，所以一旦金融市场出现较大波动时，黄金资产的避险特征就会凸显。世界各主要金融市场的黄金ETF（交易型开放式指数基金）近年来交投十分活跃，黄金期货、黄金期权及黄金ETF已成为国际金融市场上重要的风险对冲工具和投机工具。

黄金市场早在19世纪初就已形成，是最古老的金融市场。其中伦敦、纽约、苏黎世、香港的黄金市场被称为四大国际黄金市场。我国的黄金市场开放的标志是成立于2002年10月的上海黄金交易所，2016年4月发布全球首个以人民币计价的黄金基准价格"上海金"，提升了我国黄金市场的定价影响力。

（二）黄金交易

黄金的交易单位国际上统一用盎司（ounce）表示，盎司最初是作为酒的容量单位，这时英制盎司和美制盎司稍有差别。作为重量单位，1盎司公制重量约为28.35克。在贵金属市场上，作为金衡单位，1盎司重量约为31.1035克。

作为最古老的金融市场，黄金市场在国际上已经有300多年的历史。黄金交易的方式有现货交易、远期交易、期货交易、掉期交易、期权交易等。成立于1919年的伦敦黄金市场是国际最著名的黄金市场，作为国际黄金定价基准的"伦敦金"就是伦敦黄金市场的现货黄金交易，以美元标价，合约最低交易单位1手，1手为100盎司，每盎司为31.1035克，1手约为3千克。伦敦金采用保证金交易，T+0交割机制，可以双向交易，既可以做多也可以做空，且无涨跌幅限制。伦敦金交易是全球市场网络联动交易，

① 王蓓．黄金储备：全球竞相增持的压舱石．中国黄金网，2020-1-7.

可以实现24小时交易，全球每日有20万亿的交易额。纽约商品交易所是全球第二大黄金交易市场，主要以黄金期货交易为主，COMEX黄金是其代表性品种，COMEX的黄金期货价格对全球黄金现货市场价格有重要影响力。国际黄金价格主要由伦敦黄金现货价格和COMEX黄金期货价格共同决定。

➢ 本章小结

（1）金融市场是经济主体进行资金借贷和金融工具交易的市场。金融市场按照金融工具交易的期限不同，可以分为货币市场和资本市场；按照交易的金融工具不同，可以分为票据市场、证券市场、衍生金融市场、外汇市场、黄金市场。

（2）金融市场作为要素市场，是市场体系的重要组成部分，在市场机制中扮演着主导和枢纽的角色，具有资金集聚功能、资源配置功能、经济调节功能、信息反映功能。

（3）货币市场是期限在一年以内的金融工具交易的市场。货币市场的主要交易是为了满足经济主体短期流动性资金需求。货币市场就其结构而言，包括同业拆借市场、短期政府债券市场、回购协议市场、票据市场、大额可转让定期存单市场。货币市场基本上是一个以机构为主的批发交易市场，个人投资无法直接参与。

（4）资本市场是期限在一年以上的中长期金融工具交易的市场，其基本功能是满足经济主体中长期投资性资金需求。其市场结构主要包括股票市场、债券市场和证券投资基金市场。狭义的资本市场主要是指证券市场，证券市场有一级市场和二级之分。

股票一级市场是新股票发行的市场，包括发行方式选择、选定承销商、编制招股说明书、发行前的路演、发行定价、销售与申购等阶段；股票二级市场是已经发行的股票，在投资者之间流通转让的市场，为了适应不同规模、不同资质融资者的需求，资本市场逐渐形成了多层次的结构，包括证券交易所交易和场外交易两个层次。其中场外交易又可分为二板市场、三板市场甚至四板市场等。

（5）衍生金融市场是由基础性金融工具派生的新型金融工具交易的市场。衍生金融工具通常包括金融远期合约、金融期货合约、金融期权合约、金融互换协议等。

（6）外汇市场是以各种外汇为交易对象的市场，包括本币与外币的交易、外币与外币的交易。国际外汇市场是一个批发交易与零售交易并行的无形市场。黄金以其稀有的自然属性和独特的社会属性成为财富的象征。如今，黄金已不再是法定货币，然而其作为国际间的最后支付手段，执行世界货币的职能。黄金市场一直是国际金融市场的一个重要组成部分。

➢ 关键术语

货币市场　资本市场　衍生金融市场　一级市场　二级市场　公募　私募　场外交易　创业板市场　同业拆借　国库券　回购协议　大额可转让定期存单　银行承兑汇票　商业票据　普通股　优先股　债券　证券投资基金　金融远期　金融期货　金融期权　金融互换　外汇市场　黄金市场

➢ 思考与练习

(1) 金融市场的功能有哪些?

(2) 比较一级市场与二级市场的联系与区别。

(3) 比较货币市场与资本市场的区别。

(4) 国库券的投资有哪些特点?

(5) 大额可转让定期存单的投资有哪些特点?

(6) 债券与股票的区别有哪些?

(7) 证券投资基金的投资特点有哪些?

(8) 金融期权交易与金融期货交易的区别有哪些?

➢ 进一步学习的资源

[1] 宋鸿兵. 货币战争 [M]. 北京：中信出版社，2007.

[2]《华尔街》(Wall Street). 21 世纪福克斯电影公司出品，1987.

CHAPTER 7

第七章　存款类金融机构

➢ **本章导入**

金融机构按照是否吸收公众存款，可以分为存款类金融机构和非存款类金融机构两类。存款类金融机构的基本特征是以吸收公众存款特别是活期存款为主要负债，以发放贷款为主要资产。存款类金融机构包括商业银行、合作金融机构、储蓄机构等。其中商业银行在现代金融机构中数量最多、规模最大、地位最重要，与我们日常经济生活联系最密切。本章重点介绍商业银行的业务及经营管理的基本知识，同时认识合作金融机构、储蓄机构的特性。

➢ **学习本章后，你将能够：**

- 认识商业银行的性质和职能
- 弄清商业银行的基本业务
- 理解商业银行的信用创造原理
- 掌握商业银行经营原则及管理理论
- 认识合作金融机构、储蓄机构的性质和业务特征

第一节　商业银行概述

一、商业银行的产生

商业银行作为办理货币信用业务的金融机构，是适应经济发展需求的专业分工的产物，其产生经历了三个阶段。

1. 货币兑换商

早在 14 ~15 世纪的欧洲，特别是地中海沿岸的意大利，贸易已经相当繁荣。贸易发展使得各国商人的往来大大增加，市场上的货币种类日益增多，因货币的不同造成的交易困难日益突出。为此，一些专门从事货币兑换业务的商人逐渐从一般商人中分离出

来。这些商人被称为货币兑换商（money dealer），他们所从事的行业称为银钱业（banking）。其主要职能有：（1）铸币及货币金属的鉴定和兑换；（2）货币保管；（3）货币汇兑。随着贸易和货币流通不断扩大，货币兑换商手中逐渐积累起大量的货币，他们为了获得更多的收益，就开始利用积累起来的暂时闲置的货币，从事一些可以获得利息收入的借贷活动，于是，古老的货币经营业就发展成为办理存款、贷款和货币汇兑的银行业，具备了银行的一些本质特征。

2. 早期的银行

16世纪西欧开始进入资本主义时期。在贸易发达的意大利、荷兰等城市出现了最早从事存款、贷款和汇兑的专业机构。如1580年设立的威尼斯银行，1593年设立的米兰银行，1609年的阿姆斯特丹银行。这些早期银行的贷款对象主要是政府，具有高利贷性质，普通工商业者难以从它们那里获得贷款。因此，早期的银行不能适应资本主义工商业发展需要。

3. 现代商业银行

现代商业银行是以工商业贷款为主要业务，贷款利率适中，适应了资本主义工商业的发展，逐渐成为主流金融机构。公认最早的现代银行是1694年在英国政府支持下创办的股份制银行——英格兰银行。其贴现率定为4.5%～6%，大大低于早期银行。现代银行主要通过两条途径产生：一是旧的高利贷性质银行适应新的形势转变为以工商业为主要服务对象的现代银行；二是按照股份制原则直接组建的现代银行。英格兰银行的设立标志着现代银行制度的开始。此后，欧洲各国在18世纪末到19世纪初纷纷建立起现代银行制度。

我国的现代银行出现较晚。尽管在历史上有过票号和钱庄的存在，但它们都属于早期银行，与现代商业银行相差甚远。直到1897年由商人资本在上海设立了股份制的中国通商银行，才标志着中国现代银行业的开始。

二、商业银行的性质与职能

现代商业银行是经营货币信用业务的特殊金融企业。商业银行之所以是特殊的金融企业，首先是由于其经营对象的特殊性，以货币信用业务为对象。其次，商业银行不同于中央银行和其他金融机构。商业银行是能够吸收公众存款特别是活期存款，具有信用创造功能的金融机构。职能是性质的具体体现，商业银行的主要职能有：

1. 信用中介

信用中介是商业银行通过负债业务把社会上的闲散货币资金集中到银行，再通过资产业务把这些货币资金投放给社会各经济主体。在这个过程中，商业银行作为货币资金的贷出者和借入者的中介人完成了货币资金融通。通过信用中介的职能，商业银行把资金从盈余单位转给赤字单位，把资金从消费领域转移到生产领域，把小额货币转化为大额资本，把短期资金转化为长期资本，把资本由低效率的部门转移到高效率的部门，实现资源优化配置。

2. 支付中介

商业银行的支付中介职能是通过存款在不同账户间的转移，商业银行代理客户完成货款支付和债务偿还。在存款的基础上，为客户兑付现金，并成为企业、单位和个人的货币保管者、出纳者和支付代理人。商业银行支付中介职能大大减少了现金的使用，节约了流通费用，并加速了资金的周转。

3. 信用创造

商业银行利用其所吸收的存款发放贷款，在转账结算的基础上，贷款又转化为存款。在存款不完全提取现金的前提下，存款的反复贷放会在整个银行体系形成数倍于原始存款的派生存款。当然，商业银行的信用创造受一些因素的限制，这些因素包括中央银行的存款准备率、现金漏出率、商业银行的超额准备率等。商业银行的信用创造职能，将在本章第二节中详细阐述。

4. 金融服务

商业银行通过多种金融业务联系着社会各经济主体，收集并加工信息，拥有专业人才多、技术更新快的优势，这为其开展金融服务提供了有利条件，如咨询业务、代理业务、理财业务、保管箱业务、承诺和担保业务等。金融服务已成为现代商业银行重要的职能。

➢ 专栏阅读与分析

现代商业银行的出现

银行最早出现在什么时候呢？语言学和词源学为我们讲述了一个关于银行起源的故事。几世纪以前，古法语“banque”和意大利语“banca”意为“板凳”或“钱币兑换桌”。历史学家发现，最早的银行家出现在2000年前，他们坐在小桌子旁或在商业区的商店里，从事钱币兑换活动，帮助那些来镇上旅行的人把外国货币换成当地的货币或进行票据贴现业务，为商人提供流动资金，并从中收取手续费。

最初，这些银行家可能用他们自己的资金来完成这种兑换活动。不久以后，他们便吸引存款，从有钱的顾客那里获得贷款资金，成为银行资金的重要来源。然后，他们冒着极大的风险，但以最低每年6%、最高每月48%的利率向商人、货主、地主提供贷款。早期大大小小的银行多由希腊人经营。

银行业逐渐从文明古国希腊和罗马向外传到了欧洲西部和北部。中世纪时期，由于穷人贷款的利率过高，银行业受到宗教的反对。然而，随着中世纪结束，文艺复兴的到来，银行贷款或存款主要面向比较富裕的顾客，这样就缓解了宗教对银行的反对。

随着15~17世纪陆地贸易线不断延伸，航海能力不断提高，世界商业中心逐渐由地中海地区转移到欧洲及大不列颠岛，在那里银行业成了主要的产业。这一时期播下了工业革命的种子。工业革命需要完善发达的金融系统，特别是采用机器化大生产需要相应扩大全球贸易来吸收工业产品，需要新的支付和信贷方式。在意大利 Medici bank 和德国 Hochstetter Bank 的带动下，能够满足这些需要的银行迅速发展。

许多年以前，欧洲人害怕因战争、偷盗或政府没收而失去他们的财产，就把有价值的东西（比如金条、钱币）交给银行保管，所以欧洲早期银行是专门从事保管业务的。那些在海上运输货物的商人发现，把别人支付的金子或银子带在身上是很危险的，因为可能会遇上海盗或风暴，可如果放在银行里就安全多了。英国亨利八世和查尔斯一世统治时期，政府大肆收敛私人金银，导致人们把金银存入金匠商店，而金匠向这些顾客签发凭证来证明他们曾存过东西。不久，因为金匠凭证比金银携带方便，又不危险，就作为钱币开始流通。金匠也提供价值鉴定服务——现在我们称之为资产评估。顾客可以让专家鉴定金、银、珠宝及其他有价值的东西——现在许多银行仍然为顾客提供这种服务。

资料来源：彼得·S. 罗斯著. 刘园等译. 商业银行管理［M］. 北京：机械工业出版社，2001：4.

三、商业银行的组织形式

商业银行的组织形式主要有单一银行制、分支银行制、控股公司制（集团银行制）、连锁银行制四种。

（一）单一银行制

单一银行制是指银行业务由各自独立的商业银行来经营，法律上禁止或限制银行设立分支机构。单一银行制仅在美国的历史上出现过。实行这种银行制度的主要出发点是限制垄断。据美国联邦存款保险公司（FDIC）网站[1]统计数据，1935 年美国共有商业银行 14 125 家，其中单一银行（unit banks）有 13 329 家，占比 94%。自 20 世纪 70 年代后，监管部门开始放松对银行设立分支机构的限制，1997 年后《跨州银行法案》的实施，银行设立分支机构已不存在实质性限制。但由于历史原因及各州的限制，至今美国仍有不少单一制银行。截至 2018 年，美国共有参加联邦存款保险的商业银行 4 718 家，其中单一银行仍有 879 家，占比 18.63%。

（二）总分行制

总分行制又称为分支行制，是在大城市设立总行，在各地设立分支机构，形成庞大

① 美国联邦存款保险公司. http：//www. fdic. gov/bank/statistical/.

的银行网络。目前世界各国一般都采取这种银行组织形式。总分行制的优点是：（1）经营规模大，有利于获得规模效益；（2）分支行遍布各地，有利于吸收存款，便于在各分支机构间调剂资金，使资金获得有效利用；（3）分支行制的银行法人数量少，便于国家直接控制和管理。总分行制的缺点是总行与分支行之间管理层级多，如果总行缺乏有效的管理制度，银行管理效率会下降。

（三）金融控股公司制

金融控股公司制又称集团银行制，是由一个控股公司持有多家银行股份，或者控股公司下设多家不同类型的金融子公司的组织形式。一些大银行通过控股公司把许多小银行置于自己的控制之下，称为银行控股公司。银行控股公司制在美国最为流行。通过银行持股公司，银行间接地进入了投资、信托、租赁、保险等多种非银行金融业务领域。金融控股公司制的缺点是易于形成垄断。无论欧美国家还是中国，金融控股公司制已经成为现代银行组织形式的主流模式和新趋势。

（四）连锁银行制

连锁银行制是指由同一个人或某一个集团购买多家独立银行的多数股票，从而控制这些银行的组织形式。在连锁制下两家或两家以上的银行表面上都保持其独立性，但所有权则为同一企业家所有。连锁银行在美国中西部较为发达，只是其重要性远不如集团银行。

四、商业银行制度

银行能够经营的业务范围通常由法律规定。按照银行经营范围的不同，商业银行制度可以分为分业银行制度和全能型银行制度。

（一）分业银行制度

分业银行制度（fragmented banking），是指商业银行只能从事存贷款等银行业务，不能兼营证券、保险等金融业务的银行制度。分业银行制度是实行金融分业经营制度的重要特征。分业银行制度优点是：（1）可以保证金融业有序竞争，防止资本过分集中和垄断；（2）有利于银行经营的集约化，降低经营风险。因为商业银行经营证券业务会扩大银行风险，影响银行稳健经营。但随着现代商业银行的发展，这种制度也存在一定缺陷，比如它限制了商业银行的发展壮大，不利于密切商业银行与企业的关系，使商业银行的经营缺乏灵活性。日本、美国（1999 年以前）和中国属于分业银行制度。我国当前实行金融分业经营制度。

（二）全能型银行制度

全能型银行制度（universal banking）也称综合经营制度、混业经营制度，是指商业银行可以经营多种金融业务的银行制度。其最大的特点是商业银行不仅可以从事银行业务，而且可以全面经营证券、保险、投资等其他金融业务。在世界各国中，实行全能型银行制度的国家最典型的有德国、荷兰和卢森堡等国家。

全能型银行制度的优点在于：（1）商业银行可以为客户提供更为广泛的金融服务，有利于稳定客户，扩大市场份额。（2）可以方便商业银行与客户之间的联系，增加银行对客户的黏性。（3）能够获得“范围经济”和“规模经济”的益处。比如利用全能银行的协同效应，可以向客户交叉销售金融产品，由此不仅可以节省运营成本，从而增加盈利，也有利于分散经营风险。

但是这种银行制度下，会出现一些规模庞大的金融机构，易形成垄断，进而导致“大而不倒”（too big to fail），给金融风险防范和处置带来新的难题。

尽管如此，全能型银行制度在国际金融市场表现出了强大的生命力。特别是20世纪90年代以来的全球银行业第五次并购浪潮的兴起，使得全球银行业不断向大型化、国际化和全能化方向发展。美国政府也在金融自由化的浪潮下，于1999年11月通过了《金融服务现代化法案》[1]，废止了实行60多年之久的《格拉斯—斯蒂格尔法》[2]，标志着银行业与证券业从分业经营到混业经营的转变。全能型银行制度已经成为国际银行业的发展趋势。

■ 拓展学习资料：美国金融业综合经营和风险防控

7-1

第二节 商业银行的业务

商业银行的业务按照性质不同，可以分为负债业务、资产业务和表外业务三大类。

一、负债业务

负债业务是形成商业银行资金来源的业务，负债业务是银行开展经营活动的基础。

① 《金融服务现代化法案》（*Financial Services Modernization Act*），也称《格雷姆—里奇—比利雷法案》（*Gramm - Leach - Bliley Act*），废除了1933年制定的《格拉斯—斯蒂格尔法案》有关条款，从法律上消除了银行、证券、保险机构在业务范围上的边界，结束了美国长达66年之久的金融分业经营的历史。

② 《格拉斯—斯蒂格尔法》（*Glass - Steagall Act*），也称作《1933年银行法》，在20世纪30年代大危机后的美国立法，将投资银行业务和商业银行业务严格地划分开。

商业银行的负债业务包括资本金、存款负债和非存款负债三类（见图7－1）。

- 负债业务
  - 资本金
    - 核心一级资本
    - 其他一级资本
    - 二级资本
  - 存款负债
    - 活期存款
    - 定期存款
    - 储蓄存款
    - 大额可转让存单
  - 非存款负债
    - 同业拆借
    - 向中央银行借款
    - 回购协议
    - 发行金融债券

图7－1　商业银行的负债业务

（一）银行资本金

银行资本金即银行经营的本钱，是银行出资者投入的资本、历年积累的准备金和留存盈余。资本金是商业银行开展经营的基础，是抵御经营风险的最后准备，也是衡量银行实力和维护银行信誉的保证。对新设立的银行，各国都以法律规定最低注册资本标准。经营过程中，还要求银行随着资产规模的扩张和经营风险大小及时补充资本，使资本与资产保持一个适当的比率。

银行资本金可以有不同的分类。按资本金筹措方式，可分为产权资本和债务资本。产权资本主要指普通股、优先股、资本公积金、各种风险准备金和未分配利润；债务资本是银行通过发行资本性金融债券筹集的长期债务，属于准资本。

按照《巴塞尔协议Ⅲ》的标准，银行资本分为一级资本和二级资本，其中一级资本又划分为核心一级资本、其他一级资本。

1. 一级资本与二级资本

一级资本（tier－1 capital）也称为核心资本，是银行真正意义上的自有资本。包括实收资本或普通股、资本公积、盈余公积、未分配利润、一般风险准备金等，这些也是银行的核心一级资本。核心一级资本就是银行的所有者权益部分。一级资本除了核心一级资本外，还包括其他一级资本，商业银行发行的可赎回优先股属于其他一级资本。二级资本（tier－2 capital）也称为附属资本，主要包括未公开储备、资产重估准备、超额准备金、二级资本债、可转债等。二级资本债务、可转债等是监管部门允许银行发行的专门用于补充资本不足的长期债务，也称为债务资本。债务资本是商业银行资本中特有的一项组成部分。

2. 资本充足率

资本充足率（capital adequacy ratio）是银行资本金与风险加权资产的比率。资本充足率是一家银行的资本总额对其风险加权资产的比率。中国银监会2013年开始实施的《商业银行资本管理办法（试行）》规定，商业银行资本充足率不得低于最低资本要求，具体分为三个层次：（1）核心一级资本充足率不得低于5%；（2）一级资本充足率不得低于6%；（3）资本充足率不得低于8%。

➢专栏阅读与分析

国际《巴塞尔协议》的起源与发展

《巴塞尔协议》是专门针对商业银行资本充足性衡量标准的国际性协议。作为一个国际性“公约”，该协议尽管没有法律强制力，但实践中已成为世界各国银行监管部门普遍执行的一个行业准则。目前《巴塞尔协议》已经历了三个阶段的发展历程。

最早的是于1988年7月由巴塞尔委员会颁布的《关于统一国际银行资本衡量和资本标准的协议》。当时西方12个发达国家的中央央行行长在瑞士巴塞尔召开专门会议，讨论加强国际银行业的资本监管问题，所以达成的协议简称《巴塞尔协议》。该协议的主要内容有两个：一是规定了银行资本的构成；二是规定了银行资本充足率的衡量标准。

2004年在第一版协议修改基础上，颁布了第二版，称为《巴塞尔新资本协议》(也称为《巴塞尔协议Ⅱ》)。第二版主要内容被称为三大支柱：一是最低资本规定。继承了第一版的资本定义和资本充足率标准，但在信用风险基础上，增加了市场风险和操作风险的资本要求，以及资产的风险计量方法；二是监管机构的监督检查；三是市场纪律。强调银行必须及时、准确对公众披露资本状况，接受市场监督。

2008年爆发的全球金融危机暴露出《巴塞尔协议Ⅱ》的不足，突出的就是缺乏防范系统性金融风险的监管框架。为此，巴塞尔委员会于2010年12月颁布了《巴塞尔协议Ⅲ》。第三版协议主要改进有三方面：一是把银行监管资本划分为核心一级资本、一级资本和二级资本三个层次（原划分为一级资本和二级资本两个层次）。二是大幅度提高了银行资本充足率标准。核心一级资本充足率不低于4.5%（原为2%）；一级资本充足率不低于6%（原为4%）；总资本充足率不低于8%。此外，还要求增设2.5%的留存超额资本，且必须由核心一级资本满足；同时增设了0～2.5%逆周期超额资本要求；对系统重要性银行还要求额外增加1%～3.5%的附加资本要求。三是引入宏观审慎监管理念，将系统性风险防范作为主要监管目标。

根据《巴塞尔协议Ⅲ》的精神，中国银监会已于2012年12月发布了《商业银行资本管理办法（试行）》，制定了适合中国情况的银行业资本监管新标准。规定从2013年1月开始实施，到2018年12月达标。

资料来源：[1] 巴塞尔协议. 百度网－百度百科.

[2] 银监会关于中国银行业实施新监管标准的指导意见. 中华人民共和国中央人民政府网. http：//www. gov. cn/gzdt/2011－05/03/content_1857048. htm.

（二）存款负债

存款负债是商业银行的主要负债业务，由于银行在存款业务中处于相对被动地位，故存款负债也称为被动负债。

1. 活期存款

活期存款（demand deposit）是一般不约定期限，随时存取的存款。活期存款是银行创造存款货币的基础，它不仅有支付手段、流通手段职能，还具有流动性强、派生能力强的特征，因此，活期存款也称为交易性存款。通常活期存款的存款准备金率较高。活期存款存取频繁，银行经营成本较高，但利息成本低。西方银行一般不支付利息，有时还收取一定额度手续费。由于活期存款传统上使用支票提款或转账，也称为支票存款。

2. 定期存款

定期存款（time deposit）是存入时约定期限，到期才能提取的存款形式。存款期限有几个月或几年不等，存期越长，利息越高。定期存款银行营业成本低，但利息成本高。定期存款不能直接签发支票进行转账，也称为非交易性存款。由于定期存款具有较强的稳定性，所以银行能够更灵活地使用这类存款。有的国家不对定期存款要求缴纳存款准备金，我国对活期存款和定期存款实行统一的法定准备金比率。

我国商业银行的活期存款和定期存款专指企业、单位在银行的存款，个人存款通常称为储蓄存款。

3. 储蓄存款

储蓄存款（savings deposit）是个人为积蓄货币和取得利息收入而开立的存款账户。国外银行的储蓄账户专指个人开立的定期存款账户，能够获得一定利息收益，不能签发支票转账。我国商业银行的储蓄存款包括活期储蓄存款和定期储蓄存款两种。

4. 大额可转让存单

大额可转让存单是银行发行的一种定期存款凭证。其特点是额度大且有金额起点要求、发行后可以公开转让。大额可转让存单属于银行的定期存款，但不同于普通定期存款的是：存单何时发行、发行多大额度，银行可以自行决定，是银行的一种主动性负债工具。

（三）非存款负债

非存款负债主要体现为银行的各种借款，尽管种类较多，但属于银行负债业务的补充。由于银行可以主动吸收资金，故也称为主动负债。非存款负债主要有下列四种形式：

1. 同业拆借

同业拆借（inter-bank offered credit）是指商业银行向其他银行或非银行金融机构的短期借款。同业拆借的主要目的是解决短期周转性资金不足，因此期限短是主要特点，少则数日，甚至一天或隔夜，多则不超过几个月；其次，同业拆借的交易者都是金融机构，安全性较高，通常无须抵押，手续简便，利率随行就市。

2. 向中央银行借款

商业银行发生临时性资金不足时，可以选择向中央银行借款。向中央银行借款主要有两种形式：一是直接借款。在我国也称为再贷款，是商业银行以合格的银行承兑票据、短期国债、央行票据等有价证券为抵押品向中央银行取得借款。二是再贴现（re-discount）。商业银行把已经贴现但未到期的商业票据向中央银行再次贴现，从而获得资金融通。在西方国家，票据市场发达，以再贴现为主。我国的票据市场不发达，主要以再贷款为主。再贷款和再贴现也是中央银行执行货币政策、调控货币供应量的政策工具。

3. 回购协议

回购协议（repurchase agreement）是指银行出售一笔证券的同时与买方签订协议，约定一定期限后按约定价格再买回该证券的融资活动。回购协议对出售证券的银行来讲，是为了满足临时性资金周转需要；对购买者而言则是一种短期投资。回购协议期限一般较短，从几周到几个月。回购协议的实质是一种以有价证券作担保的短期融资。

4. 发行金融债券

发行金融债券是银行长期借款的主要形式，在西方国家金融债券的期限有 10 ~ 30 年，这种长期债券筹集的资金通常用于补充银行资本金，属于资本性债务。我国商业银行发行的长期次级债券、混合资本债务也属于这类。商业银行也通过发行金融债券筹集长期信贷资金，这类债券属于一般性金融债券。

二、资产业务

资产业务是商业银行资金运用的业务，是形成银行盈利的主要来源。按资金运用方式不同，银行的资产业务可分为现金资产、贷款、票据贴现、证券投资。

（一）现金资产

现金资产是商业银行持有的库存现金以及与现金等同的可随时用于支付的流动性资产。银行的现金资产具体包括库存现金、存放中央银行存款、存放同业存款以及托收在途资金。资产是商业银行流动性最强的资产，是保证银行支付能力的基本资产。现金资产流动性最强，但盈利性最低甚至无盈利。因此，银行应在保证必要流动性支付前提下，尽可能压缩现金资产保有量。

（二）贷款

贷款是银行最基本的资产业务，也是银行的传统核心业务。商业银行贷款业务，按照不同的标准有不同的分类。按照期限，可以分为短期贷款、中期贷款和长期贷款；按照贷款的保障程度，可以分为信用贷款、担保贷款、票据贴现，其中担保贷款又包括抵押贷款、质押贷款、保证贷款三种；按照贷款风险程度，可以分为正常贷款、关注贷款、次级贷款、可疑贷款和损失贷款。

（三）票据贴现

票据贴现是商业银行买进未到期的票据，在扣除一定利息后向持票人支付现款的融资行为。银行通过贴现把未到期的票据款提前支付给持票人（票据原债权人），取得票据债权人身份，票据到期向债务人收回票款，从而收回贴现融资。贴现作为一种特殊的贷款方式，与贷款的不同点主要体现为：贴现是以票据为质押的融资；贴现是利息预扣，一般贷款是贷款发放之后收取利息。

银行办理贴现业务时，在审查票据合格后，首先计算出贴现利息，然后从票据面额中扣收贴现利息，并将实付贴现金额（贴现净额）支付给持票人或贴现申请人。

贴现利息和实付贴现金额计算公式为：

$$贴现利息 = 票面金额 \times 贴现率 \times 贴现期限$$

$$实付贴现金额 = 票据面额 - 贴现利息$$

票据是一种规范的债权债务凭证，经过承兑的商业票据信用有保障，可以在票据市场流通转让，有较好的流动性，而且贴现利率一般比贷款利率低。因此，贴现是企业短期融资的有效工具，也是银行易于接受的一种金融工具。

（四）证券投资

证券投资是商业银行在证券市场买卖有价证券，获得投资收益的资产业务。银行投资有价证券主要是为了保持资产流动性，弥补贷款资金流动性不足的缺陷，其次是分散和降低资产风险。因此，银行证券投资的对象主要是政府债券、金融债券、中央银行票据等信用度较高的债券，通常不投资股票。

三、表外业务

表外业务（off-balance sheet activities）是指商业银行所从事的按照现行会计准则不计入资产负债表内，不形成现实资产负债，但能改变银行损益的业务。狭义的表外业务是指那些未列入资产负债表，但同表内资产和负债业务关系密切，并在一定条件下会转变为表内资产或负债业务的经营活动，它们通常被称为或有资产和或有负债，即有风险的表外业务。广义的表外业务除了狭义的表外业务外，还包括支付结算、代理、信托、理财、咨询等无风险的经营活动，即无风险的表外业务。无风险的表外业务在我国银行通常称为中间业务。中间业务更多地表现为银行的传统业务，通常没有风险；表外业务则更多表现为创新业务，有风险甚至有较大风险。

第三节 商业银行信用创造及经营原理

一、原始存款与派生存款

商业银行的经营活动对货币运行有极为重要的影响，首先，因为商业银行机构多、规模大、业务广泛，是整个社会货币运行的最主要载体；其次，商业银行办理活期存款，具有信用创造的功能，也称为存款货币创造。即当银行初始吸收了一笔存款（原始存款）后，经过其贷款业务经营，从整个银行体系来看，最终会创造出数倍于初始存款量的存款（派生存款）。

原始存款（primary deposit）是银行吸收的现金存款或中央银行对商业银行贷款所形成的存款；派生存款（derivative deposit）是由商业银行发放贷款、办理贴现或投资业务活动衍生出来的存款。派生存款产生过程就是商业银行吸收存款、发放贷款，形成新的存款，最终导致整个银行体系存款总量增加的过程。

二、商业银行存款货币创造条件及基本原理

（一）存款货币创造的条件

存款的初始增加要引起多倍的派生存款创造，需要具备两个基本条件，即部分准备金制度和转账结算制度：第一，部分准备金制度。即对于吸收的存款，银行必须按一定比例提留存款准备金，以应付存款提取，其余部分可以用于放款。假如是全额准备金制度，银行就不可能拿出一部分存款去贷款或投资，也就没有创造存款的可能。所以，部分准备金制度是银行创造信用的基本前提条件。第二，非现金结算制度。银行建立的支付清算系统，使人们的资金往来通过转账结算即可完成，无须使用现金，这样现金留在银行为存款创新提供了可能。如果不存在非现金结算，一切贷款都必须付现，银行就没有创造信用的可能。

（二）存款货币创造的原理

为了更清晰地说明银行体系的信用创造原理，我们做如下假定：①银行的客户将其全部货币收入都存入银行，而不提取现金；②银行按照法定存款准备金比率提取存款准备金，不保留超额准备金。在此假设法定存款准备金比率为20%。

假设甲银行接收了客户 A 的现金存款 10 000 元。它必须按照规定提取现金准备 2 000 元，以应付客户提现的需要，其余 8 000 元则为可贷出部分。经过接受存款和发放贷款这两次交易以后，甲银行的资产负债情况如表 7－1 所示。

表 7－1　甲银行的资产负债表　单位：元

资产		负债	
法定准备金	2 000	活期存款——客户 A	10 000
贷款	8 000		
资产合计	10 000	负债合计	10 000

假定甲银行将 8 000 元贷给客户 B，B 以此向 C 购买商品，C 将收到的 8 000 元存入乙银行。乙银行在保留 20% 的准备金，即 1 600 元后将其余的金额全部贷出，乙银行的资产负债情况如表 7－2 所示。

表 7－2　乙银行的资产负债表　单位：元

资产		负债	
法定准备金	1 600	活期存款——客户 C	8 000
贷款	6 400		
资产合计	8 000	负债合计	8 000

假定乙银行将 6 400 元贷给客户 D，而 D 又全部用来购买 E 的商品，E 将收到的 6 400 元全部以活期存款的形式存入丙银行，丙银行依法留出 20% 即 1 280 元，并将其余的 5 120 元全部贷出……这一存款、贷款过程可以无限地继续下去。从整个银行体系来看，会形成数倍于原始存款的派生存款额。派生存款过程如表 7－3 所示。

表 7－3　银行体系的存款派生过程　单位：元

存款转存次数	存款账户余额	存款准备金（20%）	银行可发放贷款余额
甲银行（第一次）	10 000	2 000	8 000
乙银行（第二次）	8 000	1 600	6 400

续表

存款转存次数	存款账户余额	存款准备金（20%）	银行可发放贷款余额
丙银行（第三次）	6 400	1 280	5 120
……	……	……	……
总计	50 000	10 000	40 000

上述原始存款、派生存款总额、法定准备金率之间的数量关系，可以用公式表示如下：

$$D = B \cdot \frac{1}{r_d} \tag{7.1}$$

公式（7.1）中，D 表示包括原始存款在内的派生存款总额；B 表示原始存款；r_d 表示法定存款准备金率。其中 $1/r_d$ 是存款扩张乘数。前面例子中，存款扩张乘数是 5 倍（1/20%），原始存款额为 10 000 元，理论上可计算出包括原始存款在内的派生存款总额为 50 000 元。其中，40 000 元为派生存款增加额。若 r_d 降为 10%，则存款乘数扩张至 10 倍；若 r_d 提高到 25%，则存款乘数缩减到 4 倍。显然，存款准备金率越高，存款扩张的倍数越小；反之，存款准备金率越低，存款扩张的倍数越大。

三、制约银行存款货币创造的因素

整个商业银行体系创造存款货币的能力并不是无限的，这是因为存款货币的创造，不仅要受法定准备率的制约，而且还要受现金漏损率、超额准备率等因素的影响。

（一）法定存款准备率对存款货币创造的制约

中央银行规定法定存款准备率的目的，就是要限制商业银行创造存款货币的能力。例如，在法定准备率为 10% 的情况下，商业银行吸收 20 万元的活期存款，则必须至少保持 2 万元的法定准备金，其他部分才能用于放款。设 K 为商业银行体系创造存款的乘数，则 $K = 1/r_d$。所以，整个商业银行体系创造存款货币的数量受法定准备率的制约，其倍数与存款准备率是一种倒数关系。

（二）现金漏损率对存款货币创造的制约

前面假定，银行的存款中无提取现金的现象，实际上这在现实生活中并不存在，多数存款户总会有提现行为。所谓现金漏损，是指银行存款中的提现现象，即总有一部分存款被客户以现金形式提取，流出银行系统。现金漏损与活期存款总额之比称为现金漏损率，也称提现率，一般以 C' 来表示。这个比率高，说明流出银行的现金就多，银行系统的现金储备相应减少，所创造的派生存款也相应减少。反之，提现率较低，说明流出银行的现金较少，银行系统的现金储备也较多，所创造的派生存款就相对多些。所以，现金漏损率对商业银行存款货币创造的制约与法定准备率具有同等的影响，是制约商业银行信用创造能力的一个重要因素。当把现金漏损问题考虑进去后，商业银行体系存款创造的扩张乘数可修正为：

$$K = \frac{1}{r_d + c'} \tag{7.2}$$

（三）超额准备率对存款货币创造的制约

为应付意外的资金需求，商业银行实际拥有的存款准备金数量总是大于法定准备金，这个超过部分的准备金，称为超额准备金。超额准备金与活期存款总额的比率，称为超额准备率，一般用 r_e 来表示。

超额准备率的变化对商业银行信用创造的影响，同法定准备率和现金漏损率具有同等作用。如果超额准备率高，则银行信用扩张的能力缩小；如果超额准备率低，则银行信用扩张的能力提高。当再把超额准备金的因素考虑进去后，商业银行体系存款创造的扩张乘数可进一步修正为：

$$K = \frac{1}{r_d + c' + r_e} \tag{7.3}$$

以上只是分析了存款货币创造过程中，若干可测性因素对存款乘数 K 的影响，但就实际情况来说，银行能否发放更多贷款，不仅取决于银行的意愿，还要看企业的借款需求状况。在经济停滞和预期投资利润率下降的情况下，即使银行愿意多贷，企业也可能不需要借款，理论上可能的派生存款规模并不一定能够实现。

四、商业银行的经营原则

商业银行作为经营货币信用业务的特殊企业，要生存发展，就要以追求利润为经营总目标，但必须以保证自身经营安全为前提，同时，还必须保持资产负债的流动性。即商业银行经营要讲求安全性、流动性和盈利性“三性”原则的统一。

（一）安全性

安全性是指商业银行的资产、收入、信誉以及所有经营和生存发展条件免遭损失的可靠性程度。商业银行之所以必须坚持安全性原则，是因为商业银行的经营与一般工商企业经营不同，其自有资金比重很低，主要依靠吸收客户存款或对外借款来获得经营资金来源。在资金运用过程中，又存在着信用风险、流动性风险、市场风险等诸多风险危及银行资产的安全，严重者可能会导致商业银行破产。因此，对于银行经营管理来说，坚持安全性原则具有重要意义。

（二）流动性

流动性是指商业银行能够随时应付客户提存、满足必要贷款需求的能力。银行流动性包含两层含义：一是资产的流动性。即商业银行的资产能够按期收回或者在不发生损失的前提下迅速变现；二是负债的流动性。即商业银行能够以较低的成本随时获得资金的能力。早期商业银行的流动性，主要是指资产的流动性，随着负债管理理论的发展，负债的流动性对商业银行业务经营越来越重要，商业银行也开始重视负债流动性的管理。

（三）盈利性

追求利润最大化是商业银行的经营目标，是否盈利及盈利水平高低是评价商业银行经营绩效的基本标准。较强的盈利能力，较高的获利水平，可以提高商业银行的资本实力，增强商业银行抗风险的能力。

（四）“三性”原则的关系

安全性、流动性和盈利性是商业银行经营管理过程中必须始终坚持的基本原则。从根本上讲“三性”原则是统一的，但在实践中“三性”原则又是相互矛盾的。因此，正确处理和协调“三性”原则之间的关系是现代商业银行经营管理的核心问题。

1.“三性”原则之间的地位关系

“三性”原则之间存在着密切的关系。其中，安全性是前提，只有保证银行资金安全无损，才能保证流动性和盈利性的实现；流动性是条件和保证，只有保证银行资金足够的流动性，实现正常周转，银行的各项业务活动才能顺利进行；盈利性是总目标，只有实现一定的盈利，商业银行才能不断增强自身的实力，为商业银行经营规模的不断扩大创造条件。

2.“三性”原则的统一性与矛盾性

“三性”原则的统一性主要体现在安全性与流动性的统一。流动性越强的资产，其安全性越高；反之，流动性弱的资产，风险越大，其安全性越差。“三性”原则的矛盾性主要体现在：首先，安全性与盈利性之间的矛盾。安全性要求商业银行减少高风险资产，增加低风险资产比重，这必然降低其盈利性。其次，流动性与盈利性之间的矛盾。资产的流动性越强，银行的支付能力就越强，但盈利能力就越低；反之，资产的流动性小，盈利水平则较高。这种矛盾关系要求商业银行管理者经营管理过程中，首先在保证安全的前提下，围绕流动性与盈利性对资产负债进行合理搭配，最终实现“三性”关系的协调。

五、商业银行业务经营管理

商业银行在做好业务经营的同时，还必须加强业务管理，商业银行业务管理的内容包括资产负债管理、流动性管理和风险管理。

（一）资产负债管理

商业银行资产负债管理包括资产负债管理理论和资产负债管理方式

1. 资产负债管理理论

资产负债管理理论是商业银行资产负债管理实践的指导思想。商业银行资产负债管理理论是随着银行实力的变化和经济、金融、法律环境的变化而不断发展的。资产负债管理理论经历了资产管理理论、负债管理理论和资产负债综合管理理论三个阶段。

（1）资产管理理论。资产管理理论是以商业银行资产的流动性为管理重点的传统管理思想，认为银行业务管理的重点是如何把所筹集到的资金恰当地分配在现金、证券投资、贷款、贴现等银行资产上，以实现“三性”原则的统一。该理论主要流行于20世纪60年代以前商业银行经营的初级阶段。主要经历了商业贷款理论（真实票据论）、资产转换理论、预期收入理论几个发展阶段。

（2）负债管理理论。负债管理理论是以负债为经营重点来解决银行流动性和盈利性之间矛盾的管理思想，其理论核心是主张银行向金融市场借入资金来保持流动性，以扩展资产，增加银行收益。该理论产生于20世纪60年代以后，西方各国经济快速增长，金融创新工具不断丰富的背景下。其代表性理论主要是购买理论和销售理论。

（3）资产负债综合管理理论。资产负债综合管理理论是20世纪70年代末80年代初西方商业银行开始采用的银行管理思想。该理论是在总结资产管理理论和负债管理理论的经验基础上，根据现代商业银行经营环境变化形成的比较系统、科学的银行经营管理方法，它代表了商业银行经营管理的先进水平。资产负债管理理论认为，银行的经营管理不能偏重于某一方面，有效的银行管理应该根据经济情况的变化，通过资产结构和负债结构的共同调整，通过资产、负债两方面的统一协调管理，才能达到预定的经营管理目标。

2. 资产负债管理方式

资产负债管理的目的在于形成一种经营战略，并采取措施将银行的资产负债表整合成一个整体，使之实现“三性”原则的要求。具体的资产负债管理方式如利率套期保值和资产负债比例管理。

（1）利率套期保值。在资产负债管理战略实施过程中，银行面对的最难对付的，对净收益影响最大的就是利率风险。因为利率变化改变了银行的资产和负债的价值，也改变了银行的净值，从而影响着银行的资产负债表和损益表。因此，防范利率风险的目标在于是银行的收益在扣除税收和其他成本开支后的净收益免受利率波动的侵蚀。其基本管理战略就是采用利率套期保值。通常采用的方式是利率敏感性缺口管理（gap management）和持续期（duration）管理。具体方法和应用在商业银行经营管理中都有详尽介绍。

（2）资产负债比例管理。资产负债比例管理是资产负债管理的一种形式。其基本思想是：通过监管部门规定一系列监控、监测比例指标，来控制资产和负债的各类结构比例，从而保证银行在安全性和流动性的基础上追求盈利性。如规定银行资本充足率不得低于8%；贷款余额与存款余额比率不得超过75%；流动性资产余额与流动性负债余额的比例不得低于25%。

（二）流动性管理

流动性是银行的生命线，流动性管理是商业银行管理的基本内容。银行流动性管理的主要内容就是现金资产。商业银行的现金资产主要包括库存现金、存放在中央银行款项、存放同业款项和托收中的现金四个部分。现金资产是无收益或低收益的，持有过多的现金资产会降低其经营效益；但若现金资产不足，银行又可能面临支付风险。所以，现金资产不能过多，也不能过少，要保持在适当水平。

银行流动性管理的方法有两种：一是静态方法。主要是运用一些流动性比例指标来衡量其流动性风险。二是动态方法。主要是流动性缺口法（liquidity gap）。就是预测银行未来一段时间内的流动性需求和流动性供给之间的差额，进而匡算出该期间的流动性缺口。若缺口为正，表明该期间流动性需求大于供给，流动性不足；缺口为负，表明流动性需求小于流动性供给，流动性充足。正缺口需要动用现金资产储备或者借入新的资金来填补；负缺口需要寻求资金运用途径，减少非盈利性资产占用。流动性管理在我国银行被称为资金头寸的匡算与调度。因此，银行流动性管理就是通过调度资金头寸，既满足营运需要又不致形成资金的闲置，尽可能使流动性缺口保持最小。

（三）风险管理

作为高收益与高风险并存的金融企业，风险管理是银行管理的重要内容。按照银行风险的成因及《巴塞尔协议》对风险的分类，银行的风险主要包括：信用风险、流动性风险、市场风险、操作风险。银行风险管理方法可以分为两类：一是风险衡量与识别方法。最常用的计量方法是风险价值法（Value at Risk，VaR），还有《巴塞尔协议Ⅱ》提出的计量银行信用风险监管资本的内部评级法、标准法等等；二是风险防范和处置方法。包括各类风险的事前防范、事中控制和事后处置方法。例如利率风险管理中的缺口管理和持续期管理。

第四节　其他存款类金融机构

除商业银行外，还有一些金融中介机构也吸收存款，这类金融机构尽管吸收存款，但与商业银行不同，不仅体现在机构性质上不同，还体现在业务对象上的不同。这类机构主要有合作金融机构、农村资金互助社和储蓄机构。

一、合作金融机构

合作金融机构是由社员在自愿平等的条件下，共同出资、民主管理、互助互利为主要宗旨建立的金融机构。合作金融机构是根据“罗奇代尔（Rochdalian）原则”建立起来的，该原则强调自助、互助的组织形式和“一人一票”的规则①。合作制度和股份制度是现代经济制度的两大基本类型，合作金融是合作经济的一种形式。典型的合作金融是按照国际通行的合作原则成立的互助性、非盈利性的金融组织。合作金融通常具有下列几个特点：（1）参加的自愿性。社员自愿入社，也允许自由退社；（2）管理的民主性。合作金融组织是一个民主组织，实行一人一票民主管理，社员有平等的表决权，不是凭股金多少分配表决权；（3）服务的自我性。合金融组织以服务社员为主，在满足社员金融需求前提下，也可以服务于非社员；（4）经营的非盈利性。合作金融以服务社员为宗旨，不以盈利为根本目标，但要自负盈亏，以实现机构的可持续发展。

信用合作社、合作银行是合作金融机构的具体形态。

（一）信用合作社

信用合作社是许多国家普遍存在的一种互助合作性金融组织。这类金融机构一般规模不大，它们的资金来源于合作社成员缴纳的股金和社员的储蓄存款，贷款主要用于解决社员生产经营的资金需要或消费信贷。信用合作社通常分为城市信用社和农村信用社两种，前者是城市小工商业者的信用组合，后者是农村经济单位的信用组合。信用社的建立初期是直接为小商品生产者服务的，因为在现代化大生产条件下，小商品生产者很难取得大银行贷款的支持，而正常的生产和流通又需要解决资本不足的困难，于是他们以缴纳股金和存款的方式组织这样一种信用机构，满足自身的资金融通需求及其他金融服务需求。信用合作社在一些国家金融体系中具有相当重要的地位，例如日本的农协合作金融部，入社者占全国农户的90%左右，其资金除向农民社员贷款外，还用于购买政府债券或转存到其他信用机构。

我国的信用合作社自20世纪20年代初期的民国时期就建立了。中华人民共和国成立后的“一五”时期，随着“合作化运动”的深入，在全国98%的乡镇建立了农村信用合作社。但从1958年“大跃进”及随后的“人民公社化”后，农村信用合作社被改造为集体所有制，合作制徒有其名。改革开放后，针对如何把农村信用合作社办成真正的“合作制”金融组织进行了多次反复改革。但这些改革措施在农村信用社产权制度上始终没有实质进展。自2003年开始，启动新一轮以法人为单位的农村信用社改革，农

① 新帕尔格雷夫货币金融大辞典（第一卷）[M]. 北京：经济科学出版社，2000：527.

村信用社的产权模式形成了股份制、股份合作制和合作制三种形式。目前许多地方的农村信用社已改制为农村合作银行，农村合作银行股份制改造后，成为农村商业银行。

我国的城市信用社是随着改革开放，为满足城市集体经济和个体、私营企业以及居民的金融服务需求而发展起来的。1979 年全国第一家城市信用社在河南省漯河县成立，到 1994 年末，全国城市信用社已发展到 5 229 家。但是大多数城市信用社在发展中背离了合作制性质，实际上已成为地方性小商业银行，并且积累和隐藏了很大的风险。自 1995 年开始，中国人民银行在清理整顿城市信用社的基础上，开始分批组建城市合作银行。组建合作银行要求有地方财政投资入股。到 1997 年底，先后有 1 625 家城市信用社被撤并纳入合作银行。鉴于城市合作银行是股份制商业银行，不具有“合作”性质，1998 年 3 月，中国人民银行与国家工商行政管理局联合发出通知，要求将 × × 市合作银行更名为 × × 市商业银行，即所谓“城商行”。所以，我国的城商行起源于城市信用合作社。

（二）合作银行

在国际上，合作银行是另一种形式的合作性金融机构，它是在信用合作社基础上建立和发展起来的，具有与信用合作社相同的宗旨和经营原则。国外的合作银行的组织形式主要有两种：一种是独立组建的合作银行。个人和各类合作社是其主要出资人，资金来源主要是合作社、农民的存款，贷款对象主要是各类合作社。另一种合作银行是信用合作社的地区与全国的联合组织。这种合作银行是由各地的信用合作社以法人社员入股，逐级组成的联合社，为各地的信用合作社共有、共治、共享。例如德国合作银行集团是由大约 3 000 个独立的地方信用社构成，采取自下而上逐级组建，即区域合作银行是由各地方信用社组建，全国性合作银行由各区域合作银行组建。

我国目前的农村合作银行主要是由农村信用社改制组建而成，是由辖内农民、农村工商户、企业法人和其他经济组织入股组成的股份合作制的社区性农村金融机构。股份合作制是合作制与股份制有机结合的创新型产权制度。股份合作制既具有合作经济的社区性与互助性，又同时兼具有盈利性与商业化特征。农村合作银行的股本金来源不仅有自然人股，还有法人股，而农村信用社的股金主要来源于辖内的农民社员。合作银行的自然人股和法人股都分别设置了资格股和投资股两种股权。资格股是传统的农村信用社的合作股份，具有“人合性”，以“一人一票”为原则；投资股则引进了股份制原则，具有“资合性”，以“一股一票”为原则。从本质上来说，股份合作制是介于合作金融与商业金融之间的一个过渡层次，有的经过再次改制成为真正的商业银行。

二、农村资金互助社

农村资金互助社是存在于我国农村的一种互助性金融机构。按照 2007 年中国银监会颁布的《农村资金互助社管理暂行规定》，农村资金互助社是由乡（镇）、行政村农民和农村小企业自愿入股组成，为社员提供存款、贷款、结算等业务的社区互助性银行业金融机构。其投资主体是农民和农村小企业。在乡（镇）设立的，注册资本不低于30万元人民币，在行政村设立的，注册资本不低于10万元人民币，注册资本应为实缴资本。农村资金互助社的经营特点体现为：实行社员民主管理，以服务社员为宗旨，谋求社员共同利益。农村资金互助社以吸收社员存款、接受社会捐赠资金和向其他银行业金融机构融入资金作为资金来源；农村资金互助社的资金应主要用于发放社员贷款，满足社员贷款需求后确有富余的可存放其他银行业金融机构，也可购买国债和金融债券。

三、储蓄机构

储蓄机构（thrift institution）是专门吸收个人储蓄存款并为个人提供信贷等金融服务的存款类金融机构。这类金融机构的服务对象主要是居民，资金来源也主要是居民储蓄特别是小额储蓄，其资金运用主要是个人贷款，如消费信贷和长期住房抵押贷款，此外也开展证券投资业务。储蓄银行的具体名称，各国有所差异，有的甚至不以银行相称，但功能基本相同。比如美国的储蓄与贷款协会（Savings and Loan Association）和共同储蓄银行（Mutual Savings Bank），这两类储蓄机构连同信贷协会（credit union），被美国金融监管部门统称为储蓄机构。美国的共同储蓄银行由存款人拥有并经营，其类似于信贷协会；储蓄与贷款协会主要是吸收小额储蓄者的资金，然后贷款给购房者。储蓄机构被视为美国房地产贷款专业机构。自20世纪30年代的大危机之后，储蓄机构得到迅猛发展，到1980年底，储蓄机构行业总资产已增长到占商业银行总资产的50%。但从80年代开始，美国的储蓄机构经历了其历史上最大的行业性危机。由于短存长贷的资产负债期限错配，加上住宅抵押贷款证券化的风险，在市场利率急剧上涨时，遭受了巨大的损失。统计数据表明，在1980年1月~1991年4月，美国联邦政府花费了1 000亿美元的资金，清理或出售了近1 000家储蓄机构。为消除储蓄行业的危机，1998年8月政府颁布《金融机构改革、恢复和增强法》，提高了储蓄机构的监管要求，那些资不抵债的储蓄机构被改组，有的转变为商业银行，有的被商业银行收购。此后，美国储蓄机构的数量和资产都显著减少。

中国邮政储蓄银行在2007年以前主要开展面向居民的储蓄业务，属于储蓄银行范畴。自2007年以后逐渐向商业银行转型，2012年由有限责任公司整体变更为股份有限公司，2015年12月开始，中国邮政储蓄银行由单一股东向股权多元化改革，成为国有控股的股份制商业银行。2016年9月中国邮政储蓄银行在香港联合交易所主板上市，2019年12月在上海证券交易所上市。

➢本章小结

(1) 商业银行是经营货币信用业务的存款类金融机构。商业银行是经营范围最广、规模最大、地位最重要的存款类金融机构。商业银行的主要职能是信用中介、支付中介、信用创造和金融服务。商业银行的组织形式有单一银行制、总分行制、金融控股公司和连锁银行制。职能分工型银行制度和全能型银行制度是现代银行制度的两种基本的形态。

(2) 商业银行的业务按照性质不同，可以分为负债业务、资产业务、表外业务三大类。负债业务是形成商业银行资金来源的业务。商业银行的资金来源包括银行资本金、存款负债和非存款负债。银行资本包括一级资本和二级资本，其中一级资本又分为核心一级资本与其他一级资本。存款负债包括活期存款、定期存款和储蓄存款；非存款负债包括同业拆借、向中央银行借款、回购协议、发行金融债券和向国际金融市场借款。资产业务是商业银行运用吸收的资金获取盈利的业务，主要包括现金资产、贷款、票据贴现和证券投资。按照现行会计准则不计入资产负债表内，不形成现实资产负债，但能改变银行损益的业务。

(3) 表外业务是按照现行会计准则不计入资产负债表内，不形成现实资产负债，但能改变银行损益的业务。广义的表外业务分为有风险的表外业务和无风险的表外业务两大类。无风险的表外业务在我国银行又称为中间业务。有风险的表外业务也是狭义的表外业务。

(4) 商业银行在经营管理中要贯彻安全性、流动性、盈利性的“三性”原则。“三性”原则既是矛盾的，又是统一的。处理和协调“三性”原则的关系是现代商业银行经营管理的核心问题。商业银行经营管理理论经历了资产管理、负债管理、资产负债综合管理三个阶段。

(5) 合作金融机构、农村资金互助社、储蓄机构属于其他存款类金融机构。它们吸收公众存款，但其机构性质、业务与商业银行有所不同。

➢关键术语

一级资本　核心一级资本　二级资本　资本充足率　同业拆借　票据贴现　表外业务　金融控股公司制　派生存款　存款乘数　现金漏损率　资产负债综合管理　合作金融机构

➢思考与练习

(1) 商业银行的职能有哪些?

(2) 商业银行的组织形式有哪些类型?

(3) 比较职能分工型银行制度和全能银行制度的区别。

(4) 简述商业银行的资产业务和负债业务的主要种类。

(5) 阐述商业银行经营的“三性”原则及其关系。

（6）阐述影响商业银行创造派生存款的因素。

（7）合作金融机构的性质和特点是什么？

（8）计算题：

①某商业银行的资产负债表如下：

某商业银行的资产负债表 单位：亿元

资产		负债	
法定存款准备金	500	活期存款	5 000
贷款	4 500		
资产总计	5 000	负债总计	5 000

在存款客户不提现，不转存定期存款的条件下，根据上述资产负债情况计算：

a. 理论上存款货币派生的倍数是多少？形成的最大派生存款总额是多少？

b. 在法定存款准备金率不变条件下，如果该银行还要把5%的存款作为超额准备金上交中央银行，试计算派生存款乘数会是多少？最大派生存款总额会变为多少？

②工商银行某支行9月12日收到开户单位海豚眼镜公司提交的金额为25万元银行承兑汇票及贴现申请书各一份，汇票到期日为11月23日，票据债务人是东方外贸公司。贴现天数为72天，月贴现率为3.6‰。试计算银行应收的贴现利息、实付的贴现金额。

➢ 进一步学习的资源

[1] 彼得·S. 罗斯，西尔维娅·C. 赫金斯. 商业银行管理（第9版）[M]. 北京：机械工业出版社，2013.

[2] 戴国强. 商业银行经营学（第5版）[M]. 北京：高等教育出版社，2016.

[3] 马丁·迈耶. 大银行家 [M]. 海口：海南出版社，2000.

CHAPTER 8

第八章　非存款类金融机构

➢ 本章导入

非存款类金融机构是指不以吸收存款为资金来源，不具有信用创造功能，主要以发行证券、接受委托资金、收取保险费等形式筹集资金，资金主要用于中长期投资或贷款的金融机构。非存款类金融机构是基于金融业务专业化分工需要而产生的，它们与存款类金融机构共同构成多元化的金融机构体系。非存款类金融机构通常具有专门的业务领域，不同机构的业务差异较大，业务开展与资本市场密切相关。非存款类金融机构主要有投资银行、保险公司、投资基金公司、信托公司、金融租赁公司等。这些机构可以划分为契约性储蓄机构、投资中介机构和其他非存款类金融机构。

➢ 学习本章后，你将能够：

- 认识非存款类金融机构的特点和类型
- 了解投资银行的基本业务
- 了解保险公司的基本业务
- 认识信托投资公司与金融租赁公司的业务

第一节　非存款类金融机构的特点和类型

一、非存款类金融机构的特点

非存款类金融机构与存款类金融机构的区别在于，不以吸收存款（特别是活期存款）为主要来源，而以某种特殊方式获得资金来源，并以某种特殊方式运用资金，从中获取利润。非存款类金融机构在整个金融体系中是非常重要的组成部分，它的发展状况是衡量一国金融体系是否成熟的重要标志之一。能否与存款类金融机构构成一个平衡而有竞争性的多元化金融体系，使其在经济发展中更有活力，是非存款类金融机构发展的根本。

非存款类金融机构作为金融行业基于市场分工产生的专业性金融机构，具有下列特点：

（一）不吸收公众存款，没有货币创造功能

非存款类金融机构资金来源除了自有资本之外，主要是发行债券、出售特定的金融产品、借入款项或接受客户委托资金，然后以这些资金进行投资或金融产品交易，这类机构也没有支付清算功能。这决定了非存款类金融机构不能直接形成派生存款，也就无法进行信用创造。

（二）业务专业化程度高，差异化显著

非存款类金融机构名称各异，业务的专业性强，体现了金融中介的多元化，服务的多样性。如保险公司主要从事人身保险产品和财产保险产品的经营；证券公司主要从事证券交易及公司并购等资本市场业务；基金公司主要从事基金产品的销售和管理等。基于专业化经营需要，非存款类金融机构的从业人员通常需要考取专业资格证书才能开展业务。

（三）资产业务主要面向金融市场，对金融资产价格变动敏感

非存款类金融机构尽管业务差异化很大，但其资产业务基本上都在金融市场开展。如保险公司销售保险产品筹集的保险基金，除了留足保险准备金外，主要投资货币市场产品，也有一定比例的资本市场产品；证券公司本身就是围绕资本市场开展业务的；投资基金的业务也是针对各类证券进行组合投资。可以说，没有发达的金融市场就没有非存款类金融机构的存在基础。正因为两者的密切联系，金融市场价格的风吹草动，都会带来非存款类金融机构损益的变动。

二、非存款类金融机构的主要类型

非存款类金融机构按照其机构职能不同，可以分为契约性储蓄机构、投资中介机构和其他非存款金融机构三类。

（一）契约性储蓄机构

契约性储蓄机构主要是保险公司和社保基金（国外称养老基金），它们通过与客户签订长期性契约获得资金来源，主要投资于风险较低的金融工具的金融中介机构。由于这类机构可以比较准确地预测未来对客户的现金流支出，所以不需要像银行等存款类中介机构那样保持很多的流动性准备，而可以将资金投资于期限较长的资本市场工具。

（二）投资中介机构

投资中介机构主要是指投资银行或证券公司、基金管理公司等。它们作为金融市场中介，为企业和个人提供基于证券市场工具的投融资服务。这类中介是证券市场重要的机构投资者，是促进社会资金优化配置和市场稳定的重要力量。

（三）其他非存款金融机构

除了上述两类外，还有一些非存款类金融机构，其业务各有特点，从事受托资产管理或融资服务，主要包括信托公司、租赁公司、财务公司、消费金融公司、政策性银行、金融资产管理公司等。它们大多数规模有限，有自己特有的运作方式和业务对象，是存款类金融机构的补充。此外，还有一些属于地方政府管理，没有金融牌照，但属于金融性业务的地方性准金融组织，如小额贷款公司、融资担保公司和典当行，主要服务小微企业和个体工商户，是正规金融的补充。

第二节 契约性储蓄机构

一、保险公司

保险公司（insurance company）是以保险产品为经营对象的契约性储蓄机构。保险公司通过契约与投保人建立权利义务关系，根据约定向投保人收取保险费，保险公司则对约定可能发生的灾害事故所造成的财产损失承担赔偿保险金责任，或者当被保险人死亡、伤残、患病或达到合同约定的年龄、期限时，承担给付保险金责任。在世界各国特别是市场经济发达的国家，保险公司是除银行外最重要的金融机构，在国民经济中发挥着重要作用。

保险公司的资金来源是投保人交纳的保险费，保费是保险公司通过概率进行精确计算后所确定的。资金运用主要分成两部分，一部分用于留足保险责任准备金，应付保险赔偿，另一部分用于投资证券（如政府债券）、保单贷款或抵押贷款等。

按照保险类别划分，保险公司通常分为人寿保险公司、财产保险公司、再保险公司三类。

（一）人寿保险公司

人寿保险公司（life insurance companies）是为投保人的意外事故或伤亡提供经济保险的金融机构。其资金来源是按不同的保险品种确定的保险费，资金运用主要是保险理赔和长期投资。由于人寿保险金支付具有可预期性，一般只有约定的事件发生或到了约定日期才支付保险金，在收进保费和支付赔偿金之间会形成较大的相对稳定的资金余额，因此人寿保险公司常有大量资金可用于投资。因此，人寿保险公司不必保持太多的现金和流动性较高的资产，可以投资于公司债券和股票，还可以发放抵押贷款。

（二）财产保险公司

财产和意外灾害保险公司（property and casualty insurance companies）简称财产保险公司，是对法人财产和家庭财物提供保险的金融机构。当投保人的财产在保险期内由于灾害及其他原因遭受损失时，保险公司负责赔偿。财产保险承保范围十分广泛，主要险种有：自然灾害险、汽车险、运输险、责任赔偿险、防盗陆等。财产保险公司与人寿保险公司相比，各种灾害的发生事先较难以预测，资金的稳定性相对较差，因此所持现金及流动性资产的比重要高一些。财产保险公司的资金常用于购买货币市场金融工具、政府债券、高级别公司债券，也有少部分用于购买股票。

（三）再保险公司

再保险公司（reinsurance companies）是经营再保险业务的金融机构。再保险是指原保险人为避免或减轻其在原保险中所承担的保险责任，将其所承保的风险的一部分再转移给其他保险人的一种行为。

二、私人养老基金与政府社保基金

欧美国家有许多私人养老基金（pension funds），它们以雇员缴纳的养老金和雇主提供的资金形成基金，进行专业化管理，在雇员退休时以年金形式向参加养老计划的雇员提供退休收入。私人养老金的资金运用主要持有企业债券和股票。

我国建立的是政府主导的养老基金，即社会保险基金。我国的社会保险基金包括全国社会保障基金，以及各级地方政府管理的基本养老保险基金。其中全国社会保障基金设立于2000年8月，是国家社会保障储备基金，专门用于人口老龄化高峰时期的养老保险等社会保障支出的补充、调剂，由全国社会保障基金理事会负责管理运营。各地的社会保险基金由职工个人和单位分别按一定比例按月缴纳，职工退休后由社保基金按月发给基本养老金。按照《基本养老保险基金投资管理办法》（2015年8月颁布）规定，养老基金实行中央集中运营、市场化投资运作，由省级政府将各地可投资的养老基金归集到省级社会保障专户，统一委托给国务院授权的养老基金管理机构进行投资运营。养老基金除了投资规定的金融产品和项目外，投资股票、股票基金、混合基金、股票型养老金产品的比例，合计不得高于养老基金资产净值的30%；参与股指期货、国债期货交易，只能以套期保值为目的。

在政府建立的社会保险基金之外，我国还有企业年金作为养老保险的补充。企业年金又称为“企业退休金计划”，是企业及其职工在依法参加基本养老保险的基础上，自主建立的补充养老保险制度。企业年金基金由企业和职工个人共同缴纳。企业年金按照《企业年金办法》的规定运营管理。

第三节 投资中介机构

一、投资银行

投资银行（investment banks）虽然被称为银行，但并非通常所指的商业银行，而是主要从事证券承销、证券交易和企业并购等资本市场业务的金融机构。投资银行是欧美国家的称谓，英国把这类机构称为商人银行，日本和中国通常称为证券公司。投资银行的资金来源主要依靠发行股票和债券筹集，有时也从商业银行取得借款，但不是主要来源。投资银行作为资本市场重要的金融中介，除了为资本需求者和供给者提供直接融资服务外，还能够发挥构造证券市场、充当企业并购的财务顾问和风险管理职能。

我国的证券公司目前在业务上与国外投资银行已没有多大差别，既可以开展传统业务，如证券承销、经纪、自营业务，也可以开展企业并购、项目融资、资产管理、财务顾问及资产证券化等创新业务。按照业务类型，我国的证券公司分为经纪类证券公司、综合类证券公司两类。其中经纪类证券公司只能接受客户委托从事证券交易，以佣金为主要收入来源；综合类证券公司既可以从事经纪业务，也可以开展自营、承销及其他资本市场业务。

投资银行的业务主要有下列四类：

（一）证券承销业务

证券发行是一项技术性很强的专业化工作，通常要由资本市场金融中介机构来完成。证券公司凭借自己的证券市场的声誉和专业能力，在规定的时间内将证券尽快销售出去，从而为发行人筹集到预定的融资额，这一过程称为证券承销（securities underwriting）。证券承销是投资银行最基础的业务之一，即本源业务。根据投资公司在承销过程中承担的责任和风险的不同，承销又可分为包销、投标承购、代销三种方式：（1）包销是由投资银行买下全部或剩余部分的证券，承担全部销售风险。通常适用于那些资金需求量大、知名度低的发行企业；（2）投标承购是投资银行处于市场竞争较强的情况下，通过向发行人投标获得承销权，采用这种形式承销的证券通常信用等级较高，深受市场欢迎；（3）代销是投资银行认为该证券的信用等级较低，承销风险大，只接受发行者的委托，代理其销售证券，如在规定的期限内证券没有全部销售出去，则将剩余部分退给证券发行者，发行风险由发行人自己承担。

（二）证券经纪业务

对投资银行来说，证券经纪是证券承销的延续，是证券发行并上市后，投资利用其营业场所和在证券交易所的席位，接受客户委托，代理客户买卖上市证券的业务。投资银行在经纪业务中充当证券经纪人（broker），获取佣金收入。

（三）证券自营业务

证券自营业务是投资银行利用自主支配的资金或证券，以自身盈利为目的，在证券市场买卖证券的行为。在自营业务中，投资银行充当交易商（dealer）和做市商（market maker）的角色，获取差价收益，也为上市证券创造了交易，构建了一个完整的市场，满足了自己和客户的需要。证券自营业务中可以进行信用交易，我国证券公司的融资融券业务就是信用交易。融资融券业务是证券公司向客户出借资金供其买入证券（融资）或出借证券供其卖出证券（融券）的业务。由融资融券业务产生的证券交易称为融资融券交易。

（四）其他业务

证券承销、经纪和自营是证券公司的传统业务。证券公司为了适应市场需求，不断拓展新业务，还开展项目融资、资产管理、资产证券化、企业并购、财务顾问、投资咨询、金融衍生品交易等。

二、投资基金公司

（一）投资基金公司的类型

投资基金公司是通过发行基金份额，将众多分散投资者的资金集中起来，由专业团队进行投资组合管理，与投资者利益共享、风险共担的金融中介机构。投资基金在美国称为“投资公司”或“共同基金（mutual funds）”，在英国和中国香港称为“单位信托基金”，日本和中国台湾称为“证券投资信托基金”。

投资基金按照不同的标准划分，有不同的种类。最常见的分类有两种：

1. 按照基金组织制度不同，分为公司型基金和契约型基金

公司型基金本身就是股份公司，以发行基金股份方式筹集资金，基金投资者既是基金持有人也是公司股东。契约型基金是根据信托原理，由基金发起人、基金管理人、基金托管人订立基金契约而组建的投资基金。投资者通过购买基金单位享有基金投资收益。公司型基金在美国较为常见，而契约型基金则在英国比较普遍，我国的投资基金就是属于契约型基金。相比契约型基金，公司型基金的优点是法律关系明确清晰，监督约束机制较为完善，但契约型基金在设立上更为简单易行。二者之间的区别主要体现在设

立的组织架构及法律关系不同，并无优劣之分。

2. 按照基金是否可以随时赎回，分为封闭式基金和开放式基金

封闭式基金（closed-end investment funds），是指基金一旦发行完成，基金总额在合同期内不再增加，基金份额持有人不得申请赎回，只能在二级市场转让变现。这样就出现了封闭式基金的市场价格与基金资产净值的背离现象，即基金折价或溢价。开放式基金（open-end investment funds），是指基金份额总额不固定，基金份额可以在基金合同约定的时间随时申购或者赎回的基金。美国的共同基金就是指开放式基金。开放式基金按照基金净值申购和赎回，不存在折价或溢价问题。相比封闭式基金，开放式基金面临投资者赎回的流动性压力很大，需要科学测算流动性需求量。

（二）投资基金公司的特点

投资基金公司的主要职责是负责基金资产的投资运作，在有效控制风险的基础上为基金投资者谋取最大的投资收益。投资基金公司作为专业的投资中介机构，其设立和运营都有严格的法律约束。我国《证券投资基金法》规定，基金管理人由依法设立的公司或者合伙企业担任；注册资本不低于1亿元人民币，且必须为实缴货币资本；取得基金从业资格的人员达到法定人数；有良好的内部治理结构、完善的内部稽核监控制度、风险控制制度。概括起来，投资基金公司的运作具有三个特点：（1）集合理财，专业管理；（2）组合投资，分散风险；（3）收益共享，风险共担。

第四节　其他非存款类金融机构

一、信托投资公司

信托（trust）是法人或自然人在相互信任的基础上，通过签订契约，由委托人将资金、财产或某种经济事务，按照一定的目的或利益要求，委托受托人代为营运、管理和处置的经济行为。信托的基础是信任，设立信托的前提是财产权。信托一经成立，信托财产即从委托人、受托人、受益人的自有财产中分离出来，成为一种独立运作的财产，仅服务于信托目的，并具有独特的破产隔离功能和存续的连贯性。信托投资公司是以受托人身份专门从事信托业务的非存款类金融机构。此外，商业银行和非银行金融机构也可以设立信托部从事信托业务。

英国是现代信托业的发源地，个人受托执行遗嘱、管理土地且不以盈利为目的的民事信托业务是英国传统的信托业务。后来信托在美国得到发展，信托机构开始发挥其中长期融资职能，从而形成现代金融信托制度。

（一）信托的职能

现代信托的职能可以归纳为财产管理、融通资金、社会投资和公益事业服务四个方面。但其原始功能——财产管理是其基本职能。

1. 财产管理职能

财产管理职能是信托机构代客户经营管理和处置资产，即受人之托，代人理财。这是信托的最基本职能。信托机构作为受托人，按委托人的要求或其指定的具体项目，发放贷款或进行投资，为委托人或受益人谋利。而且，信托财产所获收益，全部归受益人享有，信托机构只能按契约规定收取一定比例手续费。

2. 融通资金职能

融通资金职能是信托业作为金融业的一个重要组成部分，本身就具有调剂资金余缺之功能。形式上看信托的这一功能与信贷相似，但实则有本质区别：在融资对象上信托既融资又融物；在信用关系上信托体现了委托人、受托人和受益人多边关系；在融资形式上实现了直接融资与间接融资相结合。

3. 社会投资职能

社会投资职能是信托机构运用信托手段参与社会投资活动的功能。信托机构可以通过信托投资业务和证券投资业务得到体现。在我国，大多数信托机构都命名为“信托投资公司”，就表明其投资功能的重要性。

4. 公益事业服务职能

公益事业服务职能是信托机构可以为捐款或资助社会公益事业的委托人服务。随着社会文明进步和经济发展，越来越多的人热心公益事业，纷纷捐款或者设立基金会，但普通人对捐助或募集的资金缺乏管理经验，这时信托机构就可以提供专业化服务，助其实现公益事业。信托机构对公益事业受托资金，一般投资风险较小的金融工具，如政府债券等。信托机构开展与公益事业有关的业务时，一般收费较低，有的甚至提供无偿服务。

（二）信托投资公司的业务分类

信托投资公司的业务按照委托人的身份不同，可以分为：个人信托、公司信托、政府信托、公共团体信托等；按照信托方式目的，可以划分为：财产信托（动产信托与不动产信托）、融资信托、投资信托、公益信托、事务代理信托等。

二、金融租赁公司

租赁（lease）是出租人根据承租人的要求，购买某一专用设备租给承租人使用，在一定期限内，承租人按期向出租人支付租金的经济行为。租赁是所有权与使用权之间的一种信贷关系，是一种非常古老的信用形式。现代租赁是融资与融物相结合，并以融资为主要目的的租赁。

金融租赁公司（financial leasing companies）就是以现代租赁业务为经营对象的非存款类金融机构。现代租赁发源于美国，现在已经是世界上最大的租赁市场。除了独立的租赁公司和设备制造厂商设立的租赁公司外，商业银行、投资银行、保险公司也可以设立租赁公司开展租赁业务。我国的金融租赁公司是接受银监会审批和监管的非银金融机构，大多数是商业银行设立的，如中国工商银行设立的工银金融租赁有限公司、招商银行设立的招银金融租赁有限公司等。

■ 拓展学习资料：借力融资租赁，推动中小企业融资

8 - 1

三、消费金融公司

消费金融公司是指不吸收公众存款，为居民个人提供以消费（不包括购买房屋和汽车）为目的的贷款的非银行金融机构。中国银监会（现为银保监会）于2013年颁布的《消费金融公司试点管理办法》对我国的消费金融公司的经营行为做了规范。消费金融公司以小额（最高不超过20万元）、分散为原则发放消费贷款；可以由金融机构或非金融机构作为主要出资者发起设立，最低注册资本为3亿元人民币；消费金融公司的资金来源除了可以接受股东境内子公司及境内股东的存款（主要是定期存款）外，还可以向金融机构借款、同业拆借和发行金融债券。截至2018年9月，国内已有24家公司获得消费金融牌照，其中3/4以上为银行主导的消费金融公司，其余为非金融企业发起。消费金融公司通过与众多商户开展广泛合作，可以开发有特色的个人消费贷款产品，满足了不同群体的消费需要，也有利于丰富我国的非存款类金融机构形态。

四、财务公司

财务公司（finance companies）也称金融公司，是一种经营部分银行业务的非存款类金融机构。其业务主要是发放中长期贷款，兼顾投资、财务顾问、耐用品租赁或分期付款等业务，资金来源是向银行借款、发行金融债券、商业票据和同业拆借等。美国的财务公司通常开展下列几种贷款业务：消费者贷款、设备租赁、存货或应收账款融资、汽车销售贷款。

我国的财务公司比较特殊，是由大型企业集团设立的非存款类金融机构。其职能主要可以概括为“资金归集平台、资金结算平台、资金监控平台、金融服务平台”四方面。其业务宗旨是增强企业集团内部的资金融通与调剂，其业务具有封闭性，通常不对外，限于服务集团内成员单位。具体业务主要有吸收成员单位的存款；对成员单位提供贷款、票据承兑与贴现、融资租赁等资产业务；办理成员单位之间的内部转账结算；财务顾问等其他金融服务。

五、政策性金融机构

政策性金融机构是由政府创立、参股或提供保证，不以盈利为目的，专门为贯彻政府的社会经济政策与意图，在特定的业务领域内，从事政策性金融活动的金融机构。我国的国家开发银行、中国农业发展银行、中国进出口银行就是由国家财政在 1994 年全资设立的政策性金融机构。

但长期以来，我国政策性金融机构的政策性业务与商业性业务存在边界不清的问题，既经营政策性业务也开展商业性业务，由于政策性业务的风险未能完全覆盖，其经营性业务也是为了配合政策性业务，并弥补政策性业务的收益不足问题。政策性银行和商业银行的性质、业务和管理机制上具有明显差异，但一直未制定专门的监管办法，主要套用商业银行的监管办法。基于政策性银行的上述问题，2015 年 4 月，国务院批复三家政策性金融机构改革方案，明确国家开发银行定位为开发性金融机构，中国进出口银行、中国农业发展银行定位为政策性金融机构。2016 年国务院先后批复三家政策性银行的章程，2017 年 11 月银监会分别印发三家银行的监管办法。改革的核心是回归政策性金融本源，在回归本源基础上明确各自的重点业务范围，并完善公司治理。

此外，为了解决中小企业融资难问题，许多国家都设立专门向中小企业提供政策性优惠贷款与担保的金融机构，如美国的小企业管理局（Small Business Administration，SBA）。我国 2018 年 9 月设立的国家融资担保基金有限责任公司也属于政策性金融机构，通过股权投资、再担保等形式支持各省（区、市）开展融资担保业务，解决小微企业、“三农”融资难融资贵问题。

六、地方性准金融机构

我国的金融机构设置审批权限集中于国家金融监管当局，地方政府没有权限。对于一些具有准金融性质的非存款类贷款机构，由国家层面制定统一的监管办法，但审批和监管由地方政府负责。由于地方政府没有金融业务许可审批权，因此，这些由地方政府审批的非存款类放贷机构，无金融牌照，属于地方性准金融机构。这类机构主要有小额贷款公司、融资担保公司和典当行。

（一）小额贷款公司

小额贷款公司是由自然人、企业法人与其他社会组织投资设立，并经省级人民政府监管部门批准取得经营放贷业务许可，经营放贷业务但不吸收公众存款的地方性准金融机构。小额贷款公司经营的特点是“只贷不存”、贷款遵循“小额、分散”原则。

小额贷款公司是按照银监会和中国人民银行 2008 年发布的《小额贷款公司试点指

导意见》设立的非金融企业。其主要业务是通过小额贷款服务“三农”和小微企业融资，同时为引导民间投资阳光化、民间金融正规化提供了一条路径。作为实践普惠金融的模式之一，小额贷款公司已经成为“三农”和小微企业信贷服务的重要力量。截至2019年9月末，全国共有小额贷款公司7 680家，贷款余额9 288亿元。

我国还有一种金融机构也称为贷款公司，但该贷款公司不同于小额贷款公司，它是由境内商业银行或农村合作银行在农村地区设立的专门为县域农民、农业和农村经济发展提供贷款服务的非银行业金融机构。贷款公司是为了放宽农村地区银行业金融机构准入政策于2007年试点的产物，贷款公司持有非银行金融机构牌照。与小额贷款公司相同的是不能吸收存款，以贷款为主要业务。这类专业贷款公司并没有大量发展，数量有限。

（二）融资担保公司

融资担保公司是我国为了解决小微企业和“三农”融资难而设立的一种信用增进机构，是普惠金融的另一种模式。融资担保是指担保人为被担保人借款、发行债券等债务融资提供担保的行为，融资担保公司是依法设立、经营融资担保业务的地方性准金融机构。与小额贷款公司一样，融资担保公司也由地方政府实行属地监管。依照2017年国务院颁布的《融资担保公司管理条例》，设立融资担保公司注册资本不低于2 000万元，且为实缴货币资本；设立跨省分支机构的融资担保公司注册资本不低于10亿元，且经营融资担保业务3年以上；经营范围除了借款担保、发行债券担保外，还可以经营投标担保、工程履约担保、诉讼保全担保等非融资担保业务；基于风险控制考虑，规定“融资担保公司的担保责任余额不得超过其净资产的10倍”（主要为小微企业和“三农”服务的融资担保公司可提高至15倍）。

（三）典当行

典当行（pawn broking）是一种非常古老的信用行业，历史上无论是西方国家还是中国都普遍存在，是一种小规模的行业。通常来说，典当业主要服务对象是社会上的穷人等弱势阶层。随着普惠金融发展，企业和公众金融服务的可获得性和覆盖面日益提升，但只要存在金融服务无法覆盖的对象和地区，即存在金融排斥（financial exclusion），典当这种古老的信用活动即有存在空间。所谓典当就是当户将其动产、财产权利作为当物质押或者将其房地产作为当物抵押给典当行，交付一定比例费用，取得当金，并在约定期限内支付当金利息、偿还当金、赎回当物的行为。作为地方性准金融业，我国的典当行也属于地方政府监管。按照2005年由商务部颁发的《典当管理办法》，设立典当行最低注册资本为300万元，从事房地产抵押典当业务的最低注册资本为500万元，为实缴货币资本。

➢ 本章小结

（1）非存款类金融机构具有不吸收公众存款，业务专业化程度高，资产业务主要面向金融市场的特点。非存款类金融机构主要可以分为契约性储蓄机构、投资中介机构和其他非存款金融机构三类。

（2）契约型储蓄机构主要包括保险公司、私人养老基金与政府社保基金。保险公司是以保险产品为经营对象的契约性储蓄机构；按照保险类别划分，保险公司通常分为人寿保险公司、财产保险公司、再保险公司三类。私人养老基金是以雇员缴纳的养老金和雇主提供的资金形成基金，进行专业化管理，在雇员退休时以年金形式向参加养老计划的雇员提供退休收入的契约型储蓄机构。这类机构主要在欧美国家较多。我国的养老基金主要是由政府建立的社保基金，我国的社会保险基金包括全国社会保障基金，以及各级地方政府管理的基本养老保险基金。

（3）投资中介机构主要包括投资银行和投资基金公司两类。投资银行是主要从事证券承销、证券交易和企业并购等资本市场业务的金融机构。投资银行作为资本市场重要的金融中介，除了为资本需求者和供给者提供直接融资服务外，还能够发挥构造证券市场、充当企业并购的财务顾问和风险管理职能。投资银行的主要业务有证券经纪业务、自营业务和其他创新业务。投资基金公司是通过发行基金份额，将众多分散投资者的资金集中起来，由专业团队进行投资组合管理，与投资者利益共享、风险共担的金融中介机构。投资基金有公司型基金和契约型基金、开放式基金和封闭性基金、公募基金和私募基金等类型。

（4）信托投资公司是以受托人身份专门从事信托业务的非存款类金融机构。商业银行和非银行金融机构也可以设立信托部从事信托业务。信托公司具有财产管理、融通资金、社会投资、公益服务等职能。

（5）金融租赁公司是以现代租赁业务为经营对象的非存款类金融机构。消费金融公司是指不吸收公众存款，为居民个人提供以消费（不包括购买房屋和汽车）为目的的贷款的非银行金融机构。财务公司（finance companies）也称金融公司，是一种经营部分银行业务的非存款类金融机构。其业务主要是发放中长期贷款，兼顾投资、财务顾问、耐用品租赁或分期付款等业务。

➢ 关键术语

存款类金融机构　保险公司　养老基金　投资银行　投资基金公司　信托公司　金融租赁公司　消费金融公司　财务公司　小额贷款公司　融资担保公司

➢ 思考与练习

（1）存款类金融机构与非存款类金融机构的区别有哪些？

（2）非存款类金融机构的特点是什么？

(3) 保险公司的性质是什么？主要业务有哪些？

(4) 投资基金公司的特点是什么？有哪些类型？

(5) 信托公司的主要职能有哪些？

(6) 金融租赁公司和融资租赁公司有何区别？

➢ 进一步学习的资源

[1] 中国平安保险. http://baoxian. pingan. com/.

[2] 中国证监会. http://www. csrc. gov. cn/.

[3] 中国信托网. http://www. chn-trust. com/.

[4] 招银金融租赁. http://www. cmb-leasing. com/.

[5] 中银消费金融. https://www. boccfc. cn/.

CHAPTER 9

第九章　中央银行

➢ **本章导入**

中央银行虽然被称为银行，但并非一般意义上的银行，而是政府的金融管理机构。中央银行掌管一国的货币发行权，是货币政策的实施者，还担负着维护金融稳定的重任。中央银行的产生是金融管理需要，中央银行的职能、制度及业务运作与其他金融机构都有很大不同。

➢ **学习本章后，你将能够：**

- 理解中央银行产生的经济基础
- 认识中央银行的性质和职能
- 了解中央银行的制度
- 掌握中央银行的基本业务

第一节　中央银行的建立和发展

一、中央银行建立的必要性

现代商业银行是从货币兑换商发展而来，中央银行则是从现代商业银行分离出来的金融管理机构。在商业银行发展进程中，伴随银行业务的开展出现了诸多急需解决的现实问题，基于这些问题解决的需要，促进了中央银行的产生。

（一）统一银行券的发行问题

在银行业发展初期，每家商业银行都发行自家的银行券。与金属货币相比，银行券是一种信用货币，它的流通支付能力取决于它兑换金属货币的能力，即取决于发行银行的信用。如果发行银行能保证自己发行的银行券及时足额兑换，就不会产生大的问题。但实际并不完全如此。随着银行机构的增多，各家银行分散发行银行券的弊病越来越明显：（1）银行券由各家银行分散发行带来货币流通混乱。随着银行竞争的加剧，一些银行因经营不善而无法保证自己所发行的银行券及时兑现的情况时有发生，这使银行券的信誉受损，也影响了社会经济的正常运行。（2）银行券流通地域的局限性给跨区域经济交易带来障碍。一些商业银行限于自身实力和分支机构布局的限制，所发行的银行券只能在国内有限的地区流通，而跨地区交易日益频繁，仅在有限地域流通的银行券不能适应跨区域使用的需要。银行券分散发行的弊端，客观上要求有一家实力雄厚、有权威的银行统一发行能在全社会流通的信用货币。

（二）统一票据清算的问题

随着经济交易范围和规模的不断扩展，跨行、跨地区转账支付日益增多，商业银行接受的票据数量也急速增长，各银行之间的债权债务关系日趋复杂，票据交换和清算业务变得繁重起来。由各家银行自行票据交换和进行当日清算，不仅成本高，且效率低下、结算时间长。这种情况，客观上要求建立一个全国统一的票据清算机构，能够快速清算银行间的债权债务，从而使资金顺畅流通。

（三）救助银行支付危机的问题

伴随商业银行业务规模扩大和业务的复杂化，经营风险日益增加，个别银行支付能力不足甚至出现流动性危机的情况经常发生，某一银行的支付危机可能向其他银行传递，甚至危及整个银行业。从保护存款人利益、维护金融稳定出发，客观上需要有一家资金实力雄厚的机构，在个别银行出现支付困难时，给予必要的救助性贷款支持，即充当商业银行的“最后贷款人”（lender of last resort）。

（四）统一金融监管的问题

商业银行是以利润最大化为目标的金融企业，其经营特殊性需要有一个行业准入标准，其过度逐利性不仅可能导致自身经营风险，还会形成行业垄断等不公平竞争问题。为了保证银行业的公平有序竞争，促进金融业健康发展，需要有一个权威性机构来进行必要的行业管理。

上述问题的日益突出，需要一个相对独立的更有权威性的机构来解决。在政府的支持下，某个具有良好声誉的商业银行就逐渐承担了这些职能，后来这类商业银行逐渐被政府国有化，退出商业银行业务，代表政府专门行使中央银行职能。

➤ 专栏阅读与分析

美国联邦储备体系的诞生

1782 年 1 月，北美银行在费城正式成立，这是美国历史上第一家由私人经营管理的现代意义上的银行。1790 年 12 月 14 日，美国财政部部长汉密尔顿（A. Hamilton）向国会建立国家银行的法案，并决定建立美国第一银行。美国第一银行（The First Bank of the United States）正式建立。美国国会授权该行代理国库、发行银行券、对其他银行的业务活动进行总的监督和管理。由此可见，第一银行带有中央银行的某些性质。但是由于没有一个统一的金融管理机构，各州银行仍然可以继续发行自己的银行券。在当时的情况下，每当第一银行收到州银行的银行券时，就立即向发行银行收款。从而迫使各州银行保持足够的现金储备，以保证偿付所发行的银行券。因此，州银行认为第一银行侵扰了它们的业务活动，因此第一银行遭到州银行的强烈反对。这样，美国第一银行不得不在 1811 年执照期满时停业。同样原因美国在 1817 年 1 月成立的美国第二银行（The Second Bank of The United States）也于 1836 年在执照期满后停业。

由于未能建立大银行体系，金融混乱，货币无法集中发行，1873 年、1884 年、1890 年、1893 年、1901 年及 1907 年，美国连续爆发严重的经济危机和金融恐慌，银行不断发生倒闭事件。金融恐慌使工商业受到损害，同时也暴露出美国银行制度中存在的问题，尤其是没有中央银行的弱点。1913 年美国国会通过了联邦储备条例，成立了美国的中央银行——美国联邦储备体系（The Federal Reserve System of U. S. A）。

资料来源：罗伯特·E. 高尔曼. 剑桥美国经济史（第二卷）：漫长的 19 世纪［M］. 北京：中国人民大学出版社，2008.

二、中央银行的发展历程

（一）中央银行的创立

世界上最早创立的中央银行是 1844 年的英格兰银行。英格兰银行（The Bank of England）成立于 1694 年，也是世界上公认的最早的股份制商业银行。1844 年英国通过了《英格兰银行特许条例》，将银行券的发行权集中到英格兰银行，英格兰银行从法律上成为中央银行。

19 世纪后期，英国连续出现了几次银行危机，英格兰银行在危机中，真正负起了“最后贷款人”的责任。到了 19 世纪末，英格兰银行已发展成为一家名副其实的中央银行，并被称为“近代中央银行的鼻祖”。继英格兰银行成为中央银行之后，许多国家也纷纷成立中央银行。如 1848 年的法兰西银行、1874 年的西班牙银行、1897 年的瑞典银行、1975 年的德意志联邦银行、1889 年的日本银行、1905 年中国的户部银行、1913 年建立的美国联邦储备体系等。这段时间是世界各国创立中央银行的一个时期。

（二）中央银行的发展

1920年在比利时首都布鲁塞尔召开的国际金融会议上提出在世界各国普遍建立中央银行的必要性，并且中央银行应摆脱各国政府的控制，实行稳定的金融政策，以消除通货膨胀的根源。布鲁塞尔会议大大推进了各国中央银行的普遍建立。从1921年到1942年，世界各国改组或设立的中央银行有40多家。

第二次世界大战后，中央银行的权力与责任也大大加强了。从1944年布雷顿森林体系建立到20世纪70年代初该体系解体的近30年间，中央银行制度的发展主要表现在两方面：一是欧美国家中央银行以国有化为主要内容的改组和加强；二是亚洲、非洲等新独立的国家普遍设立中央银行。除极少数殖民地、附属国外，几乎所有国家都设立了中央银行，中央银行制度成为世界各国的一项基本经济制度，且得到加强。

➢ 专栏阅读与分析

我国中央银行的建立

在清政府和北洋政府时期，户部银行（1905年开业，1908年改组为大清银行，1912年再次改组为中国银行）和交通银行（1908年开业）都曾部分行使过中央银行的职能。国民政府成立之后，1928年在南京成立了中央银行，行使中央银行的职能。但是在1942年之前，国民党控制的四大银行，即中央银行、中国银行、交通银行和中国农民银行均享有发钞权。直到1942年之后，才由中央银行统一货币发行、统一代理国库、统一外汇管理。

新中国的中央银行是中国人民银行。它是在根据地银行的基础上发展起来的，于1948年在石家庄成立，1949年随解放军进入北京，将总行设在北京。

我国的中央银行是在经济体制和金融体制改革过程中，从大一统的国家银行中分离出来的。计划经济时代，基本上只有中国人民银行一家经办各种银行业务，它集货币发行、代理国家金库及工商信贷业务于一身。1983年9月17日，国务院发出《关于中国人民银行专门行使中央银行职能的决定》，决定中国人民银行作为我国的中央银行。国务院的这一决定，标志着我国中央银行的建立和我国中央银行体系的确立，但实际上中国人民银行是从1984年1月1日起正式行使中央银行的职能的。1995年3月我国颁布了第一部《中华人民共和国中国人民银行法》，以法律形式确立了中国人民银行的地位、职责和职能。

资料来源：中国人民银行历史沿革．中国人民银行网站，http：//www. pbc. gov. cn.

第二节 中央银行的性质与职能

一、中央银行的性质

中央银行是代表国家制定和执行货币金融政策，对金融业实施监督管理的国家机关，是具有银行特征的国家行政机构。尽管中央银行也被称作银行，但它显然不是商业银行意义上的“银行”。

（一）中央银行是特殊的金融机构

中央银行是金融机构，但它与商业银行等金融机构不同，具有特殊性。

（1）中央银行开展业务不以盈利为目的。而商业银行和其他金融机构的业务以盈利为目的。虽然中央银行的某些业务也有盈利，但这不是其根本目的。中央银行业务的目的是调节社会货币供应量，为经济发展提供稳定的货币金融环境。

（2）中央银行不经营普通商业银行业务。中央银行也有存款、贷款和支付等银行业务，但其服务对象主要是商业银行及其他金融机构，还有政府，它不对企业和居民服务。

（3）中央银行处于相对超然地位。中央银行在开展业务时，一般不受政府和其他部门干预，具有相对独立性，这有利于其独立判断和实施货币政策，保持金融稳定的目标。

（二）中央银行是特殊的国家机构

中央银行是国家机构的组成部分，但与其他行政机构比较，又有其特殊性。

（1）中央银行管理和服务的领域是货币信用领域。其他国家行政机构管理和服务的领域是非货币信用领域。

（2）中央银行的管理手段主要是经济手段。其他行政机构是以法律为根据，为行使其法定权利而主要以行政手段进行管理。

（3）中央银行对经济的调控是分层次实现的。中央银行通过货币政策工具调节金融机构的行为和金融市场运行，然后再通过金融机构和金融市场的反应影响到各经济部门，其作用比较平缓，市场伸缩空间较大。而其他行政机构的行政行为一般是直接作用于各微观主体，往往缺乏弹性。

二、中央银行的职能

中央银行的职能体现为发行的银行、银行的银行、政府的银行和维护金融稳定四个方面。

（一）发行的银行

发行的银行是指中央银行垄断货币的发行权，成为全国唯一的货币发行机构，这是中央银行的一项最特殊、最基本的职能，也是中央银行与其他商业银行的根本区别之一。世界上几乎所有国家的现钞都是由中央银行发行的；硬币的铸造发行，有的由中央银行经营，有的则由财政部门负责（如美国）。货币发行收入归财政，货币由中央银行投入流通。

（二）银行的银行

中央银行作为银行的银行，是指中央银行只与商业银行和其他金融机构发生业务往来，不与企业和居民个人发生直接的信用关系。这一职能最能体现中央银行是特殊金融机构的性质。这一职能具体表现在三个方面：

1. 集中商业银行的存款准备

通常法律规定，商业银行及其他存款类金融机构必须向中央银行上缴存款准备金。其目的在于：一方面保证存款类金融机构的清偿能力；另一方面调节金融机构的信用规模，以控制市场货币供应量。集中保管存款准备金是现代中央银行的一项基本制度。

■ 拓展学习资料：从存款准备金变迁看央行货币调控演进

9－1

2. 对商业银行发放贷款

商业银行缺少资金时，可以向中央银行借款，主要方式是再贴现和再贷款。中央银行通过及时发放贷款，救助那些发生资金周转困难的商业银行，以免个别银行流动性风险扩大而导致整个银行业的危机，即充当“最后贷款人”的角色。

3. 组织商业银行的票据清算

商业银行之间由于业务关系，每天都发生大量的资金往来，必须及时清算。由于各家银行都在中央银行开设准备金存款账户，所以各银行间的资金往来清算就可以通过这些账户的划拨而结清。

（三）政府的银行

政府的银行是指中央银行代表国家执行货币政策、代理国库收支以及为国家提供各种金融服务。政府的银行职能，主要体现在以下三方面：

1. 代理国库

国家财政收支一般不另设机构，而交由中央银行代理。政府的收入与支出均通过财政部在中央银行开立的账户进行划拨。

2. 向国家提供融资

中央银行作为政府的银行，当国家财政有融资需求时，有提供信贷支持的义务。主要是采取短期贷款和购买政府债券两种方式。

3. 管理国家的外汇和黄金储备

中央银行代表国家保管黄金和外汇储备，经常要根据经济需要，购进或抛售外汇、黄金，以稳定币值和调节国际收支。

（四）维护金融稳定

金融稳定是实现国民经济稳定发展的重要条件。自 1997 年亚洲金融危机和 2007 年美国次贷危机引发全球金融危机之后，金融稳定逐渐受到各国中央银行的重视，并开始定期评估本国的金融稳定状况。金融稳定是指金融体系处于能够有效发挥其关键功能的状态。在这种状态下，宏观经济健康运行，货币和财政政策稳健有效，金融生态环境不断改善，金融机构、金融市场和金融基础设施能够发挥资源配置、风险管理、支付结算等关键功能，而且在受到内外部因素冲击时，金融体系整体上仍然能够平稳运行①。2003 年修订的《中国人民银行法》第二条明确了中国人民银行“制定和执行货币政策，防范和化解金融风险，维护金融稳定”的职能。中央银行要保持金融稳定，需要综合运用利率、汇率、流动性支持、资本账户管理、支付体系支持等工具和制度，为金融机构和市场的稳健运行创造良好环境。

三、中央银行的独立性

（一）中央银行独立性的内涵

中央银行的独立性主要是指中央银行与政府的关系问题。中央银行的独立性不是中央银行完全独立于政府之外，而是在政府或国家权力机构控制下的相对独立性。中央银行的相对独立性，体现在下列三个方面：

第一，法律的独立性。为保障中央银行能够独立履行其职能，世界各国都制定了《中央银行法》，通过立法明确中央银行的性质、地位和职能等。

第二，货币政策的独立性。中央银行应根据宏观经济发展态势，独立地制定并实施货币政策。中央银行对利率、汇率等经济指标的调控，不受任何干预。

第三，货币政策目标与国家宏观经济目标的一致性。中央银行制定货币政策必须以国家宏观经济目标为基本出发点，货币政策实施是为了实现国家宏观经济目标。

（二）中央银行独立性的模式

世界各国中央银行与政府的关系通常由法律确定，主要有三种模式。

---

① 该定义为中国人民银行《2005 年金融稳定报告》中的表述。

1. 美国模式

美国模式是一种独立性较强的模式。美国联邦储备体系不隶属于政府，只对国会负责。对货币政策的制定和执行具有绝对的权力。美国联邦储备体系与财政部形式上完全独立，在政策的制定和实施上互不干涉。联邦储备体系作为政府的银行，其重要职责之一就是代理国库和发行国债，并有义务支持财政，但财政在筹款困难的条件下，只能向其短期借款，并且数量受到限制，还要用特别债券作为抵押。

2. 英国模式

英国模式是一种法律上独立性较小，而实际独立性较大的模式。英格兰银行从1694年成立至1946年以前，一直为私人股份制银行，完全独立于政府之外发挥其中央银行的职能。1946年英国通过英格兰银行国有化法令，把英格兰银行收归国有，从此，英格兰银行与政府的关系进入了一个新的阶段。尽管法律规定英格兰银行隶属于财政部，是政府控制下的机构，但政府很尊重英格兰银行的意见和它在金融管理领域内的特殊地位和作用。因此，英格兰银行在政府的授权下，它的独立性和影响力比法律所规定的要大得多。

3. 日本模式

日本模式是一种独立性较小的模式。现行的日本银行法规定，日本银行作为日本政府的一个组成部分，隶属于大藏省，并接受大藏省的领导和监督。日本银行金融政策的制定和执行更多受政府经济政策的左右，反映政府的意志。

第三节　中央银行制度

一、中央银行的组织形式

就各国中央银行机构设置模式来看，其组织制度可归纳为四种类型：单一型、复合型、跨国型及准中央银行型。

（一）单一型中央银行制度

单一型中央银行制度是一个国家只建立一家统一的中央银行，机构设置一般采取总分行制。目前世界上绝大部分国家的中央银行都实行这种体制，我国也是如此。一般总行设在首都，分行是总行的隶属派出机构，分行没有货币政策制定权，只能执行总行的货币政策。这种模式的中央银行，领导权集中统一，便于货币政策的贯彻，决策迅速，因而为各国广泛采用。从西方各国来看，中央银行分支机构多数不是按行政区划分，而是根据经济发展的需要和经济中心的分布而设立的。有的国家重点在大城市设立分行；

有的国家如日本按经济大区设立分行。一般来讲，各分支机构都有划定的业务辖区。

（二）复合型中央银行制度

复合型中央银行制度是在国内建立中央和地方两级中央银行机构，中央级机构是最高管理机构，地方级机构也有其独立的权力。根据规定，中央和地方两级中央银行分别行使职权。属于这种类型的国家有美国、德国等。

美国的中央银行是美国联邦储备体系（Federal Reserve System），这个体系是根据《联邦储备法》于1913年成立的。在联邦一级，设立联邦储备委员会、联邦公开市场委员会和联邦顾问委员会。在地方一级，美国将50个州和一个直属区划分为12个联邦储备区，共设立12家联邦储备银行，这12家联邦储备银行又在其他25个大城市中设立了分支机构。联邦储备银行均不受州政府和地方政府管辖，它们各自有自己的理事会，有权发行联邦储备券（美元）和根据本地区实际情况执行中央银行的特殊信用业务。

（三）跨国中央银行制度

跨国中央银行制度是由参加某一货币联盟的所有成员国联合组成的中央银行制度。第二次世界大战后，许多地域相邻的一些欠发达国家建立了货币联盟，并在联盟内成立由成员国共同拥有的统一的中央银行。跨国中央银行发行共同的货币，并为成员国制定统一的货币政策。成立的宗旨则在于推进联盟各国经济的发展及避免通货膨胀。比如，由贝宁、象牙海岸、尼日尔、塞内加尔和多哥等国组成的西非货币联盟所设的中央银行。但这些都是比较松散的不完全的跨国中央银行制度。最典型的跨国中央银行制度是1998年设立的欧洲中央银行（European System of Central Bank）。欧洲中央银行在欧元区国家内发行统一的货币——欧元（EURO），并实施统一的货币政策，其总部设在德国的法兰克福。

（四）准中央银行制度

准中央银行是指有些国家或地区只设置类似中央银行的机构，或由政府授权某个或几个商业银行，行使部分中央银行职能的制度。中国香港、新加坡就属于这种体制。香港地区过去长期并没有一个统一的金融管理机构，中央银行的职能由政府、同业公会和商业银行分别承担。1993年4月1日，香港成立了金融管理局，它集中了货币政策、金融监管及支付体系管理等中央银行的基本职能，但它又不同于一般的中央银行。这种不同体现为港币的发行是由渣打银行、汇丰银行和中国银行三家商业银行共同承担，票据清算所一直由汇丰银行负责管理，而政府的银行这项职能一直由商业银行执行。

➢专栏阅读与分析

欧洲中央银行

欧洲中央银行是一个典型的跨国中央银行。它是欧洲一体化进程逐步深入的产物。

根据1992年欧盟首脑会议在荷兰马斯特里赫特签署的《欧洲联盟条约》（亦称《马斯特里赫特条约》），欧洲中央银行（ECB）于1998年6月1日成立。1999年1月1日，欧洲中央银行承担起在欧元区制定货币政策的责任，实现了实施单一货币欧元和在欧元区国家实行统一货币政策的目标。

欧洲中央银行体系由两个层面构成，一个层面是具有法人资格的欧洲中央银行，另一个是欧盟成员国的中央银行。欧盟成员国中尚未采用欧元的国家，虽然是欧洲中央银行体系的成员，但不能参与欧元区货币政策的制定，也不能参与货币政策的操作和实施。欧洲中央银行行长理事会（Governing Council）和执行董事会（Executive Board）是欧洲中央银行的两个主要决策机构。

为保证欧洲中央银行首要目标的实现，《马约》规定了中央银行的独立性原则，主要表现在如下几个方面：一是机构的独立性。欧共体的各机构和组织以及成员国政府不得对欧洲中央银行的决策机构成员施加影响；二是人事独立性。主管理事会成员可以长期任职，在任期上，首任中央银行的行长任期为8年，其后为5年，成员国中央银行行长的任期至少达5年；三是资金预算上的独立性。欧洲中央银行有自己的预算，它的资本金由欧元区各国中央银行认购和支付，禁止中央银行向公共部门贷款。欧洲中央银行体系的货币政策可分为三类：公开市场业务、常设工具和最低准备金。

欧洲中央银行的成立标志着欧盟国家的一体化迈上了一个崭新的台阶。各国为实现欧洲合众国的梦想，不惜放弃本国货币政策独立性为代价来支持欧洲建设。这是一次伟大的尝试。但是和人类所有的伟大实验一样，欧洲中央银行的道路也充满各种难以预料的困难和不确定性。

资料来源：欧洲中央银行．维基百科．欧洲中央银行主页，http：//www. ecb. int.

二、中央银行的资本结构

中央银行的资金来源有三个部分：通货、准备金存款和自有资本。这三项资金来源的前两项，各国大体相同，而第三项自有资本则有较大差别。按照自有资本的来源，中央银行可分为全部资本国有、公私混合所有、企业法人持股、会员银行持股、多国共有资本。

（一）全部资本国家所有

全部资本属于国家所有，称为国有化中央银行，即中央银行直接由国家拨款建立，或股份制商业银行经国家收购私人股份而成为国有银行。中央银行最初大多是由私营商业银行逐渐被国有化演变而来的。为了加强政府对经济的干预能力，第二次世界大战之后，各国普遍将中央银行的非国有资本国有化，如英国、法国、德国、荷兰、印度、加拿大、澳大利亚、瑞典等国。国有化是中央银行的基本模式。

（二）公私股份混合所有

这种中央银行的资本金一部分由国家持股，一般占资本总额的50%以上；另一部分由民间持股，如日本银行，由政府认购资本的55%，其余45%由民间认购，民间持股的唯一权利是按法律规定每年领取5%的股息。采用公私股份混合所有中央银行的国家还有比利时、奥地利、土耳其、墨西哥、智利等国。

（三）企业法人持股

这类中央银行的全部资本由企业法人股东持有，经政府授权，执行中央银行的职能。如意大利的中央银行，就是由股份公司转变为被国家法律授权的中央银行，其资本全部由储蓄银行、全国性银行、保险公司、公营信贷机构等认购。

（四）会员银行持股

这类中央银行仅美国联邦储备体系一家。美国联邦储备银行的资本全部由参加联邦储备体系的各会员银行持有，由各会员银行认购其所参加的联邦储备银行的股票，认购金额相当于各会员银行实收资本和公积金的6%。

（五）多国共有资本

跨国中央银行的资本不为某一国家所独有，而是由成员国共有。如欧洲中央银行、西非货币联盟、中非货币联盟就是属于这种类型。

➢ **专栏阅读与分析**

美联储：私人？国有？

美国联邦储备委员会是私人性质的。因为它分布在美国12家联邦储备银行的资金，都来源于会员银行，而这些会员银行都是私人的，除此以外也有少数是外国银行（其中就包括中国银行）。

每家会员银行要按照一定比例向美国联邦储备委员会上交存款准备金。存款准备金没有利息，但会员银行可以从中每年享受年收益6%的年末分红。

美联储掌握在私人手中，那么美元又是如何发行的呢？美国政府并没有发行货币的权力。如果要想得到美元，就必须用美国政府今后才能收取的税收收入通过发行国债的办法抵押给美国联邦储备委员会；然后，美国联邦储备委员会根据政府申请，再考虑发行“美联储券”，这就是人们通常所称的“美元”。

美联储体系由联储委员会、联储分行、公开市场为会员（FOMC）三部分构成。

联储委员会：由7名委员组成，其成员由美国总统提名，参议员批准。为了防止总统操控联储，委员任期长达14年，且原则上不允许连任。7名委员中，由总统任命一名主席，主席任期四年，可以连任。一旦某届主席被免职，他必须同时退出7人委员会，这样规定是为了避免前任主席出于政治考量或私人利益而凭借自己在联储中的影响力架空新任主席。

联邦储备银行——联储分行：联储分行为12个储蓄地区的12家银行。由当地的联储成员商业银行选举出6名董事，与联储委员会委派的3名董事一起组成了分行的最高决策机构，他们负责任免分行行长和其他高级官员。

公开市场委员会（FOMC）：公开市场委员会由12名委员组成，7名联储委员和纽约联储行长占8个席位，另外4个席位由11家联储分行轮流担任。

资料来源：FI中文网 . http：//www. ftchinese. com/.

第四节 中央银行的业务

一、中央银行的资产负债表

中央银行的业务活动都表现在其资产负债表上。中央银行负债是指其在某一时点对社会各经济主体的债务，其项目主要包括货币发行、各类存款、发行债券等。中央银行资产是指其在某一时点所拥有的各种债权，其项目主要包括国外资产、各类债权。我国中央银行的资产负债项目可以简要概括成表9－1。

表9－1 我国中央银行的资产负债表

资产	负债
国外资产	储备货币
外汇	货币发行
黄金储备	金融机构存款

续表

资产	负债
其他国外资产	非金融机构存款
对政府债权	政府存款
对存款类金融机构债权	发行债券
对非存款类金融机构债权	对外负债及其他负债
其他资产	资本项目

二、中央银行的负债业务

中央银行的负债业务主要包括货币发行业务、存款业务、发行债券业务。

（一）货币发行业务

货币发行业务是指中央银行向流通领域投放信用货币的活动。中央银行发行的货币都是信用货币，包括流通中的现金。统一货币发行是中央银行制度建立的根本动因。货币发行是中央银行最重要的负债业务，是其资金来源的重要组成部分。

以我国为例，货币发行包括两重含义：一是现金货币从中央银行的发行库通过各家商业银行的业务库流入社会公众手中；二是货币从中央银行流出的数量大于从流通中回笼的数量。我国中央银行货币发行主要是通过再贴现、再贷款、收购黄金外汇、在公开市场买入有价证券等业务活动进行的。

我国中央银行的货币发行具体是由中国人民银行设置的发行基金保管库（简称“发行库”）办理的。发行基金是指由中国人民银行保管的已印好但尚未投入流通的人民币票券。发行库包括总库（设在总行）、分库（设在一级分行）、中心支库（设在二级分行）和支库（设在县支行）。

各商业银行对外营业的基层行设立业务库。各商业银行业务库保存的人民币现金是银行办理日常现金收付业务的备用金。业务库现金通常有核定的库存限额，超过限额的现金要送交当地人民银行发行库，意味着这部分货币退出流通，称为货币回笼，同时增加商业银行超额准备金账户存款。当商业银行业务库现金不足支付时，在准备金账户余额内，从当地人民银行发行库提取现金。这时，人民币从发行库转移到业务库，意味着流通中货币增加。人民币发行程序见图 9－1。

（二）存款业务

以我国为例，中央银行的存款主要来自三个方面：

第一，金融机构存款。金融机构存款主要是指商业银行等存款类金融机构的准备金存款。集中保管存款准备金是中央银行作为“银行的银行”的职能具体体现。

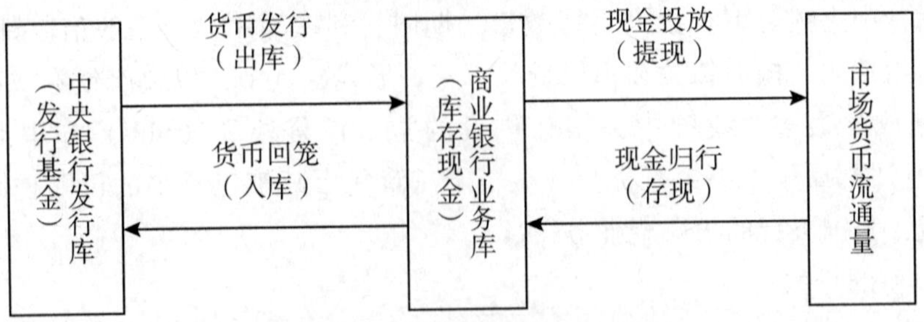

图 9-1 人民币的发行程序

第二，非金融机构存款。非金融机构存款是指中央银行吸收的第三方支付机构交存的客户备付金存款。

第三，政府存款。政府在中央银行存款包括两个部分：一是财政金库存款；二是政府部门的经费存款。集中政府存款是中央银行代理财政收支，履行“政府的银行”职能的具体体现。

（三）发行债券

以我国为例，中央银行发行债券主要是指发行中央银行票据。国外央行称为中央银行债券。中央银行票据是中央银行的一种主动性负债业务。央行票据的发行对象主要是国内金融机构。发行央行票据主要有两个目的：一是针对商业银行和其他存款类金融机构超额储备过多的情况，以减少其超额储备，从而控制这些金融机构的信用活动；二是作为公开市场操作工具之一，通过央行票据的买卖行为，灵活地调节市场货币供应量。

此外，中央银行还有对外负债业务，主要包括对外国中央银行的负债、从国际金融机构的借款、在国外发行的中央银行债券等。中央银行对外负债的目的主要是平衡国际收支、维持本币汇率稳定。

三、中央银行的资产业务

中央银行的资产业务是指中央银行运用其资金的行为。通常资产业务包括贷款业务、再贴现业务、有价证券买卖业务、黄金和外汇储备等。

（一）贷款业务

贷款业务是中央银行针对商业银行等存款类金融机构的贷款，是中央银行的主要资产业务，它体现了中央银行作为“最后贷款人”的职能。中央银行的贷款是向社会提供基础货币的重要渠道之一。我国通常称为再贷款，以区别于商业银行的贷款。

1. 对存款类金融机构的贷款

这是中央银行最主要的资产业务。中央银行通常定期公布贷款利率，商业银行提出贷款申请后，中央银行审查批准具体数量、期限、利率和用途。一般借款都是短期的，主要采取信用贷款、抵押贷款和担保贷款等三种形式，其中，以政府债券或商业票据为担保的抵押放款最多。我国中央银行创设的常备借贷便利（SLF）和中期借贷便利（MLF）其性质都属于中央银行贷款（见第十三章货币政策工具中的再贴现政策“专栏阅读与分析：我国央行的再贴现业务”）。

2. 对政府的贷款

在政府收支出现失衡时，各国中央银行一般都负有提供信贷支持的义务。中央银行对政府的贷款一般是短期的，且多为信用放款。此外，中央银行在从事公开市场业务时，购买政府的国库券或公债，事实上是间接向财政发放了贷款。

3. 其他贷款

其他贷款主要有以下两类：（1）对非金融部门的贷款，这类贷款一般都有特定的目的和用途，贷款对象比较窄，各国中央银行一般都有事先确定的特定对象。中国人民银行支持老少边穷地区的贷款即属此类。（2）中央银行对外国政府和国外金融机构的贷款，通常属于援助性质，这部分贷款在统计中一般放在“国外资产”项下。

（二）再贴现业务

再贴现业务是指中央银行买进商业银行所持有的未到期商业票据，从而向商业银行融通资金的行为。中央银行再贴现是解决商业银行短期资金不足的重要手段，同时也是中央银行实施货币政策的重要工具之一。

只有在中央银行开立了账户的商业银行等存款类金融机构才能成为再贴现业务的对象。中央银行接受商业银行所提出的再贴现申请时，要审查票据的真实性、合理性和申请者资金营运状况，确定是否符合再贴现的条件，只有审查通过才能获得融资。

（三）有价证券买卖业务

有价证券买卖是中央银行实施公开市场业务的基本方式。尽管中央银行在证券买卖过程中会获得价差收益，但其目的在于对货币供应量的控制和调节，而非盈利。中央银行可以买卖的证券包括政府债券、回购协议、金融债券等，主要是国库券。

（四）黄金、外汇储备资产

持有黄金、外汇储备所占用的资金是中央银行重要的资产业务之一。中央银行所拥有的黄金、外汇储备，对外作为一般的购买手段和支付手段，可调节国际收支；对内可作为货币发行的准备，保持国内货币流通的稳定。

四、中央银行的中间业务

中央银行的中间业务主要是指办理支付清算，包括票据交换、办理异地资金转移。

(一) 集中办理同城票据交换

票据交换工作通常都是在票据交换所进行的。票据交换所是同城内各银行相互之间清算其应收应付款项的集中场所，最初按银行相互之间的共同协议设置。中央银行制度发展后，便演化成其重要的业务部门之一。票据交换所的基本工作原理可以通过表 9 - 2 来说明。

表 9 - 2　　票据交换所工作原理

应收行	应付行						
	A	B	C	D	E	应收合计	应付差额
A	0	10	20	30	40	100	—
B	10	0	20	30	40	100	—
C	10	20	0	30	40	100	0
D	10	20	30	0	40	100	30
E	10	20	30	40	0	100	60
应付合计	40	70	100	130	160	500	—
应收差额	60	30	0	—	—	—	90

从表 9 - 2 可以看出，假设同一城市有 A、B、C、D、E 五家银行组成票据交换关系。其中，A 银行应向 B、C、D、E 分别收款 10、20、30、40 个单位，共计 100 个单位的款项，但与此同时，它也要向 B、C、D、E 分别付款 10 个单位，共计 40 个单位，所以它最后的应收款项只有 60 个单位。C 银行的应收和应付款项恰好相等，故它既不收进也不付出。E 银行对其他银行的应收款只有 100 个单位，而应付款合计达 160 个单位，故收支相抵后还须付出 60 个单位。由于任何一家银行的应收款项，一定是所有其他银行的应付款项。同样，任何一家银行的应付款项，一定是所有其他银行的应收款项。因此，各行应收合计一定等于各行应付合计。同样，各行应收差额的总和一定等于各行应付差额的总和。由于有了这种票据交换，500 个单位的应收应付款，现在只需要 90 个（收付差额）单位的交付即可了结。所以，票据交换既节约了人力、物力，又节约了资金。

由于各清算银行均在中央银行开设备用金存款账户，票据交换后的最后差额即由该账户上资金的增减来结清。票据交换所总清算员将应收行和应付行的明细表提交给中央银行后，会计人员便开始账务处理。当某家清算银行为应付行时，则借记其备用金存款账户（资金减少），而对于应收行，则贷记其备用金存款账户（资金增加）。该账户上的金额可视为商业银行的超额存款准备金。当应付账户上的资金不足时，中央银行便作退票处理，同时按有关规定予以处罚。

（二）跨行资金支付系统

中央银行不仅通过其分支机构组织同城票据交换与资金清算，还要在全国范围内办理异地资金转移。由于票据流通规则和银行组织方式的不同，中央银行办理异地资金转移时的具体做法也不尽相同。英国以伦敦为全国的清算中心，先由四大清算银行清算，其差额再由英格兰银行转账划拨。在美国，是由联邦储备银行代收外埠支票，建立清算专款，然后以华盛顿为最后清算中心。法国则是利用中央银行遍布全国的分支机构，建立转账账户为各银行服务的。我国的中央银行建立多种类型的电子支付系统，包括大额支付系统、小额支付系统、全国支票影像支付系统、网上支付跨行清算系统、人民币跨境支付系统。中央银行通过在全国范围内办理资金清算、转移，在为各家银行提供服务的同时，也掌握了全国的经济金融情况和各地银行的基本信息，从而为监督管理提供了信息基础。

➢ 本章小结

（1）中央银行是从现代商业银行中分离出来的，管理一国金融事业的国家机关，是特殊的金融机构。中央银行产生的是统一发行银行券的需要；是统一票据清算的需要；救助银行支付危机的需要；是统一金融监管的需要。

（2）中央银行的职能体现为发行的银行、银行的银行、政府的银行及维护金融稳定。

（3）现代中央银行的独立性是一种相对的独立性。

（4）中央银行的组织形式有单一式中央银行制度、复合式中央银行制度、跨国中央银行制度及准中央银行制度。

（5）中央银行的负债业务是形成其资金来源的业务。负债业务主要包括资本业务、货币发行业务、存款业务、发行债券及其他负债等。

（6）中央银行的资产业务是其运用资金的业务。资产业务包括贷款业务、再贴现业务、有价证券买卖业务、黄金外汇储备业务等。

➢ 关键术语

中央银行　最后贷款人　货币发行　再贷款　再贴现　跨国中央银行制度

➢ 思考与练习

（1）中央银行产生的客观经济基础是什么？

（2）中央银行的主要职能是什么？

（3）中央银行的负债业务、资产业务分别有哪些？

（4）既然中央银行是政府的银行，为什么还要强调其相对于政府的独立性？

➤ 进一步学习的资源

[1] 中国人民银行 . www. pbc. gov. cn.

[2] 美国联邦储备委员会 . www. federalreserve. gov.

[3] 英格兰银行 . www. bankofengland. gov.

CHAPTER 10

第十章　互联网金融

➢ **本章导入**

互联网金融是近年来基于互联网应用普及而兴起的一种不同于传统金融中介机构和金融市场的新型金融模式。这种模式借助互联网技术，创新了金融交易手段，极大地提高了金融交易效率。互联网金融致力于金融服务的长尾客户，已成为普惠金融的一种重要实现形式。互联网金融已经形成了互联网支付、P2P网络借贷、网络理财、网络众筹、互联网小额贷款、数字货币和区块链等多种金融业态。互联网金融也产生了新的风险形式，因此，互联网金融的监管必须随之跟进。

➢ **学习本章后，你将能够：**

- 认识互联网金融的概念和本质
- 把握互联网金融的影响
- 认识互联网金融业态及其创新点
- 了解互联网金融的风险及其监管

第一节　互联网金融概述

一、互联网金融的概念和范围

互联网金融是为了适应经济主体对便捷支付、高效融资和财富管理的需求，在互联网技术广泛应用基础上发展起来的一种新金融模式。其“新”体现在两方面：一是技术新。金融交易中广泛使用移动互联网，降低了参与门槛，并运用大数据、社交网络、搜索引擎、云计算、区块链及人工智能等技术赋予传统金融业务全新的面貌。因此，互联网金融在国际上也称为金融科技，即Fintech，真正的互联网金融是以科技作为核心驱动力；二是模式新。传统的金融交易主要依赖金融中介和金融市场，而互联网金融开辟了一种新的交易模式，不经过传统金融中介和金融市场，通过互联网信息平台完成融资、支付等金融交易行为，提高了运行效率，有效降低了交易成本，但对传统金融监管提出了挑战。

从形式上看，互联网金融是互联网技术与金融活动的融合，但从本质上看，互联网金融实际上是一种金融基础设施，它与金融机构、金融市场一样，是支撑金融资源配置、开展金融业务的基础设施。互联网金融以技术为支撑，以金融交易为内容，其金融的属性和功能没有改变，金融活动的契约内涵、金融活动特有的风险都没有改变，仅仅是金融销售渠道、获取渠道上的创新。为此，我们将互联网金融定义为：金融机构及互联网科技公司基于互联网技术平台提供金融交易服务的形式和设施。互联网技术和金融功能是互联网金融的两个基本要素。

互联网金融的范围可以从狭义和广义两方面来界定，狭义的互联网金融通常是指由互联网科技公司、电子商务公司以及民间金融机构利用互联网技术开展的第三方支付、P2P 网络借贷、网络众筹、互联网理财、网络小额贷款等互联网金融服务；广义的互联网金融则包括了传统金融机构的互联网金融服务、纯互联网金融机构业务，以及由网络科技公司、电子商务公司和民间金融机构等非金融企业基于互联网开展的金融服务。此外，网络征信、数字货币和区块链也属于广义互联网金融范畴。互联网金融也被称为数字金融（digital finance），有的国家把互联网金融归入在线另类金融范畴（online alternative finance）。

二、互联网金融的影响

互联网金融不仅促进了传统金融业变革，也对金融消费者和金融监管带来了影响。

（一）对传统金融业的影响

依托互联网技术在金融业的渗透和广泛应用，互联网金融极大地降低了传统金融行业的交易成本，一定程度解决了信息不对称问题。与此同时，也对金融行业带来了挑战。互联网金融通过金融服务渠道的竞争，促使传统金融业服务思维变革和经营模式转型，日益注重互联网业务，由重资产向轻资产经营模式转型，传统金融机构与互联网科技公司跨界联合，实现共赢。

（二）对金融消费者的影响

互联网具有开放、共享、共赢的平台思维，体现在互联网金融上，其核心就是普惠金融。这使金融不再是精英阶层和大中型企业独享的服务，普通大众和小微企业也能够享受到金融服务。金融不再只是“锦上添花”，也可以“雪中送炭”。此外，互联网金融的用户思维、简约思维，极大地便利了消费者选择，拓展了普通投资者的理财渠道，并改变着消费者的金融消费习惯和行为模式。

（三）对金融监管的影响

互联网金融的兴起是传统金融严格监管下的一种金融创新。这既是规避传统金融监管的结果，也是经济主体进行监管套利的体现。随着互联网金融风险不断暴露，原有的监管理念和体系已经无法适应新的金融监管需求，机构监管向功能监管转变，分业监管向综合监管转变已成为必然趋势。

三、互联网金融的发展及发展动因

（一）互联网金融的发展

从国际视角来看，互联网金融最早产生于20世纪90年代初，随着互联网技术在传统银行业的应用，出现了电子银行（E－banking）、网络银行（network banking）。1994年成立的美国安全第一网络银行（Security First Network bank）是世界第一家纯网络银行。我国最早开展网络银行业务的是招商银行，于1998年推出“一网通”。经过20多年的发展，网银支付已经成为互联网支付的主流方式。我国的纯互联网银行始于2015年开业的两家民营银行，微众银行和网商银行。第三方网络支付业务最早始于1998年美国电商企业eBay公司设立的贝宝支付（PayPal），2003年10月，我国淘宝网率先推出支付宝网络支付服务，2004年12月支付宝（Alipay）公司正式成立，成为首家独立的第三方支付品牌。2005年9月，腾讯公司推出微信支付——财付通。随后，其他品牌的第三方支付迅速发展。从2011年开始，中国人民银行对第三方支付机构实行牌照管理，分批共签发了271张牌照，其中33张因违规、合并、业务调整等各种原因被注销。截至2019年8月底，已获许可的第三方支付牌照238张。

互联网理财始于20世纪90年代中期的互联网证券业务，到2000年左右，国内已经基本普及了网上证券发行和交易。随着互联网证券业务的兴起，互联网基金逐步成为大众的一种理财选择，但真正互联网基金的春天始于2013年“余额宝”的推出，“余额宝”使货币基金成为人们现金管理的首选。国内较早的互联网保险是2001年太平洋保险开通的“网神”互联网投保业务，之后，一些互联网保险中介开通网上保险咨询及销售服务。2012年之后，一些保险公司推出了保险APP客户端，有的与知名电商平台联合推出网上保险平台，如泰康人寿与携程、淘宝合作。2013年11月，众安在线财产保险公司成立，开启了纯互联网保险专营模式。

P2P网络借贷源于2005年英国上线的Zopa平台，2006年美国第一家网贷平台Prosper上线，2007年美国Lending Club成立。我国的网贷平台发展与国外基本保持同步，2007年6月拍拍贷作为首家网贷平台在上海成立，并于2017年在纽约证交所上市。P2P网贷在2017年以前曾是老百姓最热门的投资渠道，网贷之家2018年8月底的数据显示，最高峰累计有 P2P 网贷平台 6 621 家。2018 年下半年开始不断出现平台跑路事件，行业风险集中暴露，2019 年 1 月，监管部门出台网贷行业“175 号文件”，开始行业性清理。

网络众筹作为一种利用互联网平台为创新创业者募资的融资方式，成立最早的是 2003 年美国的实物回报众筹音乐网站 ArtistShare，2005 年出现了公益性捐赠众筹平台 Kiva，2009 年美国硅谷成立了股权众筹网站 AngelList。我国的众筹平台开始于 2011 年，最早设立的是实物回报众筹点名时间（DemoHour），同年股权众筹平台大家投、天使汇成立。当前众筹平台以实物回报型平台为主，股权众筹和捐资众筹数量较少。

（二）互联网金融发展的动因

1. 科技发展是互联网金融产生的技术条件

互联网和计算机技术是互联网金融发展的技术基础，特别是智能手机等移动通信工具的普及，使互联网金融成为普惠金融的重要实现方式。大数据、云计算、人工智能等信息技术的应用，使互联网金融在解决金融服务的信息不对称方面更具优势，并体现出服务更高效、对象更精准、成本更低的特色，从而受到市场的广泛认可。金融科技（Fintech）作为互联网金融发展的核心驱动力和竞争力，随着先进科技成果的进一步应用，必将给金融行业带来深刻影响和变革。

2. 弥补传统金融未触及的客户需求是互联网金融发展的外部动力

互联网特别是移动互联网改变了客户的消费习惯，客户可以自主获取信息并做出决策，客户更愿意自主选择接受服务的时间、渠道。而传统金融中介基于固有模式的惯性，不能及时适应客户的这种需要。此外，小微企业、低收入群体等传统金融不愿提供或无法触及的“长尾客户”形成的市场空间，为体制外的互联网金融创新提供了机会。第三方支付、互联网理财就是适应客户这种金融服务需求的模式创新，网络借贷则是满足小微企业融资、个人金融投资的投融资模式创新。正是由于互联网金融适应了市场需求新变化，弥补了传统金融服务的市场空白点，才能迅速发展起来。

3. 监管套利是互联网金融产生的内部动力

作为金融创新，互联网金融最初是在监管相对宽松甚至缺乏监管的准金融领域开展经营，其内在动力源于通过监管套利来获取超额收益，比如在无须金融牌照的网络借贷中，没有利率管制、没有资本金和准备金要求；在网络支付领域，客户沉淀在第三方支付账户中的备付金成为获取收益的重要来源。当然，随着监管制度的到位，这些套利空间已经消失。但正是基于监管套利动机，催生了互联网金融各种业态的创新。

第二节　互联网金融业态

一、互联网支付

支付业务是传统金融机构提供的基本金融服务之一，也是基础性的金融设施。互联网支付是随着互联网技术和电子商务发展兴起的，通过计算机、移动电话等设备，依托互联网发起支付指令、转移货币资金的服务。按照提供支付的主体不同，互联网支付分为商业银行提供的互联网支付和非金融机构提供的第三方支付两类。

（一）商业银行的互联网支付

商业银行作为传统金融机构支付的主体，网上银行、手机银行是其互联网支付的主要方式，它们都需要以本银行的银行卡注册后登录操作。网上银行已经成为除了网络支付外，还包括信贷、投资理财、结售汇、外汇买卖等多种金融服务的网络平台，实现了“3A 银行”（Anytime \ Anywhere \ Anyhow）。网上银行是互联网上的虚拟银行柜台，根据服务的客户不同，网上银行通常分为个人网上银行和企业网上银行。网上银行支付通常用于大额交易，不同银行账户需要登录不同银行网银客户端完成支付，操作手续相对复杂，但具有较高的安全性。

（二）非金融机构的第三方支付

商业银行的网银支付没有监督功能，单纯提供从买家到卖家的直接支付服务，无法解决电子商务中异步交易的双方信任问题。非金融机构第三方支付，作为买卖双方之间具有公信力的第三方，在提供支付业务的同时嵌入监督功能，解决了异步交易中的信任问题，得到市场认可而迅速普及。第三方支付运作的实质是在收、付款人之间设立一个过渡账户，第三方支付机构充当资金托管人和交易监督的中间人角色，但并不承担风险。非金融机构的第三方支付以一种全新模式替代了传统网银支付流程烦琐的问题，大大节省了交易时间，深刻改变了用户的金融支付习惯，促使银行加速变革，提升服务水平和效率。

第三方支付可以分为两种类型：

1. 依托电商平台的第三方支付平台

这类支付平台依托电子商务门户网站设立，在提供支付服务的同时，对电商交易具有信用担保功能，如支付宝、财付通等。通常的做法是为用户提供一个专用账户，通过该账户与银行卡账号关联进行支付，避免了登录不同网银账户的麻烦。该账户在银行卡账户和互联网之间形成一个隔离层，每次支付不需要输入银行卡号和密码，避免了银行卡号在网络传输中的风险。

2. 不依托电商平台独立的第三方支付平台

这类支付平台不依托电商平台，以行业客户为服务对象，通过与各大银行签订代理网关协议，将银行网关与第三方支付平台对接，为用户提供跨行支付服务。这类支付平台通常依托航空公司、网游等服务性行业，如汇付天下、首信易支付等支付平台。

（三）第三方支付清算方式改革——网联平台

第三方支付的资金清算最终还是要通过银行，为此，各家支付机构要与多家银行签约接入银行清算，渠道成本高。而且第三方支付机构是净额清算，即将不同银行客户的支付金额内部轧差之后向银行清算，支付监管部门只能看到银行账户轧差金额的变动，看不到具体每笔资金流转的详细信息，洗钱等违法行为无法得到监控。此外，第三方支付机构的支付备付金通过协议存款形式存在多家银行，抬高了银行存款成本，同时还存在支付机构挪用客户备付金的可能。为此，2017 年 3 月中国人民银行清算总中心和财付通、支付宝、银联商务等 45 家机构共同设立网联清算有限公司，简称网联平台。网联平台是为第三方支付机构提供统一、公共的资金清算服务的中介机构，是第三方支付平台与银行体系间的数据中介和桥梁。它一方面有利于掌握第三方支付机构的资金流向，另一方面有利于节约第三方支付机构拓展、维护银行渠道的成本，提高清算效率。

二、P2P 网络借贷

P2P 网络借贷是英文“Peer to Peer Lengding”的简称，即点对点借贷，是投融资双方通过互联网借贷平台以点对点方式完成的借贷。P2P 网络借贷避开了金融中介机构，是借者和贷者的直接交易，其实质是直接融资，是民间小额借贷基于互联网信息平台的线上形式。英国把 P2P 网络借贷、网络众筹称为另类金融（alternative finance），美国把 P2P 网贷平台称为市场借贷（marketplace lending），欧洲国家把 P2P 网贷称为借贷型众筹（Loan-based crowdfunding）。P2P 网络借贷通过网络使陌生人之间实现借贷，降低了交易成本，提高了借贷效率；同时众多贷款人放款给一个借款人，能够有效分散借款风险。P2P 网络借贷作为互联网金融创新模式，其核心竞争力是风险控制，特别是基于大数据的信用风险评估模型应用。P2P 网络借贷平台模式包括下列三类。

（一）纯互联网信息中介模式

这种 P2P 借贷平台本身只提供信息中介服务，负责对借款人进行信用审查和风险审核，挑选合格的借款者向网络投资者发布，但不承担风险。拍拍贷曾经是国内最早开展纯互联网借贷的平台。

（二）提供借款担保的网贷平台模式

这种 P2P 网贷平台承诺向投资者提供本金或利息的担保。其担保方式通常有三种：一是由合作的融资担保公司提供本息担保；二是由合作的保险公司对借款提供履约保证保险；三是由平台从借款项目中提取风险准备金作为部分借款的担保。第一种和第三种担保方式都曾是国内网络借贷平台的主流做法。

（三）债权转让的网贷平台模式

这种 P2P 网贷平台通常先由银行或专业放贷人向借款人放款，然后通过 P2P 网贷平台再将该债权拆分后转售给投资者。美国的 Lendingclub 采取的就是这种模式。

三、互联网小额贷款

互联网小额贷款是金融机构或非存款类贷款机构利用互联网平台向客户直接提供小额贷款的方式。其服务对象主要是小微企业和个人。按照提供服务的主体不同，分为基于电商平台的互联网小额贷款、纯互联网小额贷款和互联网银行小额贷款三类。互联网小额贷款创新了线上普惠金融服务的模式，是解决小微企业融资难的有效途径。

（一）基于电商平台的互联网小额贷款

电商平台集聚着大量小微企业和个体工商户，而它们的融资需求往往难以获得银行支持。拥有大量商户交易数据作为信用评估支撑，大型电商平台纷纷设立互联网小额贷款公司解决其融资问题，基于电商平台的小额贷款模式为信贷资金良性循环提供了较好的生态环境。例如蚂蚁金服旗下的蚂蚁小贷品牌，其服务主体是阿里巴巴小额贷款公司。这种模式的贷款完全基于线上操作，并通过标准化的小额信用贷款、基于大数据的客户信用评价系统，极大地简化了贷款手续流程，大大提高了运作效率，成为电商平台金融服务的标配。

（二）纯互联网小额贷款

这种模式是由银行或持牌的互联网小额贷款公司提供网络分期消费贷款或者小额信用贷款。网络分期消费贷款是依托具体的消费场景、资金有指定用途的小额贷款，包括银行的网络分期消费贷款和互联网小贷公司的网络分期消费贷款。由互联网小贷公司发放的无特定场景依托、无指定用途、无客户群体限定的小额信用贷款，称为现金贷。由于现金贷存在过度借贷、重复授信、不当催收、畸高利率、侵犯个人隐私等突出问题，存在着较大的金融风险和社会隐患，2017 年监管部门曾对这类贷款平台进行过集中整治。

（三）互联网银行小额贷款

互联网银行小额贷款是由纯互联网银行发放的小额信用贷款。这类银行也称为直销银行（direct bank），如国内的微众银行、网商银行、中信百信银行。直销银行不设物理网点，不做现金业务，主要通过标准化的交易流程、标准化产品对特定目标客户群体进行快速、规模化的服务，其服务对象以小微企业和个人客户为主。

■ 拓展学习资料：暂停批设网络小贷公司　现金贷业务成导火索

10 - 1

四、网络众筹

网络众筹（crowd funding）是通过互联网平台向特定公众筹集小额资金为某个项目或企业融资的方式。广义的网络众筹包括捐赠众筹、借贷众筹、回报众筹、股权众筹，狭义的众筹通常是指除了借贷众筹之外的其他众筹。借贷众筹就是指 P2P 网络借贷。网络众筹作为一种基于社会化媒体的融资模式，其融资项目往往注重创新创意，具有天使投资性质，对解决创业阶段的小微企业融资具有重要作用。网络众筹起源于美国，2003 年美国众筹音乐网站 Artist Share 是最早创立的众筹平台。

（一）股权众筹

股权众筹是创新创业者或小微企业通过互联网平台进行公开小额股权融资的形式。股权众筹融资具有低门槛、回报周期长、流动性差、风险高的特点，其实质是基于互联网的风险投资。股权众筹面向社会公众进行股本融资，可能存在一定的法律问题。《证券法》关于公开发行证券明确规定：向不特定对象发行证券，或者向特定对象发行证券累计超过 200 人的，都属于公开发行。按照法律规定，我国目前的股权众筹只能是私募股权众筹，即仅限于向特定对象发行且不超过 200 人。为了给股权众筹合法性提供保障，2012 年 4 月美国发布《促进创业企业融资法案》（*Jumpstart Our Business Startups Act*），简称 JOBS 法令。该法第三条规定：众筹融资者——初创企业（Startup）只要满足一定豁免条件，即可以通过互联网进行众筹融资，不必向 SEC 注册，这为创业企业通过小额股权众筹募资提供了合法途径。

（二）回报众筹

回报众筹也称为奖励众筹，是指众筹项目获得投资者资金支持后，通过给予投资者即将开发的产品或服务作为投资回报的众筹形式。回报众筹通常是具有创新性或创意性的订单制造、影视娱乐类项目，以满足个性化、小众化消费需求。这类众筹属于预售 + 团购的性质。成立于 2009 年美国的 Kickstarter 是世界著名的综合性回报众筹平台，点名时间是国内设立较早的回报类众筹平台。

（三）捐赠众筹

捐赠众筹也称公益众筹，是投资者通过互联网平台以捐赠方式对某些项目或个人给予资金资助的众筹方式。捐赠众筹的项目通常是艺术类、人道主义项目，投资者通常是做慈善事业，不追求物质回报。美国的 Kiva、Watis 都是著名的捐赠众筹平台，国内有水滴筹、轻松筹、腾讯公益等。

五、互联网理财

互联网理财是互联网金融发展中最受公众认可的新型财富管理形式。传统财富管理特别是私人银行业务主要服务对象是高净值人群，互联网理财秉承“以顾客为中心”的用户思维，以低门槛、低成本服务面向长尾客户，实现理财的普惠性。互联网理财按照提供业务的机构性质不同，可以分为金融机构的互联网理财和金融科技公司提供的互联网理财。前者主要包括银行的网银理财、保险公司的网上保险和证券公司的网络证券交易，后者是指依托第三方信息科技平台开展的理财服务，如余额宝、京东金融、天天基金网等。按照互联网理财提供的业务类型，可分为网银理财、互联网证券、互联网基金、互联网保险、互联网账户管理、互联网理财投顾。

（一）网银理财

网银理财是商业银行通过网上银行为客户提供金融理财服务，除了银行账户服务的基本功能外，在线购买银行理财产品、投资基金是其主要理财方式。网银购买理财产品有最低起点限制，通常至少 1 万元起，有的是 100 万元甚至是 1 000 万元起。网银理财产品以中低风险等级为主，体现了银行稳健经营的特点。

（二）互联网证券理财

互联网证券是互联网技术在理财领域最早应用，也是受众面最广的互联网理财方式。我国在 1997 年开始互联网证券行情浏览及交易，2000 年后互联网证券交易开始逐步普及。互联网证券包括账户登录、密码修改、证券买卖、证券行情和交易信息查询、银证转账等一系列服务。

（三）互联网基金理财

互联网基金理财是以第三方金融信息平台、基金公司、商业银行、证券公司等为载体，通过互联网技术实现的基金理财模式。在基金公司网站只能购买一个基金公司的产品，在网上银行、证券公司、第三方金融信息平台的基金超市则可以购买多家基金公司的产品，选择的余地更大。互联网基金投资起点通常为 1 000 元，投资门槛低，适合于大众理财。第三方金融信息平台基金销售以余额宝最为典型，这是将货币基金投资渠道嵌入第三方支付场景的理财模式创新。

➤专栏阅读与分析

余额宝取消“限购”

余额宝是伴随着移动支付的崛起，与支付宝“联姻”的天弘余额宝货币市场基金，成立于2013年6月，截至2017年末，其总规模高达1.58万亿元，用户总量大4.74亿人，其中99.94%为个人投资者。为减轻“一基独大”的流动性压力，2017年5月天弘基金开始主动对余额宝采取“限购”措施。在额度上限有由100万元先后调降制25万元和10万元的基础上，自2018年起采取每日9时限量发售的政策。截至2018年末，余额宝资产净值降至1.13万亿元。2018年5月4日期，余额宝开启“分流”模式，博时现金收益货币A和中欧滚钱宝货币A两只货币基金进入余额宝平台，宣告天弘余额宝“一枝独秀”的时代终结。到2019年余额宝平台对接了广发、银华、景顺长城等约20家公司的货币基金，投资者可以“货比三家”，同时，余额宝货币基金的7日年化收益率也降低至2.3%左右（2019年9月1日），在余额宝刚推出时，曾因远高于活期储蓄利率的收益水平而红极一时，在2016年，其7日年化收益率一度最高达到6.7%。2018年以来，随着货币市场利率的整体走低，余额宝等“宝宝类”货币基金的收益率呈现逐级走低的态势。

资料来源：“天弘余额宝取消‘限购’收益率下降你还投‘宝宝’吗?”. 金融时报（新闻版）. 2019-04-11.

问题思考：

（1）余额宝等货币基金收益率、资产规模下降的原因是什么？

（2）互联网货币基金理财有什么优势？

（四）互联网保险理财

从广义来说，互联网保险理财是以互联网技术为手段，提供保险产品、服务及相关信息的各类保险经营活动。狭义的互联网保险理财仅指利用具有投资性质的保险产品进行的理财活动。本节主要指广义互联网保险理财。互联网保险可以实现保险咨询、投保、审批、交费、理赔、投诉等全业务流程。互联网保险理财平台主要有：保险公司自营的电子商务网站经营（B2C）；第三方互联网信息平台或电商平台（例如淘宝保险）；专业财经网站和大型综合门户网站开辟的保险频道（例如和讯网的保险栏目）；专业保险经纪公司代理（例如中民保险网）。互联网保险具有信息量大、传输快、透明度高、上架成本低的特点，特别适合具有一定专业知识的人士参与。互联网保险理财将保险产品嵌入需求分散的互联网生活环境中，使保险理财场景化，满足了客户在特定场景下的金融需求。

（五）互联网个人财务管理

个人财务管理是消费金融的重要环节，主要通过对个人日常收支、投资、债务等财务数据进行记录、分析和规划，从而管理个人或家庭的资产负债表。互联网个人财务管理主要业务包括两类：（1）记账服务。平台的记账服务有手工记账和自动记账两种。自动记账即关联用户授权的银行卡、自动短信记账、关联邮箱记账、第三方电子账户记账等，自动提取账单信息。（2）增值服务。除提供基础记账服务外，许多平台还提供其他财务管理服务，包括各类理财产品推荐、贷款推荐、信用卡管理等。典型的平台有国内的挖财网，国外的 Mint 平台等。

（六）互联网智能投顾

互联网智能投顾（Robot - Advice），是通过运用人工智能算法（algorithms）及投资组合优化等理论模型，为用户提供个性化投资决策和资产配置参考的在线投资顾问服务模式。这种理财模式的实质是通过计算机算法，根据用户提供的个人特征和风险偏好，实时向投资者推荐由机器构建的投资组合，并模拟出投资组合在市场表现最优、一般、最差三种情况下的收益率，最终让用户决策。智能投顾成本低廉且便于用户操作，特别是能够避免人的情绪影响，严格执行预设的投资策略，做到了以客户为中心，而传统理财是以产品为中心的。国内的智能投顾平台如钱景私人理财，国外的智能投顾平台如 Betterment（2010 年成立）、Wealthfront（2011 年成立）等。

六、数字货币与区块链

（一）数字货币

数字货币属于虚拟货币（virtual currency）范畴，虚拟货币与实体货币（physical currency）对应，是随着计算机技术和互联网发展，衍生出的脱离实体货币但具有一些货币属性的价值形态。广义虚拟货币包括三类：①电子货币。现有法定货币体系下与银行账户关联的电子化“记账货币”，也称为卡基货币（card-based currency），主要是银行卡、第三方支付；②游戏币和社交平台币。这类虚拟货币由游戏平台和网络社交平台发行，并应用在网络虚拟空间。可以用法定货币购买，有的还能兑换成法定货币；③加密货币（encryption currency）。基于加密算法（encryption algorithm）和“分布式记账”（distributed ledger technology，DLT）技术推出的创新货币，以比特币最为典型。狭义的数字货币就是指加密货币。

相对实体货币，数字货币具有以下优势：首先，数字货币基于开源算法、分布式记账技术，没有发行主体，因此，没有任何人或机构可以控制其发行，使其具有“去中心化”发行的特点，也具有超主权特性；其次，数字货币发行是在网络中根据特定算法通过大规模计算求解产生的，所以数字货币的总量固定，有利于消除货币滥发导致的通货膨胀问题；再次，数字货币账号不需要实名认证，仅是一串数字地址，无拥有者任何具体信息，交易双方均不知道对方的准确信息，只知道数字地址，这使得数字货币具有匿名性；最后，数字货币交易过程需要网络中每个节点的认可，且任何数字货币的生成和交易状态，都完整地记录在主区块链中，因此，数字货币交易过程足够安全，并具有可溯源性。数字货币是一个多学科交叉，涉及计算机技术、密码学、数学、经济学等领域知识合成的一种数字资产，具有技术先进性和金融属性。目前，世界上已经有超过几百种数字货币，但主流的有比特币（Bitcoin）、莱特币（Litecoin）、瑞波币（Ripple/XRP）、以太币（Ethereum）等。

➢专栏阅读与分析

比特币是货币吗？

2013 年比特币中国网站成为全球第一大比特币交易平台。这一年比特币从数百元升至 2 000 元，一度达到 8 000 元历史高点。之后几年，比特币价格有所回调。进入 2017 年后，比特币不仅重新站上 8 000 元历史高点，在 2017 年 7 月达到每个 3 万元的最高纪录。2017 年以来，莱特币价格上涨 476%，瑞波币价格上涨 54 倍，以太币价格上涨 13 倍。

比特币的迅速发展引发了人们对虚拟货币是否是真正意义上的货币的思考。那么，比特币等虚拟货币是货币吗？2013 年 12 月 5 日，中国人民银行等五部委联合发布的《关于防范比特币风险的通知》明确：比特币不是由货币当局发行，不具有法偿性与强制性等货币属性，并不是真正意义上的货币。从性质上看，比特币是一种特定的虚拟商品，不具有与货币等同的法律地位，不能且不应作为货币在市场上流通使用。之后相关部门又多次提示风险并不断采取相关监管措施。2017 年 9 月 4 日，中国人民银行等 7 部委联合发布了《关于防范代币发行融资风险的公告》明确：任何所谓的代币融资交易平台不得从事法定货币与代币、“虚拟货币”相互之间的兑换业务，不得买卖或作为中央对手方买卖代币或“虚拟货币”，不得为代币或“虚拟货币”提供定价、信息中介等服务。随后，国内几大比特币交易平台比特币中国、火币网、okcoin、微比特等陆续关闭交易了平台。

资料来源：[1] 关于防范比特币风险的通知．中国证监会网站．2014－01－22.

[2] 关于防范代币发行融资风险的公告．中国证监会网站．2017－09－04.

问题思考：

（1）比特币是货币吗？原因是什么？

（2）为什么监管部门关闭了国内的虚拟货币交易？

（二）区块链

区块链是数字货币的底层技术，所以，数字货币的特点也是区块链的特性。所有数字货币交易系统中的交易信息通过交易单记录，这些交易单被记录在一个个区块中，所有区块按照一定规则串联成一个区块链，称为主区块链。主区块链类似一条珠串，每个区块就是一粒粒珠子。每个区块由若干个交易单组成，交易单记录了数字货币的支付信息与用户创建区块获取比特币的信息。由于每个交易单会记录与之相邻的上下交易单地址，每个区块也会记录与之相邻的上下区块的 ID 地址。因此，在系统中可以查询到每一笔数字货币交易的来龙去脉，从而构建不可伪造与篡改，具有可追溯性的链式数据结构。区块链中每创建一个新区块，系统都会向每个参与交易的网络节点发送确认更新信息，从而使系统所有网络节点都获得更新信息，这就是分布式账本技术交易信息的分散存储。区块链技术颠覆传统中心化记账方式，使数据保密性更强，交易信息识别成本降低，因而应用潜力巨大。数字货币是区块链的最初应用，但业内普遍认为区块链技术主流应用集中在金融领域，如供应链金融、资产证券化、信用存证、跨境支付等场景。此外，基于去中心化的自组织系统，区块链技术在法律、零售、物联、医疗等领域也将有更广阔的应用前景。

第三节　互联网金融风险及监管

一、互联网金融风险及其特殊性

互联网金融的实质还是金融，互联网仅是手段或渠道。因此，传统金融面临的风险在互联网金融领域仍然存在，如信用风险、流动性风险、市场风险、操作风险和法律风险。但是互联网金融作为一种新模式，其风险的形成和发展又有自身的特殊性。突出表现为下列三个方面：

（一）互联网金融的风险扩散速度更快，传染性更强

互联网金融业务通过网络开展，在提高业务效率和客户覆盖面的同时，也使风险传播速度加快。加之，互联网金融业务跨界融合特性，不仅与金融机构，还有非金融机构、个人关系密切，导致风险链条更复杂。

（二）互联网金融的风险隐蔽性更强，社会外部性更大

互联网金融业务跨区域经营，没有实体业务机构，许多金融产品属于跨界融合，存在混业经营现象，信息又不透明，公众很难判断其风险状况。加之其主要对象为传统金融未覆盖的“长尾”客户，一旦出现风险，社会危害很大。单个的金融风险事件也更容易升级为系统性金融风险，大大提升了系统性金融风险的识别和抵御难度。

（三）互联网金融的技术性风险更大

互联网金融是数字金融，对信息技术要求比较高，一旦出现技术安全问题，例如网络安全漏洞、网络欺诈、隐私保护，甚至利用互联网从事违法违规金融活动等，给客户和平台本身都会带来巨大损失。

二、互联网金融风险的根源

金融的本质是信用活动，信用活动产生风险，因此，互联网金融风险具有必然性。其风险根源表现在以下三方面。

（一）经营的合规风险

互联网金融作为新金融，其出现时间较短，行业本身的一些运作规律尚在探索之中，广泛认可的行业准则还未建立，加之信息披露不充分，行业快速发展过程中出现诸多违规甚至违法行为，金融监管部门在鼓励创新的态度下，监管制度未能及时跟进，导致监管套利行为涌现。

（二）经营者对风险管理的忽视

互联网金融尤其体现在 P2P 网贷行业。金融的核心问题是风险管理。互联网金融在发展之处，不属于特许经营，行业准入门槛较低，出现许多非金融业的投资者进入互联网金融行业，他们对金融业的运作缺乏了解，也对金融风险缺乏足够的认识，将盈利性作为单纯追求的目标，风险管理也就流于形式，有的打着互联网金融名义从事非法集资等违法犯罪行为。

（三）宏观经济的变化

金融服务于实体经济需求，当实体经济受外部影响出现波动时，其风险必然反映到金融体系中，导致金融风险。此外，互联网金融风险与互联网金融服务对象的高风险特性密切相关。互联网金融主要服务于小微企业、低收入群体，这类经济主体抗风险能力弱，对经济波动更敏感，受到的影响更大，加之社会信用体系不完善，出现风险后，债

务人集中性逃废债务，加剧了行业风险暴露。

三、互联网金融的监管

中国互联网金融快速发展过程中出现的一系列风险问题，使监管部门认识到互联网监管的重要性和必要性，陆续出台了相关制度和规范，特别是2018年集中爆发的P2P网贷风险，进一步强化了行业监管的力度。

（一）监管机构

2015年7月中国人民银行等十部门发布《关于促进互联网金融健康发展的指导意见》，确立了“依法监管、适度监管、分类监管、协同监管、创新监管”的原则，将互联网金融业态分为七种形态：互联网支付、网络借贷、股权众筹融资、互联网基金销售、互联网保险、互联网信托和互联网消费金融，并明确了相应的监管部门。互联网支付由中国人民银行监管，网络借贷、互联网信托、互联网消费金融由银监会监管，互联网保险由保监会（保监会已于2018年3月与银监会合并组建银保监会）监管，股权众筹融资、互联网基金销售由中国证监会监管。2015年12月，互联网金融行业的自律管理组织中国互联网金融协会成立。针对互联网金融风险案件高发频发势头及导致的行业乱象问题，2016年4月国务院办公厅印发《互联网金融风险专项整治工作实施方案》，对互联网金融行业开展为期一年的集中整治，重点是P2P网络借贷和股权众筹业务、通过互联网开展资产管理及跨界从事金融业务、第三方支付业务、互联网金融领域广告行为。

（二）监管制度

1. 互联网支付监管

2010年5月中国人民银行发布《非金融机构支付服务管理办法》，第三方支付企业进行备案登记，并实行支付牌照管理，获得《支付业务许可证》机构才能从事互联网支付业务。2013年6月发布《支付机构客户备付金存管办法》，对客户备付金的存放、归集、使用、划转等存管活动进行规范。2015年12月又发布《非银行支付机构网络支付业务管理办法》及其《实施细则》，进一步对获得支付业务许可证的非银行支付机构在客户管理、业务管理、风险管理及客户权益等具体问题做出明确规定。

针对互联网支付领域的风险，2016年4月，人民银行等十四个部门联合发布《非银行支付机构风险专项整治工作实施方案》，重点是规范非银行支付机构经营模式，清理整治无证机构，遏制市场乱象，优化市场环境。截至2019年9月底，央行共注销34张《支付业务许可证》（即“支付牌照”），仍持有支付牌照的还剩237家公司。

2. 网络借贷监管

网络借贷作为一种借贷模式创新，对纾解小微企业融资难具有一定作用。但现实中出现的以 P2P 平台名义进行集资诈骗、非法吸收公众存款等违法行为，以及因流动性问题导致的平台崩盘和跑路问题，不仅损害了行业声誉，而且引发了社会风险。2016 年 8 月，银监会等四部门联合发布《网络借贷信息中介机构业务活动管理暂行办法》，作为网贷行业的业务基本规范，办法明确了网贷机构的金融信息中介性质，银监会及其派出机构负责制定网贷信息中介机构的业务活动监管制度，并实施行为监管；各省级人民政府承担网贷信息中介机构的机构监管，并明确了网贷机构的十二项禁止性行为。2016 年 10 月，银监会等十五个部委就联合印发《P2P 网络借贷风险专项整治工作实施方案》，严格界定平台网络借贷信息中介的性质，禁止自融自保、违规放贷、设立资金池等行为，并加快监管制度建设。2019 年 1 月监管部门发布了《关于做好网贷机构分类处置和风险防范工作的意见》，即网贷行业监管的“175 号文”。其总体工作要求是坚持以机构退出为主要工作方向，除部分严格合规的在营机构外，其余机构能退尽退，应关尽关。据网贷之家的统计数据，截至 2019 年 10 月底，全国累计网贷平台共计 6 617 家，其中累计停业转型平台共 3 107 家，累计问题平台 2 863 家，正常运营平台为 647 家。P2P 网贷行业风险整治对于出清行业风险，促进行业健康运行具有重要意义。

3. 互联网保险监管

2015 年 7 月 22 日，中国保监会印发《互联网保险业务监管暂行办法》（保监发〔2015〕69 号），该办法对互联网保险进行了定义，在风险管控上，提出不能确保客户服务质量和风险管控的保险产品，保险机构应及时予以调整。同时，互联网保险消费者享有不低于其他业务渠道的投保和理赔等保险服务。此外，在经营条件、经营区域、信息披露、经营规则、监督管理等方面也都提出明确的要求。针对互联网保险销售中出现的一些违规现象，2016 年 10 月，保监会等十个部门联合发布了《互联网保险风险专项整治实施方案》，重点整治互联网高现金价值保险业务、保险机构依托互联网开展跨界业务、非法经营互联网保险业务。2018 年 1 月 17 日，保监会印发关于《打赢保险业防范化解重大风险攻坚战的总体方案》的通知，在重点领域风险防控与处置中，提出防控和处置新型保险业务风险，主要是利用互联网技术推广的、影响客户信息安全的、互联网借贷相关的各类新型保险业务风险；财险公司、人身险公司、保险中介机构与第三方网络平台合作开展保险业务的风险隐患。同时，采取有效措施汇总并评估各类互联网保险业务风险，以及非法开展的互联网保险业务的风险。

4. 股权众筹监管

股权众筹通过互联网募资，属于证券发行行为，且对象具有不确定性，这与《证券法》规定的“未经依法核准，任何单位和个人不得公开发行证券”冲突。若采取非公开发行，发行对象又容易超过累计 200 人的法定界限①。股权众筹在促进创新创业企业

---

① 《证券法》（2014 年修正）规定“向特定对象发行证券累计超过 200 人的”为公开发行，需要监管部门依法核准。《证券投资基金法》（2015 年修正）也规定“非公开募集基金应当向合格投资者募集，合格投资者累计不得超过 200 人”。

发展中具有积极作用，国外许多国家都出台专门法规对股权众筹融资予以豁免注册，例如美国的《促进创业企业融资法案》（JOBS 法案），其中规定初创企业（Startup）只要满足一定豁免条件，即可以通过互联网进行众筹融资，不必向 SEC 注册。英国金融市场行为监管局（FCA）2014 年 3 月发布《关于网络众筹和通过其他方式发行不易变现证券的监管规则》对股权众筹投资者资格做出规定。2014 年 12 月，中国证券业协会起草了《私募股权众筹融资管理办法试行（征求意见稿）》，对股权众筹的非公开发行属性、股权众筹平台定位、投资者的资格界定和保护等做了规定。2015 年 7 月中国人民银行等部门发布的《关于促进互联网金融健康发展的指导意见》，其中提出股权众筹融资作为多层次资本市场有机组成部分，更好服务创新创业企业的定位。2015 年 7 月，中国证券业协会发布《场外证券业务备案管理办法》，将私募股权众筹纳入备案管理，之后将办法中的“私募股权众筹”修改为“互联网非公开股权融资”。2016 年 4 月证监会等部门联合印发《股权众筹风险专项整治工作实施方案》，目标是规范互联网股权融资行为，惩治通过互联网从事非法发行证券、非法集资等非法金融活动，切实保护投资者合法权益。2018 年 12 月，中国互联网金融协会发布《互联网金融信息披露互联网非公开股权融资》团体标准，对互联网非公开股权融资提出了明确的信息披露要求及标准。

➢ 本章小结

（1）广义的互联网金融包括了传统金融机构的互联网金融服务、纯互联网金融机构业务，以及由网络科技公司、电子商务公司和民间金融机构等非金融企业基于互联网开展的金融服务。此外，网络征信、数字货币和区块链也属于广义互联网金融范畴。互联网金融也被称为金融科技（Fintech），还有的称为数字金融（digital finance）。

（2）互联网金融实际上是一种金融基础设施，它与金融机构、金融市场一样，是支撑金融资源配置、开展金融业务的基础设施。

（3）科技发展是互联网金融产生的技术条件，弥补传统金融没有触及的客户需求是互联网金融发展的外部动力，监管套利是互联网金融产生的内部动力。

（4）互联网金融已经形成了包括互联网支付、网络借贷、互联网理财、互联网小额贷款、网络众筹、数字货币与区块链等几种创新模式。

（5）互联网金融的实质仍然是金融，传统金融面临的风险在互联网金融领域仍然存在，但互联网金融领域又存在风险传播速度快、传染性更强，风险更隐蔽，技术性风险更大的特征。互联网金融风险源于其经营活动的合规风险，也与平台经营者对风险管理重要性认识不足，甚至忽视风险管理有关，此外，与互联网金融服务对象的高风险特性密切相关。

（6）我国互联网金融监管已经初步建立了分类监管与自律监管相结合的体制，具体是互联网支付由中国人民银行监管，P2P 网络借贷、互联网小额消费贷款、互联网保险由银保监会监管，互联网基金销售、股权众筹由中国证监会监管。中国互联网金融协会作为行业自律组织。

➢ 关键术语

金融科技（Fintech）　互联网支付　网联平台　互联网保险　智能投顾　互联网小额贷款　股权众筹　数字货币　区块链

➢ 思考与练习

(1) 互联网金融作为新金融，与传统金融相比有哪些方面的不同？

(2) 互联网小额贷款有哪些具体模式，与 P2P 网络借贷的区别在哪里？

(3) 股权众筹的法律风险表现在哪些方面？

(4) 数字货币与区块链的关系是什么？

(5) P2P 网络借贷平台为什么会涉及非法集资问题？

➢ 进一步学习的资源

[1] 李建军，罗明雄. 互联网金融 [M]. 北京：高等教育出版社，2018.

[2] 谢平，邹传伟. 互联网金融模式研究 [J]. 金融研究，2012 (12).

[3] 王国刚，张扬. 互联网金融之辨析 [J]. 财贸经济，2015 (1).

[4] 陈志武. 互联网金融到底有多新 [J]. 新金融，2014 (4).

[5] 吴晓求. 互联网金融：成长的逻辑 [J]. 财贸经济，2015 (2).

[6] 陈龙. 互联网的理解误区 [J]. 中国金融，2016 (10).

第三篇
金融宏观调控

CHAPTER 11

第十一章　货币需求

➢ **本章导入**

无论个人生活消费还是企业生产经营，都离不开货币这个基本的交易媒介。那么，人们对货币的需求究竟受哪些因素影响，这些现实问题是经济学家们很早就思考过的问题，也是关于货币的基本理论问题。本章通过系统介绍古典经济学派、凯恩斯学派、货币主义学派的货币需求理论，对这些问题予以回答，尤其需要重点分析对现代货币理论产生重要影响的凯恩斯货币需求理论与弗里德曼货币需求理论。

➢ **学习本章后，你将能够：**

- 理解名义货币需求、真实货币需求的区别
- 了解历史上最具代表性的货币需求学说
- 理解凯恩斯货币需求理论和弗里德曼货币需求理论的不同

第一节　货币需求概述

一、货币需求的概念

为了说明什么是货币需求（demand for money），我们必须首先说明什么是需求。一般所谓需求，是一种纯心里的占有欲望，它总是无限的。然而，经济学意义上的需求同社会学和心理学上所讲的需求有很大的不同，它强调需求是一种能力与愿望的统一。比如，我们说消费者对某种商品有需求，就表示消费者既有占有这种商品的欲望，又有购买这种商品的能力。可见，经济学意义上的需求包括两个必不可少的基本要素：一是愿望，即人们希望得到或持有某种物品：二是能力，即人们有能力得到或持有这种物品。

货币需求也是如此。如果我们只考虑人们是否需要货币，而不考虑人们是否有能力得到货币，那么，货币需求就成了一个毫无经济学意义的概念。因为在商品经济

中，微观经济主体（企业、个人等）总是希望得到尽可能多的货币，没有人嫌钱烫手。这说明货币与任何商品一样，人们对它的占有欲望是无限的，而经济意义上的需求总是有限的。因此，货币需求是指微观经济主体在其总的收入或财富范围内，愿意以货币形式持有的部分。如果把所有微观经济主体的货币需求加总起来，就是全社会的货币需求。

二、宏观货币需求与微观货币需求

人们对货币需求的研究是从两个不同的角度展开的，一种是从宏观的、全社会的角度出发，讨论宏观货币需求（macroscopical demand for money），它只考虑货币的交易媒介功能，探讨一个国家或地区生产出一定的商品和服务后，需要多少货币进行交易。早期的研究，比如马克思的货币必要量公式和费雪的交易方程式都是这种类型。另一种是从微观的经济主体出发，讨论微观货币需求（microcosmic demand for money），它不仅考虑了货币的交易媒介功能，而且考虑了货币的价值储藏功能，即货币和股票、债券以及实物资产一样，是人们保存财富的一种形式。从这个角度出发，所谓货币需求就是指微观经济主体考虑到生产、生活和投资需要而愿意以货币形式持有其财富的数量。新古典学派的剑桥学派创立现金余额说以后，后来的研究主要从微观角度出发讨论货币需求。自然，无论宏观还是微观货币需求研究，都各有其意义，实践中两者是紧密结合的。

三、名义货币需求和实际货币需求

假如一个国家或地区一段时期内生产的商品和服务总量没有变化，但是物价上涨一倍，货币供应因此也要增长一倍，而实际货币需求（real demand for money）并没有变化，变化的只是名义货币需求（nominal demand for money）。由此可见，实际货币需求就是指扣除了物价上涨后的货币需要量，名义货币需求就是指不考虑价格变化时的货币需要量。实际研究中，常常用某一代表性的物价指数特别是国内生产总值平减指数对名义货币需求进行调整，进而得到实际货币需求，这是经济研究的主要对象。

➢ 专栏阅读与分析

1955 年中国的币制改革

假设生产、流通规模和实际财富水平不变而物价上涨了一倍，亦即全社会的商品、劳务的名义价值增加了一倍。如果货币流通速度不变，货币存量必须增加一倍，否则经济无法运转。但这种增加只是适应物价上涨幅度在名义上的增加，就经济成长过程本身所提出的实际货币需求并没有变化。我国 1955 年发行新人民币就是这种状况的最典型例子。那时确定：所有商品劳务价格、各种债权债务、一切支付义务等，同时缩到 0.01%。相应地则把 1 万元面额的钞票换成 1 元面额的钞票。这就是说名义货币量一夜之间缩到 0.01%，但实际货币需求显然没有任何改变。

资料来源：黄达．金融学（第二版）[M]．北京：中国人民大学出版社，2009.

第二节 传统的货币数量论

传统的货币数量论（quantity theory of money）是在 19 世纪末和 20 世纪初发展起来的，主要探讨名义总收入是如何决定的，因为该理论同时揭示了总收入既定时经济中必需的货币量，所以也是一种货币需求理论。它包括两种学说：现金交易数量说和现金余额数量说。

一、现金交易数量说

现金交易数量说（cash transaction theory）也称为费雪方程式，是由美国耶鲁大学经济学家欧文·费雪（Irving Fisher，1867 ~ 1947）在 1911 年出版的《货币的购买力》著作中提出的。在书中，他提出了一个著名的交易方程式，也被称为费雪方程式，即：

$$MV = PT \tag{11.1}$$

公式（11.1）中，M 代表一定时期内流通中平均的货币量，V 代表货币流通速度，即一定时期内所有货币购买商品的平均周转次数，P 代表物价水平，T 代表以不变价格计算的一定时期内生产的最终商品和服务的数量，PT 代表名义总收入，即名义 GDP。

这是一个恒等式，MV 可以理解为商品购买者的总支付额，PT 可以理解为商品销售者的总销售额，这就像一枚硬币的正面和反面一样，角度不同，但都代表同一事物，所以这两者一定相等。

在上述等式中，费雪认为，货币流通速度 V 在短期内可以看作一个不变的常量，因为 V 是由银行等金融机构的支付组织及人们的货币支付习惯等制度因素决定的，而交易制度短期内是稳定的。这样，当 M 增加一倍时，PT 也将增加一倍。比如：假定货币流通速度是 4，当一个经济体的货币总量从开始的 10 万亿增加一倍，变为 20 万亿时，由于货币流通速度不变，则名义 GDP 也将从 40 万亿增加为 80 万亿。这时，交易方程式体现为货币数量论，即名义总收入仅仅决定于货币数量的变动，或者说货币数量的变动会引起名义总收入同等幅度的变化。但是，在这个变化中，实际产出 T 并没有变化，变化的只是物价水平 P。

这是为什么呢？因为包括费雪在内的古典经济学家认为，工资和物价具有完全灵活性，只要有过剩劳动力，工资就会下降，促使对劳动力的需求增加，从而增加就业率，直到实现充分就业。因此，在正常年份，在短期内，实际产出 T 相当稳定。这样，V 和 T 都是常数，M 的变化只能引起 P 的变化，也就是说物价水平 P 的变动仅仅源于货币数量 M 的变动。费雪交易方程式表达的就是货币数量与物价水平变动的理论关系，强调货币数量对物价的决定作用。

将交易方程式的两边都除以 V，可以得到

$$M = \frac{1}{V}PT \tag{11.2}$$

若货币市场均衡，货币供给等于货币需求时，以 M_d（货币需求）代替 M，公式（11.2）就是货币需求函数。由于货币流通速度 V 是稳定的，货币需求仅仅决定于名义总收入 PT 或名义 GDP，与利率没有关系。因为费雪认为，人们持有货币的目的就是为了交易，在选择希望持有的货币数量方面没有多少自由。从公式可以看出，现金交易数量说研究的是宏观货币需求，且仅针对货币作为交易媒介功能而言。

二、现金余额数量说

现金余额数量说（cash balance theory）也称为剑桥方程式，是由英国剑桥大学经济学家阿尔弗雷德·马歇尔（Alfred Marshall）和其学生庇古（A. C. Pigou）提出的。现金余额数量说不同于现金交易数量说的核心在于开创了微观货币需求的研究视角。剑桥方程式表达为：

$$M_d = KPY \tag{11.3}$$

公式（11.3）中，M_d 为名义货币需求，K 是以货币形式持有的收入占名义总收入的比率，P 为价格水平；Y 为总收入。

剑桥方程式与费雪方程式的区别是：

（1）货币需求研究视角不同。费雪方程式研究的是宏观货币需求，而剑桥方程式则是从微观视角，将货币看作一种资产，讨论在一定的收入总额中人们愿意以货币这种资产形式持有的部分是多少。

（2）剑桥方程式中影响货币需求的因素要多于费雪方程式。剑桥方程式把货币作为一种资产形式，这样货币需求动机在交易媒介之外，增加了价值储藏。因为财富储藏货币需求的加入，影响货币需求的因素也增加了。主要包括：（1）个人总收入。随着总收入的增加，人们需要更多数量的资产来储藏价值，货币是其中之一；（2）持有货币的机会成本。主要指持有金融资产的利息，因为持有货币的优点是方便交易，但没有利息，这样，利率变化就有可能影响人们对于货币的选择。利率已成为影响货币需求的重要因素；（3）对于未来的预期也可能影响人们货币持有的意愿。

第三节 凯恩斯的货币需求理论

凯恩斯（John Maynard Keynes，1883～1946）是现代经济学最有影响的英国经济学家之一。其1936年出版的著作《就业、利息和货币通论》奠定了凯恩斯主义经济学的理论基础，被称为“宏观经济学之父”。作为马歇尔的学生，凯恩斯继承了剑桥学派经济学家从微观角度分析货币需求的方法，在对货币需求的动机详细分析的基础上，将利率作为重要变量引入货币需求函数。凯恩斯将经济主体持有货币的动机称为流动性偏好，所以他的货币需求理论也称为流动性偏好理论（liquidity preference theory）。

一、凯恩斯货币需求理论的三种动机分析

（一）交易动机

交易动机（transaction motive）也称为交易性货币需求，是指企业、个人等经济主体为了满足日常支出而意愿持有的货币，这产生于货币的交易媒介功能。个人在获得收入和支出之间，企业在商品销售收入和各种费用的支出之间，总有一定的时间间隔，在这期间，固然可以把一部分收入用于金融资产的购买，但总是要留一部分钱用来日常的购买，这就是因交易动机而产生的货币需求。对这部分货币需求，凯恩斯和古典经济学家的认识是一致的，即它们由人们的收入水平决定，并与名义收入正相关。

（二）预防动机

预防动机（precautionary motive）也称为预防性货币需求，是指企业、个人等经济主体为了满足预料不到的支出和突然发生的有利的购买机会而进行的货币持有。比如为了预防未来发生重大疾病时的大额支出，人们需要存一笔钱以防万一；当我们逛街时，突然发现一种心仪已久的商品正在打折，这时如果正好持有货币，我们就可以立即购买，否则就可能会失去机会。显然，预防动机的货币需求也决定于人们的收入水平，并与名义收入正相关。随着收入的不断增长，预防动机的货币需求也随之增长。

（三）投机动机

从上面的分析可以发现，凯恩斯的货币需求理论如果仅仅停留在交易和预防动机的分析上，则他对于前辈经济学家的研究就没有突破，实际上，凯恩斯对于货币需求理论的真正贡献就在于投机动机货币需求的分析。

投机动机（speculative motive）也称为投机性货币需求，是指企业、个人等经济主

体为了在适当时机购买资产而进行的货币持有，这与货币的财富储藏功能相联系。

凯恩斯把人们用于财富储藏的资产分为两类：货币和债券。凯恩斯所处的年代，大多数支票存款（活期存款）是没有利息的，所以他假定货币（即现在的 M_1，包括现金和活期存款）没有利息，而债券是有利息的。那么人们为什么选择持有货币呢？这是因为债券的收益有两个：一个是利息，另一个是买卖差价，也称为资本利得。债券的价格变动与利率有关。当市场利率上升时，债券价格下降，资本利得可以变成负数，产生资本损失，损失足够大时超过利息收入，债券的收益就变为负数，这时，人们愿意持有货币，因为货币的零回报超过了债券的负回报。当利率下降时，债券价格上升，人们自然选择持有债券。这关键决定于人们对市场利率的估测。凯恩斯假定每个经济体都认为利率会趋向某个正常值。假设人们认为现行利率水平高于正常值，他们预期利率会下降，债券价格会上升，就会倾向于增加对债券的持有，反之则倾向于持有货币。总之，投机性货币需求与利率是负相关关系。

二、凯恩斯的货币需求函数

凯恩斯认为，人们选择持有货币时，是根据货币能够购买的商品数量来决定，而不是根据货币的面值来决定，这里的货币需求是指实际货币需求。其中，交易性货币需求和预防性货币需求主要受实际收入水平影响，且两者正相关，而投机性货币需求主要受利率影响，且两者负相关。凯恩斯的货币需求函数公式如下：

$$\frac{M_d}{P} = L_1 + L_2 = L_1(Y) + L_2(i) \tag{11.4}$$

公式（11.4）中，M_d/P 代表实际货币需求，L_1 代表交易和预防动机决定的货币需求，L_2 代表投机动机决定的货币需求，Y 代表实际收入，i 代表利率。在凯恩斯的货币需求函数中，利率是影响货币需求的重要变量，这个观点与传统货币数量论完全不同。

我们对凯恩斯的货币需求公式做一些变化，还会得出其他一些与传统货币数量论相异的观点，首先对公式（11.4）做如下变动：

$$\frac{P}{M_d} = \frac{1}{L_1(Y) + L_2(i)}$$

方程式两边都乘以 T（交易数量），在货币市场均衡条件下，即货币需求 M_d 等于货币供给 M，可以得到下式：

$$V = \frac{PT}{M} = \frac{T}{L_1(Y) + L_2(i)} \tag{11.5}$$

从公式（11.5）中可以得出，货币流通速度不是稳定的常量，而是受利率变动影响的，且货币流通速度与利率是正相关的。因为当利率 i 上升时，投机性货币需求 L_2 会下降，所以货币流通速度会上升。这与传统货币数量论中的货币流通速度是不变的常量正好相反。由于利率具有顺周期效应，利率在经济扩张时会上升，在经济衰退时会下降，货币流通速度也就具有了随经济周期波动而变化的特征。

此外，人们的利率预期也会影响货币流通速度。当人们预期未来利率会高于现在的利率，那么债券价格将下降，持有债券的收益率会下降甚至可能为负收益，相对持有货币更有吸引力，人们的货币需求就会增加。从公式（11.5）可知，$L_1(Y)+L_2(i)$ 增加，货币流通速度 V 就会下降。反之，当人们预期未来利率将下降时，货币流通速度就会加快。

三、凯恩斯货币需求理论的进一步发展

20 世纪 50 年代后，经济学家对凯恩斯的货币需求理论做了进一步发展，核心是突出了利率对货币需求的影响。

（一）交易性货币需求理论的发展

人们在获得收入和进行支付之间有一定的时间间隔，这样，他们可以把预定用于交易的一部分货币用来购买债券等金融资产，获取利息收入，当缺乏货币时，再把债券卖掉换成货币进行交易。但是，买卖债券也有一定的交易成本，一是支付给经纪人的交易佣金，二是买卖过程中付出的时间成本。交易越频繁，这些成本越高。人们需要在持有债券获得利息和买卖债券支付交易成本之间进行选择。当利率提高时，相对于交易成本而言持有的债券收益更多，人们将选择持有较多债券和较少货币；反之，当利率较低时，持有债券的收益低于交易成本，人们将选择持有较多货币和较少债券。

总之，在一个金融市场发达的国家，人们能够比较容易地买卖金融资产，利率构成了交易性货币持有的机会成本，或者说，不仅仅是投机性货币需求，即使是交易性货币需求除了受收入影响外，也要受利率变化的影响，与利率成反方向变化关系。

（二）预防性货币需求理论的发展

预防性货币需求的研究可以从预防性货币持有的成本和收益分析入手。与上面交易性货币持有的分析类似，预防性货币持有的成本是机会成本，即因为持有货币而不能持有债券等金融资产所产生的利息损失。预防性货币持有的收益是：由于持有较多预防性货币，当发生预料之外的支出时，可以避免个人资产负债被迫调整带来的损失。比如一个家庭的孩子原计划高中毕业时在国内读书，这时突然改变主意，一定要出国留学，并且也具备了留学条件，但在留学需要的货币不够的情况下，可以有两种选择，一是卖掉金融资产，二是借入资金。在做第一种选择时，除了佣金和手续费外，可能卖出的价格低于买进，出现亏本；第二种选择，借入债务时，又要支付更多的借款利息。如果持有较多的预防性货币，就可以避免上述资产负债调整带来的损失，然而持有货币的机会成

本增加了。因此，需要在预防性货币持有的收益和成本之间寻找均衡。

总之，预防性货币需求和交易性货币需求一样除了受收入影响外，也要受利率变化的影响，且与利率成反方向变化关系。

（三）投机性货币需求理论的发展

凯恩斯认为，当债券的预期收益率高于货币时，人们只持有债券；当货币的预期收益率高于债券时，人们只持有货币。只有当两者的预期收益率相同时，人们才同时选择持有货币和债券，而这种情况一般不会出现。所以，人们不可能同时持有货币和债券。这显然违背了资产选择的常识，所以这种分析受到了指责，也被认为是凯恩斯投机性货币需求理论的一个严重缺陷。

美国经济学家詹姆斯·托宾（James Tobin，1918～2002）发展了凯恩斯的投机性货币需求理论。他认为：在决策持有何种资产时，人们不仅要考虑一种资产相对于另一种资产的预期回报率，还要考虑每种资产回报的风险。与货币相比，债券价格波动剧烈且获取回报的风险很大，有时甚至为负值。因此，即使债券的预期回报率超过货币的预期回报率，人们仍愿意持有货币作为财富储藏手段，因为持有货币的风险比债券小。通过同时持有债券、货币这种多样化资产，人们可以减少资产的总风险。

托宾发展了凯恩斯投机性货币需求理论的同时又面临了一个新的问题，比如国库券的风险大小和货币一样，而收益率又高于货币。在这种情况下，按照托宾的分析，投机性货币需求是不可能存在的，即托宾没有解释将货币作为财富储藏手段的原因。尽管如此，我们不能否认他的资产选择理论在金融理论发展中的贡献。

总之，凯恩斯的投机性货币需求理论虽然取得了发展，但是没有解释将货币作为财富储藏手段的原因，即投机性货币需求是否存在还不清楚。但是交易性货币需求和预防性货币需求理论的发展表明，这两部分货币需求受利率影响，与利率是反方向变化关系。这使得凯恩斯的一些结论依然成立：货币需求对利率敏感，货币流通速度是不稳定的，货币供应量与名义总收入之间也不具有稳定的关系。

第四节　弗里德曼的货币需求理论

弗里德曼（Milton Friedman，1912～2006）是美国著名经济学家，是货币主义（monetarism）学派的创始人，也是1976年诺贝尔经济学奖获得者。在继承剑桥方程式和凯恩斯货币需求理论的基础上，1956年，弗里德曼发表了《货币数量论：一种新的阐释》论文，从微观货币需求视角提出了其现代货币数量论。

一、弗里德曼的货币需求函数

弗里德曼的货币需求理论，表示为下列函数关系式：

$$\frac{M_d}{P} = f\left(Y, W; r_m, r_b, r_e, \frac{1}{p}\frac{d_p}{d_t}; U\right) \tag{11.6}$$

公式（11.6）中，$\frac{M_d}{P}$为实际货币需求；Y 为人们的财富总额，称为永久性收入或恒久性收入；W 为非人力财富在总财富中的比重；r_m 为货币的预期收益率；r_b 为债券的预期收益率；r_e 为股票的预期收益率；$\frac{1}{p}\frac{d_p}{d_t}$为预期通货膨胀率；U 为影响货币需求的其他因素。

弗里德曼和凯恩斯以及剑桥学派的经济学家一样，从微观经济主体的行为分析作为货币需求讨论的起点。但是，他不再具体地分析经济主体持有货币的动机，而是把货币作为一种资产，将资产选择的一般理论应用到对货币需求的分析上来，认为影响货币需求的因素和影响其他资产选择的因素是相同的。

弗里德曼通过其货币需求函数，揭示了影响货币需求的因素，主要有：

（1）总财富或总收入是决定货币需求量的首要因素，且两者呈正相关关系。总财富以永久性收入（permanent income）表示，它是指预期的长期平均收入，或未来收入的折现值。在经济周期的不同阶段，当期收入变化较大，由于永久性收入是平均收入，它的变化较小，所以，永久性收入决定的货币需求的变化也不会很大。

（2）人力财富与非人力财富占总财富的比例。弗里德曼把财富分为人力财富和非人力财富两种。人力财富是指个人凭借自身才能获得收入的能力，这与个人天赋、受教育程度等有关。非人力财富是指各种物质性财富，如房屋等不动产和黄金、艺术品等动产。人力财富缺乏流动性，给人们带来的收入不稳定，在某些条件下很难转化为非人力财富，如处于失业状态时，只有非人力财富能够给持有人带来货币性收入。当总财富主要以人力财富为主时，人们就要持有更多的货币资产以备不时之需；当总财富主要以非人力财富为主时，就不需要持有更多的货币资产。因此，非人力财富占财富总额的比例与人们的货币需求是负相关的。

（3）持有货币与其他资产的预期收益率。财富储藏有各种形式，货币是其中之一，弗里德曼将货币以外的财富储藏资产分为三类：债券、股票、商品。人们是持有货币还是持有其他资产决定于其他资产与货币预期收益率的比较。在凯恩斯货币需求理论中，货币是没有收益的。而弗里德曼谈论的货币是广义货币，即 M_2，广义货币中大部分是存款，存款是有利息的，所以，在弗里德曼货币需求理论中，货币是被作为盈利性资产看待的。此外，弗里德曼认为，货币的预期收益率除了利息外，还应该包括银行为存款者提供的服务。当持有债券的预期收益率 r_b 和持有股票的预期收益率 r_e 提高时，人们对货币的需求下降；预期通货膨胀率$\frac{1}{P}\frac{dp}{dt}$，代表持有商品的预期收益率，当预期通货膨胀率提高时，货币需求减少。

（4）其他因素。比如持有货币的效用，如主观偏好、兴趣等，这种效用越大，人们越愿意持有货币；此外还有人们对未来经济预期、技术因素、制度因素等。

二、弗里德曼货币需求理论的特点

与凯恩斯货币需求理论相比，弗里德曼货币需求理论有下列特点。

（1）在弗里德曼货币需求理论中，货币口径扩大到各类银行存款，即广义货币。这类货币中的大部分是有收益的。

（2）弗里德曼认为，作为货币替代物的资产不止一种，重要的利率也不止一种，因此，弗里德曼将更多的变量加入货币需求函数中。凯恩斯认为，所有金融资产收益率的变动方向是一致的，债券收益率可以作为它们的代表，不需要把各种金融资产分类列出。

（3）弗里德曼将商品与货币作为替代品，即人们在选择持有货币时，要考虑是否购买商品。这意味着，当货币需求不变时，货币供应量的扩大，就意味着对商品需求的扩大，即总支出的扩大，这表明货币供应量的变化可能对总支出有直接影响。

（4）弗里德曼认为，利率对货币需求的影响并不重要，因为其他金融资产的收益率与货币的收益率之间的差额是稳定的。当经济生活中利率上升时，银行贷款利率也会提高，为了多贷款获取更多利润，银行会通过提高存款利率的方式尽可能多的吸收存款。即使存在利率管制，银行也可以通过为存款者提供更多服务即变相提高利率的方式竞争存款。不论哪种方式，货币的收益率都获得了提高。在这种情况下，利率变化对于货币需求没有什么影响。凯恩斯认为，利率是影响货币需求的重要变量。

（5）弗里德曼货币需求函数中的收入是永久性收入，永久性收入与当期收入相比是一个相对稳定的变量。此外，因为利率对货币需求没有影响，所以，弗里德曼认为，货币需求函数是稳定的，货币流通速度是稳定的和可预测的，货币供应量是决定名义总收入的主要因素，这与传统的货币数量论的结论是一致的。因此，弗里德曼的货币需求理论也被称作现代货币数量论。

➢ **专栏阅读与分析**

中国的“超额”货币需求

所谓“超额”货币需求是指货币供给超过了根据货币需求模型计算出来的货币量，自然，如果货币供给少于根据货币需求模型计算出来的货币量，则称为货币的“失踪”。

美国从1974年开始，货币供给持续地少于根据货币需求模型计算出来的货币量，这部分货币被叫作失踪的货币。为了寻找新的稳定的货币需求函数，经济学家一方面扩大了货币的定义，把更多的金融资产包括进来；另一方面在货币需求函数中加入一些新的变量。但是，这两方面的研究都没有获得满意的结果。

在我国，有一个很流行的衡量货币需求的公式：货币需求增长率等于经济增长率加上预期（或计划）的物价上涨率。但是，改革开放以来，我国M_2的增长速度经常超过30%，远超过经济增长率和物价上涨率的和，这就是中国的“超额”货币现象。那么原因是什么呢？出现了几种不同的解释，我们选择有说服力的进行介绍。

第一，货币化说。在计划经济时代，一些物品不需要货币进行交易，比如福利性住房等。改革开放以后，原来不需要货币进行交易的商品和劳务逐渐减少，反过来讲，在GDP中，用货币进行交易的商品和劳务所占的比例越来越大，这就是所谓的经济活动的货币化程度提高了，这样，在同样的经济增长中，会产生更多的货币需求，也需要更多的货币供给。

第二，强迫储蓄说。货币有两种职能，一是用来交易，二是用来进行财富储藏。但是，在我们的经济生活中缺乏足够多的金融资产供人们选择，经济主体被迫选择货币进行财富储藏，这就导致了“超额”货币需求与供给。

第三，金融市场发展说。商品和劳务需要货币进行交易，随着金融市场的发展，数量庞大的金融资产也需要货币进行交易，也就是说，如果在考虑货币需求时，只讨论商品和劳务交易中需要的货币而忽略庞大金融资产交易产生的货币需求，货币供给和需求必然不对称，必然产生“超额”货币。

资料来源：黄达．金融学（第二版）[M]．北京：中国人民大学出版社，2009.

➢ 本章小结

（1）货币需求是指微观经济主体在其总的收入或财富范围内，愿意以货币形式持有的部分，是一种能力与愿望的统一。货币需求分为宏观货币需求与微观货币需求；还可以分为名义货币需求和实际货币需求。

（2）费雪方程式和剑桥方程式在公式表示上完全一致，但存在很大区别，费雪方程式货币需求研究的出发点是宏观角度，剑桥方程式则是微观角度。费雪认为，人们持有货币的目的就是为了交易，在选择希望持有的货币数量方面没有多少自由；剑桥方程式把货币需求的动机分为两个，一个是交易媒介，另一个是价值储藏，也考虑到了影响货币需求的更多因素。

（3）凯恩斯继承了剑桥学派经济学家从微观角度出发分析货币需求的方法，但是他的成就在于将利率作为重要变量引入货币需求函数中，对于货币需求的动机做了更详细的分析。

(4) 20 世纪 50 年代后，凯恩斯的货币需求理论有了进一步发展，交易性货币需求和预防性货币需求理论的发展表明，这两部分货币需求受利率影响，投机性货币需求理论虽然取得了发展，但是没有解释将货币作为财富储藏手段的原因，即投机性货币需求是否存在还不清楚。

(5) 费里德曼货币需求理论的特点主要是：利率对货币需求的影响并不重要；决定货币需求的收入是永久性收入，货币需求函数是稳定的，货币流通速度是稳定的和可预测的，货币供应量是决定名义总收入的主要因素。

➢ 关键术语

货币需求　名义货币需求　实际货币需求　费雪方程式　剑桥方程式　交易动机　预防动机　投机动机　永久性收入

➢ 思考与练习

(1) 现金余额数量说与现金交易数量说的区别是什么？

(2) 凯恩斯货币需求理论在哪些方面获得了进一步发展？

(3) 弗里德曼的货币需求理论有何特点？

➢ 进一步学习的资源：

[1] 黄达．金融学（第二版）[M]（第十三章　货币需求）．北京：中国人民大学出版社，2009.

[2] 李健主．金融学（第三版）[M]（第十五章　货币需求）．北京：高等教育出版社，2018.

CHAPTER 12

第十二章　货币供给

➢ 本章导入

你知道什么是基础货币、货币乘数吗？货币是如何供应到经济主体手中的？银行在货币供给中会发挥哪些作用？本章将告诉你这些概念和原理，并分析中央银行与商业银行在货币供给过程中所起的作用。

➢ 学习本章后，你将能够：

- 理解货币供给的机制
- 认识什么是基础货币、货币乘数
- 懂得中央银行控制基础货币的原理

第一节　货币供给机制及中央银行的作用

一、货币供给的内涵

货币供给（money supply）是一定时期内一国银行系统向经济体系提供货币的行为。在现代信用货币制度下，货币供给是由银行体系为主体完成的。货币供给是为了满足经济主体的货币需求。货币供给形成经济体中某一时点上一定的货币存量，即货币供应量。

二、货币供给的机制

现代社会流通中的货币，是由中央银行和存款货币银行共同提供的。中央银行提供基础货币，商业银行通过信用创造提供存款货币。存款货币是货币供给中数量最大的部分，但商业银行创造存款货币的能力要受到中央银行基础货币调控的影响。因此，中央银行在整个货币供给过程中居于核心地位。

中央银行和商业银行的货币供给是通过它们的业务活动进行的，即货币供给与它们的资产负债业务密切相关。中央银行发行现金货币是对社会公众负债的增加，体现在其资产负债表的负债端，中央银行对商业银行发放贷款、再贴现是其资产业务，商业银行向企业和个人等经济主体发放贷款，形成其主要的资产业务，增加了流通中货币供给量；反之，现金回笼到中央银行或商业银行归还贷款，商业银行收回到期贷款，流通中货币供给量减少。中央银行和商业银行共同提供货币供给的过程见图 12－1。

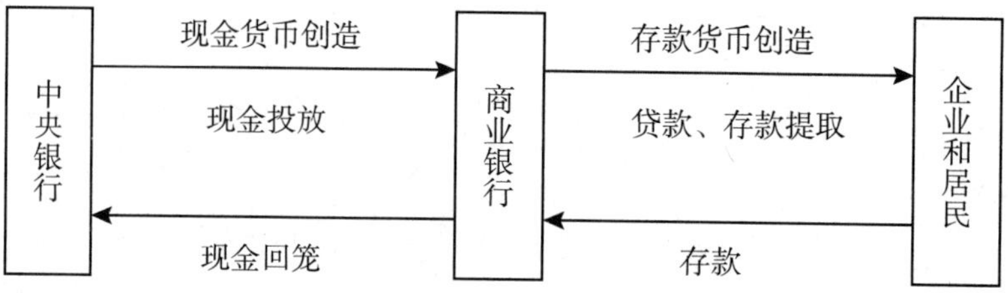

图 12－1 货币供给及信用创造机制

中央银行作为从事金融管理的机构，与作为从事货币信用业务的商业银行，在货币供给机制中发挥着不同的作用。商业银行的货币创造功能已经在存款类金融机构的章节中有具体分析，本章重点分析中央银行在货币供给机制中的作用。

三、中央银行在货币供给中的作用

（一）现金货币进入流通的过程

在我国，当企业、个人需要现金时，一般是到存款货币银行去取现。前提条件是在存款货币银行有存款。当企业、个人从存款货币银行取走现金后，企业、个人在银行的存款等额减少。同时，存款货币银行的业务库库存现金减少。如果存款货币银行的库存现金不足以应付客户提取存款时，可以到当地中央银行的发行库提取，其前提也是必须在当地中央银行的账户上有准备金存款。随着存款货币银行现金的提取，等额减少存款货币银行在中央银行的准备金存款。

相反的过程是，当企业、个人把现金存入存款货币银行，存款货币银行的业务库库存现金增加。超过一定的数量后，超过部分存入当地中央银行的发行库，等额增加存款货币银行在中央银行的准备金存款。

总之，存款货币银行和中央银行之间，就像社会公众和存款货币银行之间一样有不断的现金存取过程。而已经存在于流通过程中的现金，就是存款货币银行从中央银行准备金存款账户上不断的现金提取所形成的。

（二）现金增发与存款货币的不断创造需要准备金存款的不断补充

当存款货币银行总体向中央银行存入的现金多于提取的现金，是现金发行量的减少，简称现金回笼；当存款货币银行总体向中央银行提取的现金多于存入的现金，是现金发行量的增长，简称现金发行。在一年之中的不同季节，比如农副产品收购的秋季，现金的发行大于回笼；在春节前人们集中购物的时候，现金的回笼大于发行。但是，年度之间进行比较，现金的发行都是增长的。虽然第三方支付工具的普遍使用带来了现金的节约，但现金增发，流通中现金余额不断增加这一趋势还没有发生改变，这从中国人民银行的历年流通中货币的（M_0）统计数据中可以看出，见图 12－2。

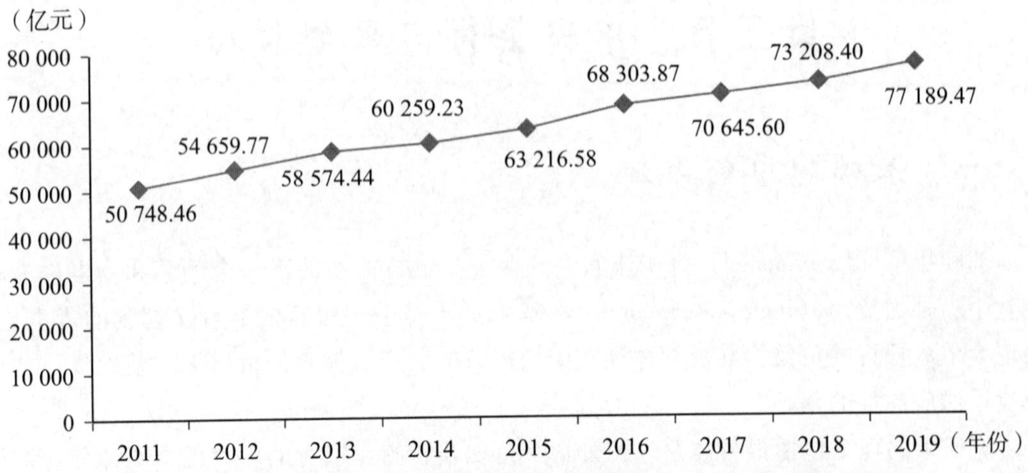

图 12－2　2011～2019 年我国货币供应量统计的流通中现金（M_0）

资料来源：中国人民银行网站．图中流通中货币为每年 12 月份的数据．

随着现金的不断增发，存款货币银行需要不断地从准备金存款账户提取现金，这样，存款货币银行在中央银行的准备金存款会不断下降，存款货币的创造就会受到制约。然而，在实际经济生活中，随着经济的增长，为了满足不断增长的货币需求，无论现金还是存款货币都必须不断地增长，于是，准备金存款也必须得到连续的补充。

（三）存款货币银行在中央银行准备金的补充来自中央银行

当某存款货币银行的准备金存款不足时，可以通过出卖资产和融入资金的方式解决，但是，这会导致其他银行的准备金存款下降。例如，当某个银行从同业拆借市场融入准备金时，融出的银行准备金存款必然下降，整个银行体系的准备金数量没有变动。在现代货币制度下，整个存款货币银行体系准备金数量的增加来自中央银行资产业务的增加，比如向商业银行再贴现或通过公开市场操作投放货币。在美国，美联储增加银行体系准备金存款的途径主要有两条：一是在公开市场上购入政府债券，简称公开市场购买；二是向存款货币银行发放贷款。

（四）中央银行通过创造现金货币扩大流通中货币供应量

现代经济体系中，任何经济主体，无论是金融机构，还是企业和个人，都是负债业务决定资产业务，即先有资金来源，后有资金运用。但是，中央银行是唯一的例外，它是资产业务决定负债业务，即负债业务随着资产业务的扩张而扩张，或者说资产业务的增加不以负债业务的增加为前提。因为中央银行具有通过货币发行创造资金来源的独特权力。但是，中央银行也不能无限制地扩张它的资产业务，因为这会导致货币创造超越经济增长的客观货币需求，从而引起通货膨胀。

第二节　中央银行与基础货币

一、基础货币的内涵

基础货币（base money）等于流通中的现金与银行体系的准备金的总和，也称为高能货币、强力货币（high-power money）。基础货币是中央银行能够直接控制的货币量，表现为中央银行的负债，其数额体现在中央银行的资产负债表的负债端。基础货币是形成货币供应总量的基础。

流通中的现金包括银行体系外的公众手持现金和商业银行的库存现金两部分。银行体系的准备金是指商业银行等存款类金融机构上缴中央银行的准备金，包括法定存款准备金和超过存款准备金两部分。法定存款准备金是商业银行按照中央银行统一规定的比率定期计提后存入中央银行的存款；超额准备金是商业银行存放在中央银行的超过法定准备金的那部分存款，由商业银行根据自身经营需要计提后存入，主要用于银行间清算和现金提取。

基础货币的构成可以用下列公式表示：

$$B = C + R \tag{12.1}$$

公式（12.1）中，B 为基础货币；C 为流通中的现金，R 为商业银行的存款准备金。

二、美联储与基础货币

发达国家中央银行对基础货币的控制优于对准备金的控制。以美国为例，美联储影响基础货币的主要方式是在公开市场上买卖政府债券。

假设，美联储从存款货币银行买入 100 万美元政府债券，这时，这家银行或者将支票兑现，增加库存现金，或者将支票存入它在美联储的账户。由于美国存款货币银行的库存现金也属于法定准备金，所以，无论银行的哪种行为，都意味着银行体系准备金的增加。由于流通中现金没有变化，公开市场购买引起的基础货币的增加等于准备金的增加。假如美联储从非银行公众买入 100 万美元政府债券，非银行公众将收到的美联储支票存入当地银行，银行再将支票存入美联储准备金账户。如果非银行公众没有提现，则公开市场购买引起的基础货币和准备金的变化一致。但是，如果非银行公众将得到的美联储支票兑现，则美联储公开市场购买引起的准备金和基础货币的变化就出现不一致，表现为流通中的现金增加，但银行体系的准备金没有增加。

所以，美联储开展公开市场购买对准备金的作用，取决于非银行公众债券出售者将所得款项以流通中现金形式持有还是存入银行。如果将所得款项以流通中现金形式持有，则公开市场购买对准备金没有影响，如果将所得款项以银行存款形式持有，则准备金增加额等于公开市场购买额。

但是，不论非银行公众债券出售者将所得款项以流通中现金形式持有还是存入银行，公开市场购买对基础货币的作用相同，即基础货币增加额等于公开市场购买的金额。公开市场购买对准备金的影响与其对基础货币的影响相比，前者不确定性要大得多。

经济的增长需要现金增发，存款货币需要不断创造，准备金存款要不断扩张，这依赖于中央银行资产业务的扩张。理论上，只要中央银行资产业务能准确控制准备金，它就能对货币供给进行有效影响。但是，通过上述分析发现，中央银行有时不能有效控制准备金，能够有效控制的是较准备金更大的一个变量，即基础货币。

此外，成千上万存款人频繁的存款、取款行为导致准备金和现金之间频繁转换，使得准备金总量难于控制，但是，这些转换只是影响基础货币的结构，不影响其总量，这是中央银行对基础货币比对准备金控制力更强的另外一个原因。

三、中央银行对基础货币的控制

我们先看一张简化的中央银行资产负债表，见表 12 - 1。

表 12 - 1　　中央银行资产负债表

资产	负债
A1：政府债券 A2：对金融机构贷款 A3：财政借款 A4：黄金、外汇等国外资产	B1：发行在外的现金 B2：存款货币银行等金融机构存款（准备金） B3：政府存款 B4：其他负债和资本

根据定义，基础货币（B）等于公众手持现金，即流通中现金（C）加上银行体系准备金（R），也就是上面表格中的 B1 加上 B2，公式表示为：

$$B = C + R = B1 + B2 \tag{12.2}$$

根据资产负债表的平衡关系有：

$$A1 + A2 + A3 + A4 = B1 + B2 + B3 + B4 \tag{12.3}$$

$$\begin{aligned} B &= C + R = B1 + B2 \\ &= (A1 + A2 + A3 + A4) - (B3 + B4) \end{aligned} \tag{12.4}$$

从上式可以看出：

（1）在中央银行非基础货币的负债项目不变化的情况下，任何资产项目的增加都会引起基础货币的增加。

（2）在中央银行的资产项目不变化的情况下，任何非基础货币负债项目的增加都会引起基础货币的减少。

我们把影响基础货币的主要因素总结在表 12－2 中。

表 12－2　　基础货币的影响因素及方向

影响因素以及变动方向		基础货币变动方向
政府债券	↑	↑
对金融机构贷款	↑	↑
财政借款	↑	↑
黄金、外汇等国外资产	↑	↑
政府存款	↑	↓
其他负债和资本	↑	↓

表 12－2 中的因素都是中央银行的资产负债，但是中央银行对于自己的资产负债，有的可以完全控制，有的是在一些自己不可控的因素影响下被动形成的。

以美联储为例，美联储的最主要资产业务就是公开市场买卖美国财政部债券，该项资产占其资产总额的比重达 80%～90%，即所谓公开市场业务（open-market operation）。美国国债市场最具流动性，并且交易规模最大，这一市场有能力吸收美联储庞大的交易量，而不会引起可能导致市场混乱的价格过分波动。因此，美联储公开市场业务是主动进行的，规模大小完全由它所控制。我们前面做过分析，美联储公开市场业务变动与基础货币的变动是一一对应的，在这种情况下，美联储可以通过公开市场业务来控制基础货币。

但是，有一些资产负债是美联储不能控制的，如果它们对基础货币发生影响，美联储该如何处理呢？对于美联储，有两个对基础货币有重要影响而自身不能控制的项目，即财政部存款和浮款。对于财政部存款，当财政部收到存款的时候，它会从商业银行转移到美联储的账户上，导致在美联储的账户上的财政部存款的增加，银行体系的准备金和基础货币相应减少；反之，当财政支出的时候，会导致正好相反的结果。所谓浮款是指当美联储为商业银行进行支票清算时，先增加收款银行的准备金存款，经过一段时间后再减少付出款项的银行的准备金存款，这样就出现了银行体系的准备金和基础货币的暂时性增加，故称为浮款。但是这两个项目在资产负债表中与公开市场业务涉及的政府债券比较，所占比例非常小，这样，美联储完全可以通过公开市场操作抵消它不认可的准备金和基础货币波动。比如，当浮款增加，银行体系的准备金和基础货币增加时，美联储可以卖出政府债券，压缩准备金和基础货币；反之则可以买入政府债券。总之，像美国这样一些发达的市场经济国家，中央银行是可以控制基础货币的。

我国的情况如何呢？我们还需观察我国的中央银行资产负债表（如表 12－3 所示）。

表 12－3　　2019 年 12 月中国人民银行资产负债表

资产	比重（%）	负债	比重（%）
国外资产	58.91	储备货币	87.35
外汇储备	57.21	货币发行	22.33
货币黄金	0.77	金融性公司存款	60.90
其他国外资产	0.93	非金融机构存款	4.12
对政府债权	4.11	不计入储备货币的金融性公司存款	1.23
其中：中央政府	4.11	发行债券	0.27
对其他存款性公司债券	31.73	国外负债	0.23
对非金融性公司债券	1.25	政府存款	8.73
其他资产	4.01	自有资金	0.06
总资产	100	其他负债	2.12
		总负债	100

资料来源：根据中国人民银行网站资料整理.

从表 12－3 可以看出，外汇是我国中央银行最主要的资产，中国人民银行能否有效控制它呢？我们从我国央行外汇资产的形成过程进行分析。在我国，外汇市场有两个，一是企业和个人等与银行进行的外汇买卖，这个市场属于零售市场；另一个是银行为了满足自身业务需要互相之间进行的外汇买卖，属于批发市场。中国人民银行只在批发市场交易，即只与银行进行外汇买卖。从 1994 年外汇管理体制改革到现在，我国在大部分的年份里都保持了国际收支的顺差，在强制结售汇的外汇管理体制下，企业必须把外汇卖给银行。2007 年后，强制结售汇被取消，但由于人民币升值预期等原因，企业还是愿意把外汇卖给银行，这样在银行间外汇市场上，外汇的供给一直远大于需求，中国人民银行在这种状况下就作为外汇的需求者不断买入外汇，目的是为了避免人民币出现较快和较大幅度的升值。随着中国人民银行外汇的不断买入，我国的外汇储备规模从 1994 年的 500 多亿美元上升至目前的 3 万多亿美元。由于中国人民银行买卖外汇的目的是为了稳定汇率，所以对基础货币的影响就是被动的。同时，外汇是中国人民银行比例最大资产，基础货币是其最大负债，因此，即使其他资产和非基础货币负债都是中国人民银行完全可控的，它也没有能力抵消外汇占款对基础货币的影响。总之，基础货币是中央银行的主要负债，中央银行能否控制基础货币取决于对比例最大的资产业务是否有主动控制的力量。

■ 拓展学习资料：基础货币与银行体系流动性

12－1

第三节　货币乘数与货币供给量

中央银行控制的基础货币，经过商业银行体系的信用创造过程，最终形成的社会货币供给量是基础货币的数倍之多，这个倍数就是货币乘数。所以，货币乘数（money multiplier）是反映货币供给量与基础货币之间倍数关系的系数，它代表每一单位基础货币变动引起的货币供给量的变动倍数。在基础货币一定条件下，货币乘数就是决定货币供给量的重要因素。

一、货币乘数模型的推导

货币供应量、基础货币的公式分别如下：

$$M = C + D \tag{12.5}$$

$$B = C + R \tag{12.6}$$

公式（12.5）、公式（12.6）中，M 表示货币供应量，C 表示流通中现金，D 表示公众的银行活期存款，B 表示基础货币，R 表示存款准备金。

将公式（12.5）与公式（12.6）相除，可得到货币乘数 m 的表达式（12.7）：

$$m = \frac{M}{B} = \frac{C + D}{C + R} \tag{12.7}$$

把等式（12.7）右边的分子分母都除以 D，得到（12.8）：

$$m = \frac{1 + C/D}{C/D + R/D} \tag{12.8}$$

设 C/D 即流通中现金与活期存款的比率为 c，法定准备金率为 r，超额准备金率为 e，则 $R/D = r + e$，货币乘数公式（12.8）也可以表示为公式（12.9）：

$$m = \frac{1 + c}{c + r + e} \tag{12.9}$$

货币供应量与基础货币、货币乘数的关系以公式表达为（12.10）：

$$M = Bm \tag{12.10}$$

由于货币乘数 m 大于 1，因此，基础货币的变化与货币供应量变化不是一对一的关系，而是倍数关系。所以，基础货币也被叫作高能货币。

二、影响货币乘数的因素

（一）法定准备金率与超额准备金率

如果这两个比率越大，存款货币银行在存款创造中的可用资金就越少，最终产生的货币存量也越少；如果准备金率是100%，银行就不可能进行存款创造。所以，法定准备金率、超额准备金率都与货币乘数也成反方向变化关系。

（二）流通中现金与活期存款的比率

从理论上讲，在银行存款货币创造过程中，流通中现金与活期存款比率越大，意味着在银行存款货币创造过程中，从银行体系漏出的资金越多，支持银行存款货币创造的资金就越少。如果出现100%的现金漏损，银行体系就无法进行存款货币的创造。所以，流通中现金与活期存款的比率，与货币乘数也成反方向变化关系。

货币乘数由三个变量组成，它们分别受不同因素影响。法定准备金率是由中央银行决定，下面主要分析货币乘数中另外两个变量的影响因素。

1. 流通中现金与活期存款比率的影响因素

流通中现金与活期存款被企业、个人等非银行公众持有，所以，这个比率是由它们决定的。那么，什么因素决定了非银行公众对于流通中现金与活期存款的持有呢？现金和活期存款都是资产，根据资产需求理论，公众对一项资产的需求决定于四个因素：一是财富总额或收入水平；二是该种资产相对于其他替代性资产的预期报酬率；三是该种资产相对于其他替代性资产的风险；四是该种资产相对于其他替代性资产的流动性。下面就从这几个方面进行分析：

（1）财富或收入水平。随着财富或收入水平的增长，非银行公众持有的现金和活期存款都会增加，但是，后者增加的速度快于前者。因为通货被低收入和几乎没有什么财富的人广泛使用，是一种必需品；活期存款被拥有较多财富的人所拥有，不是一种必需品，而是一种奢侈品。因此，财富或收入水平与流通中现金与活期存款比率反向相关。

（2）预期报酬率。现金的预期报酬率为零，持有活期存款可以享受银行提供的一些服务，还可以获得少量利息。如果银行提高了活期存款利率，或者变相提高了活期存款利率，即银行对活期存款持有人提供了更多服务，显然，这会导致现金与活期存款比率下降。

（3）风险。在经济正常运转的情况下，现金和活期存款一样安全。但是在经济金融危机期间，银行可能倒闭，这时，现金的安全性超过活期存款。现代社会虽然有存款保险，但是依然有部分存款是无法获得保险的，因为现代存款保险制度是限额保险。这样，在经济动荡风险较大的情况下，现金与活期存款比率会提高。

（4）流动性。现金和活期存款都是流动性最强的资产，但是在一些特殊交易中，现金的使用优于活期存款。比如，在地下经济的交易中，活期存款的使用容易被发现，使用现金则不会。因此，如果一国或地区的地下经济交易规模越大，现金与活期存款比率就越高。

2. 超额准备金率的影响因素

银行持有超额准备金的目的是什么，代价是什么？这是分析影响银行超额准备金率因素的着眼点。

（1）机会成本。银行持有超额准备金，就会失去以这部分资金发放贷款或购买证券所获得的利息收益，这部分可能的收益就是持有超额准备金的机会成本。这种收益与市场利率直接相关，如果市场利率上升，则持有超额准备金的机会成本增加，银行会降低超额准备金的持有；反之则会增加持有。

（2）预期存款外流。银行持有超额准备金的主要回报是对于存款外流造成的损失提供保障。即超额准备金使得银行能够对付存款外流，而避免了从其他银行或公司借款、出售证券、从中央银行借款、收回或出售贷款的更高成本。如果银行预期存款外流增加，它将需要更多的准备金来抵御这种可能性，从而提高超额准备金持有；反之则会减少持有。

（3）金融市场的发达程度。如果出现预料之外的存款流出，银行的超额准备金不足时，可以从金融市场上借入资金或卖出流动性强的金融资产满足存款提取。若金融市场越发达，融入资金或买卖金融资产越方便、成本越低，银行就倾向于降低超额准备金的持有。

三、货币供给决定的综合分析

货币供应量等于基础货币乘以货币乘数，基础货币与中央银行有关，货币乘数中，法定准备金率由中央银行决定，现金与活期存款比率由企业、个人等非银行公众决定，超额准备金率由银行体系决定。因此，在货币供给中，中央银行、商业银行体系、企业、个人等都能够产生影响。但是由于货币乘数长期内变化缓慢，所以货币供给中起到最重要作用的是基础货币的变化，如果中央银行能够控制基础货币，就能够控制货币供给。

➢ 本章小结

（1）货币供给是一定时期内一国银行系统向经济体系提供货币的行为。货币供给是由中央银行和商业银行共同提供的。

（2）现金增发与存款货币的不断创造，需要中央银行准备金存款的不断补充。整个银行体系依靠自身没有办法使准备金不断地增加，准备金数量的不断增加只能来自中央银行资产业务的增加，银行体系在获得来自央行的准备金后，就可以通过资产业务进行存款创造。存款创造中，现金也会不断漏损，这就是货币供给过程。

（3）准备金是基础货币的一部分，中央银行对基础货币的控制优于准备金。基础货币是中央银行的主要负债，中央银行能否控制基础货币取决于对比例最大的资产业务是否有主动控制的力量。

（4）在货币供给中，中央银行、银行体系、企业、个人等都能产生影响，但是货币供给中起最重要作用的是基础货币而不是货币乘数的变化。因此，中央银行能否控制货币供给决定于它能否控制基础货币。

➢ 关键术语

货币供给　基础货币　货币乘数　现金漏损率超额准备金

➢ 思考与练习

(1) 银行体系准备金数量的增加为什么必须来自中央银行资产业务的增加?

(2) 阐述中央银行控制基础货币的原理。

(3) 哪些因素影响货币乘数的变化?

(4) 中央银行在什么条件下对于货币供给起决定作用?

➢ 进一步学习的资源

[1] 弗雷里德里克·S. 米什金. 货币金融学（第十一版）[M].（第14章 货币供给过程）. 北京：中国人民大学出版社，2016.

[2] 盛松成，翟春. 中央银行与货币供给 [M].（第二、三、四章）. 北京：中国金融出版社，2015.

[3] 陈学彬. 金融学（第四版）[M].（第十三章　货币供给）. 北京：高等教育出版社，2017.

CHAPTER 13

第十三章　通货膨胀与通货紧缩

➢ **本章导入**

自20世纪70年代以来，西方国家经历了严重的“滞胀”危机后，通货膨胀问题成为备受关注的经济问题。由于通货膨胀会对经济和社会产生广泛而深刻的影响，无论是消费者、政策制定者，还是经济学家，都对它给予了极大的关注。本章主要分析通货膨胀的衡量、类型、成因、影响及其治理对策等问题，同时也对通货紧缩问题加以介绍。

➢ **学习本章后，你将能够：**

- 认识通货膨胀和通货紧缩的特点
- 理解通货膨胀与通货紧缩的形成原因
- 理解通货膨胀与通货紧缩的影响
- 掌握治理通货膨胀和通货紧缩的治理对策

第一节　通货膨胀的定义与衡量

一、通货膨胀的定义

通货膨胀（inflation）是现代信用货币制度下世界各国普遍存在的一种经济现象。一般认为，通货膨胀是由于货币供给超过了实体经济中的货币需求，从而引发一般物价水平持续上涨的经济现象。

对于通货膨胀定义的理解，需要把握下列三个方面：

（1）通货膨胀不是指个别商品或劳务价格上涨，而是指一般物价水平（商品和劳务价格的平均水平）的上涨。

（2）通货膨胀指的是一般物价水平的持续上涨。仅仅是季节性、临时性或偶然性因素造成的一般物价水平上涨并不能视为通货膨胀。只有价格水平上涨的趋势持续一段较长时间之后，才能视为通货膨胀。那么多长时间的价格水平上涨才能算通货膨胀呢？理论界并没有统一的标准，一般认为持续6个月以上。

（3）通货膨胀是信用货币制度下的特有现象，根本原因是货币供给超过了货币需求。信用货币的供给量在技术上是无限的，由于它本身没有内在价值，过多供给的货币也不会退出流通，只能通过自身贬值来适应需求，这就出现了物价水平上涨的现象。在金属货币制度下，只要是足值货币，由于货币具有储藏职能，流通中的货币能够自发调节，与货币需求相适应，所以通常不会出现通货膨胀现象。

二、通货膨胀的衡量

通货膨胀是一般物价水平的持续上涨，那么通货膨胀的严重程度就可以用一般物价水平的上涨幅度来衡量，即通货膨胀率。通货膨胀率的计算公式为：

$$通货膨胀率 = \frac{当期一般物价水平 - 基期一般物价水平}{基期一般物价水平} \times 100\%$$

一般物价水平的高低是通过各种价格指数来衡量，世界各国一般采用以下三类指数衡量通货膨胀。

（一）消费者价格指数

消费者价格指数（consumer price index，CPI），是根据家庭消费的代表性商品和劳务的价格变动状况编制的指数。它主要反映了与人们生活直接相关的衣服、食品、住房、水、电、交通、医疗以及教育等商品和劳务价格的变动。由于该指标与社会公众的生活密切相关，所以它是消费者重点关注的一个物价指标。

消费者价格指数是衡量通货膨胀率的基本指标，最为常用。国外有一种指标称为核心通货膨胀率，它是指剔除一些价格变动大且频繁或短期性价格波动的商品或服务后的消费者物价指数，通常剔除的是能源价格和粮食价格，以核心CPI来表示。

中国的消费价格指数的编制主要有八大类商品和服务项目：食品、烟酒及用品、居住、交通和通信、医疗保健及个人用品、衣着、家庭设备用品及服务、娱乐教育文化用品及服务。CPI的优点是资料容易搜集，便于及时公布（通常每月一次），能够迅速地反映公众生活费用的变化。但不包括投资品以及隐性收费，如不包括房价和农业生产资料。

（二）生产者价格指数

生产者价格指数（producer price index，PPI），是根据企业的制成品和原材料的批发价格编制的指数。它反映了包括原材料、中间品以及最终产品在内的各种商品价格的变化。其优点是能灵敏地反映企业生产成本的变化，所以受到企业的重点关注。

PPI 反映了生产环节价格水平，而 CPI 反映了消费环节的价格水平。整体价格水平的波动一般首先出现在生产领域，然后通过产业链向下游产业扩散，最后波及消费品。企业经营成本的上升最终往往导致消费品价格上涨，所以，PPI 在一定程度上能预示 CPI 的变化。

（三）国内生产总值平减指数

国内生产总值平减指数（GDP deflator）是按照当期价格计算的国内生产总值与按不变价格计算的国内生产总值的比率。国内生产总值平减指数计算需要确定一个物价平稳的年份作为基期，然后将以后各期的国内生产总值根据当年价格水平计算名义 GDP，再按照基期价格水平与当期产量计算实际 GDP，两者之比就是 GDP 平减指数。

GDP 平减指数的优点是包括的范围最广，除消费品和劳务外，还包括资本品和进出口商品，所以该指数能较全面地反映一般物价水平的变动趋势，但是编制该指数需要收集大量的资料，投入大量的时间，很难及时更新和公布，在时效上无法满足经济决策的需要。

第二节　通货膨胀的类型与成因

一、通货膨胀的类型

经济分析中，根据不同的标准，对通货膨胀有不同的分类。

（一）按通货膨胀的程度分为温和通货膨胀、严重通货膨胀、恶性通货膨胀

温和通货膨胀是指一般物价水平上涨率在 1% ~3% 之内。温和通货膨胀对经济基本没有不良影响，也不会导致人们对通货膨胀的预期。当前，许多国家的中央银行都制定通货膨胀率控制目标就是基于这个考虑。如美联储的核心通胀率控制目标为 2%，欧洲央行的通胀率目标也是 2%，我国 2018 ~2019 年都把 CPI 上涨率控制目标定为 3% 之内。也有的经济学家认为，温和通货膨胀是一般物价水平上涨率控制在 5% 以内。

严重通货膨胀是指一般物价水平上涨率超过两位数。人们能明显感觉到物价上涨，会动摇公众对货币的信心，并产生通货膨胀预期，甚至出现抢购风潮。

恶性通货膨胀是指物价水平快速、大幅度上涨并超过三位数甚至更高。发生恶性通货后，物价飞涨，货币急速贬值，人们对货币彻底失去信心，银行出现挤兑，经济金融体系遭受破坏，甚至引发社会动荡。

（二）按通货膨胀的表现形式分为公开的通货膨胀、隐蔽的通货膨胀

公开的通货膨胀是指市场机制正常发挥，价格完全放开，对供求变化反应灵敏，一般物价指数通过大幅度地持续上涨表现出来。隐蔽的通货膨胀则是价格受到政府的严格管制，维持表面稳定，商品和劳务的供求矛盾不以价格上涨的形式表现，而是表现为市场供应短缺、黑市交易、凭票证供应等。中国在改革开放前实行计划经济，物价受到管制，日常用品都凭票购买，就是典型的隐蔽的通货膨胀。

（三）按是否存在公众的通货膨胀预期分为预期性通货膨胀、非预期性通货膨胀

预期性通货膨胀是指通货膨胀发生已经被经济主体预期到了，由于有了预期，公众会采取各种防御性行动而引发的物价水平上升。比如在工资合同中规定物价条款，企业在商品定价中考虑未来原材料以及劳动力成本上升因素。非预期性通货膨胀是指没有被经济主体预见到的，在不知不觉中出现的物价上升。这种分类方式主要目的是考察通货膨胀对经济的影响，一般认为非预期性通货膨胀才能对经济产生实际影响，而预期性通货膨胀由于经济主体提前采取的应对措施抵消了通货膨胀的影响。

二、通货膨胀的成因

在现代经济中，通货膨胀是一种经常发生的经济现象，往往会对经济带来不良影响，因而厘清通货膨胀的发生机理，也就是其成因，才能有针对性地采取治理措施。但是通货膨胀的成因比较复杂，不同流派的经济学家有不同的解释。归纳起来，关于通货膨胀的成因，普遍认可的理论主要有三种，即需求拉上型通货膨胀、成本推进型通货膨胀和结构型通货膨胀。

（一）需求拉上型通货膨胀

需求拉上型通货膨胀（demand-pull inflation）是指社会总需求超过社会总供给，过剩的需求拉动了物价的普遍上升。需求拉上型的通货膨胀是一种最常见的通货膨胀，这种通货膨胀是由于货币供应过度增加以致投资需求和消费需求激增而产生的，即“太多的货币追逐太少的商品和服务”。

按照凯恩斯主义的解释，总需求增加并不一定造成通货膨胀。在生产资源和要素已接近充分就业时，总需求的增加会导致产出和物价同时上升，这一情形被称为“半通货膨胀”；当产生资源和要素达到充分就业时，由于资源已经被充分利用，供给不再具有弹性，总需求的增加只会造成物价上涨，而产出不能进一步增加，这时才是“真正的通货膨胀”。

关于总需求超过总供给的原因，凯恩斯主义和货币主义有不同的解释。凯恩斯主义认为，通货膨胀产生并不一定源于货币供应量的增加，总需求的增加才是导致通货膨胀的主要原因。在充分就业时，消费需求、投资需求、政府支出和出口都会导致通货膨胀。以弗里德曼为代表的货币主义学派认为，通货膨胀就是一种货币现象，货币数量的过度增加是导致总需求超过产出的增长速度，从而引起通货膨胀的根本原因。虽然对总需求超过总供给的原因解释不同，但他们都认为通货膨胀的根源在于总需求。

（二）成本推进型通货膨胀

成本推进型通货膨胀（cost-push inflation）是指由于生产成本的上涨引起物价总水平持续上涨的现象。成本推进型通货膨胀从总供给角度入手，解释物价水平持续上升的原因。主要有两个原因：一是工资推进；二是利润推进。

1. 工资推进型通货膨胀

工资推进型通货膨胀是由于工资提高引起生产成本增加，从而导致物价水平上涨。它产生的前提是由于强大的工会组织迫使企业提高工资，并使工资增长速度超过劳动生产率的增长速度，企业就会因为劳动力成本的增加而提高产品价格，从而保证企业的利润。一旦出现通货膨胀，工人为维持先前的工资水平而要求工资进一步上涨，这便形成了工资提高引发物价上涨，物价上涨又引起工资提高的循环。这种工资—物价的交替上升，就形成工资推进型通货膨胀。

2. 利润推进型通货膨胀

利润推进型通货膨胀是由于垄断企业凭借其垄断地位，通过提高产品价格增加利润，从而导致物价水平的持续上涨。在垄断条件下，卖方可能操纵价格，使价格上涨的幅度超过成本上涨的幅度，以赚取垄断利润。

除了工资和利润推动外，引起成本增加的原因还可能有：（1）原材料价格上升，比如由于气候原因导致农产品歉收，价格上升；石油输出国组织大幅提高价格，导致以石油或其加工品为原料，以及以石油为能源的商品成本上升。（2）间接成本推动，现代企业为了扩张市场，必须增加许多间接成本开支，比如技术改进费、广告费等，并把这些增加的成本转嫁到商品价格中，引起物价上涨。

成本推进理论从另一角度解释了物价上涨的原因，它与需求拉上理论的区别在于：成本推进侧重分析生产领域中形成的物价上涨压力，从而引起流通领域内商品价格上涨，而需求拉上则强调在流通领域直接增加的有效需求，使原有商品和货币的均衡关系被打破，从而在流通领域直接引起物价上涨。在现实经济社会中，通货膨胀可能是需求拉动和成本推进共同作用的结果，既有来自需求方面的因素，也有来自供给方面的因素，两个因素往往结合在一起，并相互影响。需求旺盛促使物价上升，物价上升引起企业的生产成本增加，转化为下一轮的成本推进；而成本推进往往又是以总需求不断扩张为先导的。

（三）结构型通货膨胀

结构型通货膨胀（structural inflation）是指总需求和总供给大体处于平衡状态时，由于经济结构方面的因素引起的物价水平持续上涨。结构型通货膨胀包括下列三种情形：

1. 需求转移型通货膨胀

由于国民经济各部门之间发展的不平衡，新兴产业不断发展而夕阳产业没落，在总需求不变的情况下，一些部门的需求转移到其他部门，而劳动力及其他生产要素却未能及时转移，此时，需求增加部门的工资和产品价格上涨，而需求减少部门的产品价格由于具有刚性却未能相应下降，从而导致物价总水平的上升。

2. 部门差异型通货膨胀

一般来说，产业部门劳动生产率的增长速度高于服务业，但由于工人对相对工资的关心，两大部门的货币工资增长速度却基本相同。结果，服务业的工资增长速度超过其生产率的增长速度，导致劳动力从产业部门向服务业转移。产业部门为了吸引劳动力，只好提高工人的工资收入，从而使其产品成本上升。这种部门间生产率增长速度的差异与货币工资一致性增长的矛盾，造成产业部门、服务部门成本持续上升的压力，从而引发一般物价水平的上涨。

3. 斯堪的纳维亚小国型通货膨胀

挪威经济学家奥德·奥克鲁斯持（O. D. Aukrust，1977）将结构型通货膨胀与开放型经济结合起来分析，创立了著名的“小国开放模型”。所谓“小国”不是根据国土和人口因素而言的，而是指该国在国际市场上只是商品价格的接受者，不是价格制定者。“小国开放模型”所要研究的是处于开放经济中的这样一个“小型国家”，如何受世界通货膨胀的影响而引起国内的通货膨胀。这个模型将一国的经济分成两大部门：一是“开放经济部门”，即产品与世界市场有直接联系的部门，如加工制造业等；二是“非开放经济部门”，即产品与世界市场没有直接联系的部门，如服务业、建筑业等。由于小国在世界市场上是价格接受者，因此，当世界市场上的价格上涨时，开放经济部门的产品价格也随之上涨，结果引起开放经济部门的工资相应上涨。一旦开放经济部门的工资上涨后，非开放经济部门也必然会向开放经济部门看齐而提高工资，结果非开放经济部门的生产成本上升，其产品价格也必然随之提高。这样，就导致了“小国”全面的通货膨胀。

■ 拓展学习资料：津巴布韦的恶性通货膨胀

13-1

第三节　通货膨胀的影响与治理

一、通货膨胀的影响

（一）通货膨胀对经济的影响

关于通货膨胀对经济以及产出的影响，西方经济学者在20世纪60年代曾有过激烈的争论，主要有三种观点：第一种是促进论，认为通货膨胀具有促进产出增加、实现经济增长的积极作用。其理由是：在非充分就业状态下，且面临有效需求不足的背景下，通过扩张总需求，在物价上涨的同时，能够刺激产出增加。第二种是促退论，认为通货膨胀不仅不会促进经济增长，而且还会损害经济发展环境，降低经济运行效率。第三种是中性论，认为人们基于对通货膨胀的预期，会对物价上涨做出合理的行为调整，最终抵销物价上涨对经济带来的影响。

（二）通货膨胀与就业的关系

通货膨胀与就业的关系，通常用菲利普斯曲线来反映。菲利普斯是英国伦敦大学的新西兰经济学家，他研究了1861～1958年间，英国的失业与货币工资率的变化率之间的关系，发现货币工资的变动率与失业率之间存在此消彼长的替代关系，即在失业率较低的时期，货币工资上涨得较快，而在失业率较高的时期，货币工资上涨得较慢。由于物价上涨与工资增长具有紧密的相关关系，可以用通货膨胀率（π）替代工资变动率。这就意味着通货膨胀率与失业率（u）之间存在反向关系（见图13－1），即要保持失业率在较低水平，就要承受较高的通货膨胀率，反之则要承受较低的通货膨胀率。因此政府可以根据本国情况进行相机抉择，选择菲利普斯曲线上任何一个使通货膨胀率和失业率都控制在可以接受的限度内的组合。

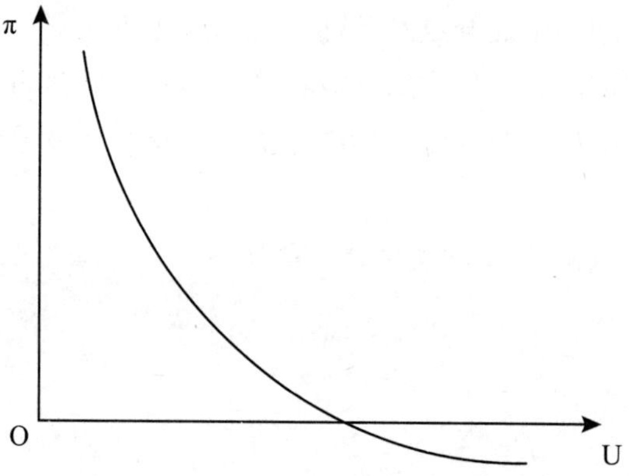

图13－1　斜率为负的菲利普斯曲线

（三）通货膨胀的收入再分配效应

通货膨胀时期，人们的名义货币收入和实际货币收入会存在一些差异。只有剔除物价的影响，才能知道实际收入是增加还是减少。由于社会各阶层的收入来源存在一定的差异，因此，在通货膨胀时期，总有一些人的实际收入水平和占有的财富价值会增加，有些人则会减少。这种由通货膨胀造成的实际收入和财富价值的增减就是通货膨胀的收入再分配效应。如果公众对通货膨胀形成充分预期，通货膨胀对收入和财富的再分配效应不明显，但发生非预期的通货膨胀时，通货膨胀对收入和财富的再分配就会显现，具体表现为：

1. 固定收入者受损，浮动收入者得利

对于工薪阶层和依赖退休金生活的固定收入者来说，其实际收入会因通货膨胀而减少。而浮动收入者，比如企业主，如果产品价格上升比工资和原材料价格上升快，会使利润增加，企业主能从通货膨胀中得利，而利润的增加有利于刺激投资，这正是一些经济学家主张以温和的通货膨胀来刺激经济发展的理由。

2. 货币财富持有者受损，实际财富持有者得利

货币财富包括现金、银行存款和有价证券等，其实际价值因物价上涨而下降，即购买力下降。实际财富包括不动产、贵金属、珠宝、古董、艺术品等，其实际价值因物价上涨而上涨，持有者获得增值收益。

3. 债权人受损，债务人得利

通常情况下，借贷合同都是根据签约时的通货膨胀率来确定名义利率，所以当发生了非预期的通货膨胀之后，由于固定利率的债务合同无法更改，从而使实际利率下降，债权人利益受损，而债务人获益。

4. 公众受损，国家得利

在通货膨胀下，工薪者的名义工资会有所增加，随着名义工资的提高，达到纳税起征点的人增加了，许多人进入了更高的纳税等级，从而增加了政府的税收。此外，通货膨胀降低了政府债券的实际利息负担，减轻了政府的实际债务。

二、通货膨胀的治理

一般认为，通货膨胀对经济的促进作用，仅存在于开始阶段的较短时期内，从长期来看，通货膨胀对经济发展带来的副作用是明显的。因此通货膨胀的治理就成为政府经济调控的主要内容。

（一）需求管理政策

针对需求拉上型的通货膨胀，采取紧缩需求的措施能取得明显效果，即所谓需求管理政策。减少总需求的途径主要包括紧缩性货币政策和紧缩性财政政策。

1. 紧缩性货币政策

紧缩性货币政策是指中央银行实行紧缩银根的政策，即通过减少流通中的货币供应量来压缩社会总需求。紧缩性货币政策手段主要有：

（1）提高法定存款准备金率。通过提高法定准备金率，降低商业银行信用创造能力，从而紧缩信贷规模。

（2）提高再贴现率。提高再贴现率会增加银行的融资成本，可以抑制银行贷款扩张。

（3）通过公开市场业务出售政府债券。中央银行在公开市场上出售政府证券，减少金融机构可用资金的数量，从而减少市场货币供应量。

2. 紧缩性财政政策

紧缩性财政政策主要是通过增加税收、减少政府支出等手段，来限制消费和投资，抑制社会总需求，其主要手段包括：

（1）增加税收。税收的增加，一方面可以增加政府的财政收入；另一方面又直接减少企业利润和个人收入，从而抑制企业投资，减少消费者的消费支出。

（2）减少政府支出。一是减少购买性支出，包括政府基础设施投资、削减军费开支等；二是减少转移性支付，包括各种公共福利支出、财政补贴等。

（二）收入政策

收入政策主要针对成本推进型通货膨胀，是指政府制定一套关于物价和工资的行为准则，由劳资双方共同遵守，旨在限制物价和工资的上涨率，以降低通货膨胀率，同时不会造成大规模失业。

1. 限制工资和价格

政府确定“工资—物价”指导线，指导线是由政府规定的在一定年份内允许总货币收入增长的一个目标数值线，即根据估计的平均生产率的增长，政府当局估算出货币收入的最大增长限度，而每个部门的工资增长率应等于全社会劳动生产率增长幅度，不允许超过。但由于“指导线”在原则上不能直接干预，而只能说服，因此效果并不理想。所以，政府也可以通过立法，强行把工资和物价冻结在某一特定时间的特定水平上，在一定时期内不允许作任何变动。

2. 管制垄断利润

政府通过制定反垄断法，制止垄断企业通过垄断价格获取垄断利润，同时把某些大企业拆分，以增加市场的竞争程度。

（三）供给管理政策

通货膨胀既然是过多的货币追逐太少的商品，那么，也可以通过增加商品和劳务的供给来治理，即所谓供给管理政策。

增加供给的政策主要是通过刺激生产和促进竞争，从而增加社会的有效供给，稳定物价。供给管理政策的措施一般有：（1）改善投资结构。通过优化产业结构、产品结构，补齐产业结构的短板；（2）减税。通过结构性减税来激励企业生产紧缺的商品；（3）鼓励企业技术创新，提高劳动生产率，提高资源的利用效率。

供给管理政策可以较快地增加有效供给，特别是针对供给结构性失衡引起的通货膨胀，有利于减缓市场需求压力。因此，供给管理政策是治理结构型通货膨胀和需求拉上型通货膨胀的有效措施。

（四）收入指数化政策

收入指数化政策一般被当作一种适应性的反通货膨胀政策，就是把工资、利息、有价证券收益以及其他收入一律指数化，同物价变动联系起来，使各种收入随物价指数的变动而做出调整，从而避免通货膨胀带来的实际损失，减弱通货膨胀对经济主体的影响。显然，收入指数化政策只能缓解通货膨胀造成的收入损失，但并不能对通货膨胀起到真正的抑制作用。

（五）货币改革政策

当发生恶性通货膨胀时，仅仅依靠上述政策远不能奏效。特别是公众对本国货币已经失去信心，国家货币制度接近崩溃边缘时，就必须实行货币制度改革。如政府宣布废止旧币，发行新币，同时要配合其他保证币值稳定的辅助措施。

第四节　通货紧缩

一、通货紧缩的定义

通货紧缩（deflation）是一种与通货膨胀性质相反的经济现象，是指货币供应量小于货币需求量所引起的一般物价水平持续下降和货币不断升值的经济现象。对于这个定义，以下两点需要说明：

（1）通货紧缩是一种货币现象，虽然通货紧缩产生的具体原因很多，但直接原因却是货币供应量小于货币需求量，社会一般物价水平下跌是因为货币供给的相对不足导致的，表现为基础货币紧缩或社会信用规模萎缩。

（2）通货紧缩是一般物价水平持续下降。如果只是部分商品价格的下降，不能视为通货紧缩；通货紧缩下的物价下跌必须持续相对长的一段时间，如至少3～4个季度。季节性、暂时性、偶然性的价格下降，也不能被视为通货紧缩。

通货紧缩除了体现为物价水平的下降外，还表现为经济衰退和失业增加。

二、通货紧缩的成因

（一）需求不足

凯恩斯在分析20世纪30年代的经济大萧条后认为，总需求不足是大萧条的主要原因，包括投资需求不足与消费需求不足。当代的通货紧缩往往发生在通货膨胀得到抑制之后。为了抑制通货膨胀，一般会增加社会总供给，减少社会总需求。若通货膨胀的治理力度过大，相对增加的供给与萎缩的需求之间矛盾加剧，可能导致社会有效需求不足，使大量的商品追逐较少的货币，从而产生物价的持续下跌。

（二）生产过剩

通货紧缩往往与前期经济繁荣时期的过度生产性投资有关。当生产能力出现过剩，便会产生商品供过于求的现象，并出现物价的持续下跌。此外，较低的融资成本，使资本形成的成本趋于下降，导致过量的设备投资，也会加剧生产能力的进一步过剩，形成通货紧缩压力。

（三）债务过度

通货紧缩与经济主体的过度负债紧密相关。费雪（Fisher）的“债务—通货紧缩理论”（debt-deflation theory）最早分析了这一机制。费雪认为，在经济繁荣时，利润水平上升促使企业家通过债务融资进行大规模投资，银行体系也基于对未来乐观的预期，不断增加贷款投放，导致经济主体过度负债。当一些企业因债务问题出现破产重组，就会破坏社会的商业信用，导致产出与交易同步萎缩，表现为存款增长率与货币流通速度的下降，出现物价水平下跌。物价下跌降低了企业利润率和净值，使实体经济融资能力降低，经济活动中的货币供给随之下降。此外，通货紧缩还会提高债务的实际利率水平，加重企业债务负担，强化了债务—通货紧缩机制。

（四）技术进步

技术进步大幅度提高劳动生产率，引起生产成本的下降，同时还可能导致产量增加，两者都会促成价格水平的下降。熊彼特（Schumpeter）的“技术革新论”通过分析经济周期的发生和发展过程，说明了技术进步引发通货紧缩的机制。他认为，某些企业因采用了新技术而获得丰厚利润，吸引其他企业纷纷仿效，争相投资，导致采用新技术的部门出现繁荣。一定时期后，该部门出现生产过剩，于是经济失衡，就会发生通货紧缩。

此外，金融体系融资效率较低也可能导致通货紧缩，如果金融机构不愿意贷款或贷款利率过高，便会出现信贷紧缩，从而形成通货紧缩。

三、通货紧缩的影响

表面上看，物价水平的持续下跌会给消费者带来一定好处，事实上，通货紧缩和通货膨胀一样，会对经济发展造成不利影响。

（一）抑制消费需求

从货币购买力来看，发生通货紧缩时，由于物价下跌，消费者的购买力增强。但是，通货紧缩条件下，就业预期和工资收入、家庭资产等都趋于下降，消费者会因此缩减支出，增加储蓄，使得消费总量趋于下降。

（二）引起经济衰退

通货紧缩一方面会抑制消费需求，不利于经济增长；另一方面，通货紧缩下物价的持续下跌会提高实际利率水平，增加资金的实际使用成本，抑制投资增长。此外，通货紧缩会使企业的实际债务负担增加，迫于偿债压力，企业削减支出，出售资产，客观上进一步压低资产价格，而银行放贷会更加谨慎。在投资支出、信贷投放呈现萎缩情况下，总体经济衰退就不可避免。

（三）加大银行风险

通货紧缩一旦形成，会出现生产停滞，企业经营困难，偿债能力降低等问题，最终体现为银行的不良资产增长。如果银行出现大量的不良资产，可能导致公众对银行系统的信心危机，一些银行便会因存款人“挤兑”而被迫破产，甚至引发系统性银行危机。

➤ **专栏阅读与分析**

1929～1933 年美国通货紧缩：大萧条

美国在 1929～1933 年，发生了一次强烈的通货紧缩，伴生的大萧条使美国经济遭受重创。大萧条期间，曾经繁荣一时的美国商品市场、劳动力市场、金融市场的交易功能几乎完全丧失，经济基本崩溃。1929～1934 年，美国 GNP 从 3 147 亿美元降至 2 394 亿美元，累计降幅达 23.93%；1930～1933 年间，由于银行恐慌导致货币供给下滑幅度超过了 25%。以 1929 年为基期，1929～1933 年美国的 CPI 指数分别为 100、97.4、88.7、79.7、75.4，呈现急剧下跌态势；从 1929 年 9 月至 1932 年 6 月，美国股票价格指数跌幅达 85%；美国失业率也从 1929 年的 3.2% 飙升至 1933 年的 24.9%；期间美国破产企业达 14 万家，有近 9 000 余家银行倒闭，占危机期间美国银行总数 1/3，实体经济与金融体系遭受沉重打击。

资料来源：王松奇．金融学（第三版）［M］．北京：中国金融出版社，2003：480.

四、通货紧缩的治理

通货紧缩条件下，物价水平低于合理区间，因此治理通货紧缩的目标，就是要综合利用各种政策措施，促使一般物价水平上升到合理目标区间。

（一）调整宏观经济政策，扩张社会总需求

调整宏观经济政策主要是采取积极的财政政策和货币政策。积极的财政政策，主要是扩大财政支出，发挥政府性支出在社会总支出中的作用，弥补个人消费需求不足造成的需求减缓，从而使财政政策起到“稳定器”的作用。积极的货币政策的核心是从防止通货紧缩、防范金融风险出发，适当增加货币供应量，促进国民经济持续快速、健康地发展。同时，货币政策还要与税收政策、对外贸易政策、产业政策密切配合，使各种政策工具有机结合。

（二）优化产业结构，实现经济高质量发展

在扩大国内需求、刺激经济的同时，必须辅以经济结构调整，特别是产业结构优化，淘汰过剩产能和落后产能，以提高经济增长质量。为此，要建立优胜劣汰机制，进行企业并购重组，促进产业结构调整。

（三）拓展投资渠道，促进储蓄向投资转化

商业银行在储蓄向投资转化中发挥着重要作用，但是在通货紧缩时期，基于风险考虑，银行惜贷，不愿意发放更多贷款，可能减弱储蓄向投资的转化。为此，应重视发挥资本市场机制的作用，丰富金融市场工具，使居民能在多种金融资产中进行理性选择，促进资本市场储蓄向投资转化。同时，要促进信贷市场、货币市场和证券市场的协调发展，为投资者和筹资者提供高效率的市场投融资机会，使金融市场建立顺畅的资金循环机制。

（四）建立资本金约束机制，增强金融机构的抗风险能力

在通货紧缩的情况下，金融机构的安全性受到严峻挑战。为了保持金融体系的稳定，作为金融体系主体的商业银行要强化资本金管理，按照《巴塞尔协议》的要求，充实资本金，增强自身的风险抵御能力。此外，从保护存款人利益出发，建立存款保险制度，维护金融体系的稳健性。

➢ 本章小结

(1) 通货膨胀是在信用货币制度下，由于货币供给超过了实体经济中的货币需求，从而引发一般物价水平持续上涨的经济现象。通货膨胀是信用货币制度下特有的一种经济现象，是商品和劳务价格平均水平的上涨，而非个别商品和劳务价格上涨。

(2) 通货膨胀通常用物价指数来衡量，常用的物价指数有消费物价指数、生产物价指数、国内生产总值平减指数。

(3) 通货膨胀按不同的标准可以划分为不同的类型。按通货膨胀的形成原因可以分为需求拉上型通货膨胀、成本推进型通货膨胀、结构型通货膨胀；按物价上涨的程度可以分为温和通货膨胀、严重通货膨胀和恶性通货膨胀；按通货膨胀的表现形式分为公开的通货膨胀、隐蔽的通货膨胀；按是否存在公众的通货膨胀预期分为预期性通货膨胀、非预期性通货膨胀。

(4) 通货膨胀对经济的影响，理论界有促进论、促退论和中性论三种观点。但从总体来看，通货膨胀对经济发展是弊大于利。通货膨胀率与失业率之间存在反向关系，即要保持较低的失业率，就要承受较高的通货膨胀率，反之则要承受较低的通货膨胀率。通货膨胀具有收入再分配效应。发生通货膨胀时，固定收入者受损，浮动收入者得利；货币财富持有者受损，实际财富持有者得利；债权人受损，债务人得利；公众受损，国家得利。

(5) 对于需求拉上型通货膨胀，主要采用紧缩性货币政策和紧缩性财政政策，通过减少流通中货币供应量和政府性支出，抑制总需求，即需求管理政策；对于成本推进型通货膨胀，可以采用收入政策加强对工资和物价的控制；对于结构型通货膨胀主要通过增加商品和劳务的供给来治理，即所谓供给管理政策。

(6) 通货紧缩是货币供应量小于货币需求量所引起的一般物价水平持续下降和货币不断升值的经济现象。引起通货紧缩的原因主要有需求不足、生产过剩、债务过渡、技术进步等。通货紧缩会抑制消费需求，导致经济衰退，银行风险增加。治理通货紧缩可以采用扩张总需求、优化产业结构、拓展投资渠道、建立金融机构的资本金约束机制等措施。

➢ 关键术语

通货膨胀　通货紧缩　消费物价指数　生产物价指数　需求拉上型通货膨胀　成本推进型通货膨胀　结构型通货膨胀

➢ 思考与练习

(1) 通货膨胀与通货紧缩的定义如何理解？

(2) 衡量通货膨胀的指标有哪些？

(3) 通货膨胀对就业、收入再分配的影响体现在哪些方面？

(4) 通货膨胀的形成原因有哪些？

（5）查找资料，分析我国2011年的通货膨胀状况，总结当时政府采取的治理措施。

➢ 进一步学习的资源

[1]［美］保罗·克鲁格曼. 萧条经济学的回归和2008年经济危机［M]. 北京：中信出版社，2009.

[2]［美］罗斯巴德. 为什么我们的钱变薄了：通货膨胀真相［M]. 北京：中信出版社，2008.

[3]［美］伯南克. 通货膨胀目标制国际经验［M]. 大连：东北财经大学出版社，2006.

CHAPTER 14

第十四章　货币政策

➢ **本章导入**

货币政策是一国宏观经济调控最主要的政策之一，由中央银行制定并实施，其作用关系到社会总供给与社会总需求的均衡，并对企业、家庭等主体的经济活动产生重要影响。那么，货币政策制定的依据是什么？其政策目标有哪些？可以采取的政策措施有哪些？这都是本章所要介绍的内容。

➢ **学习本章后，你将能够：**

- 认识货币政策的内涵
- 认识货币政策目标与货币政策工具
- 理解货币政策实施及其传导机制
- 理解不同货币政策类型的调控意图

第一节　货币政策的内涵

一、货币政策的内涵

货币政策是中央银行为实现其宏观经济目标而采取的调节和控制货币供应量的方针和措施。货币政策是国家宏观经济政策的重要组成部分之一，也是金融政策的核心组成部分。现代信用货币制度下，政府垄断货币发行权，通过主动控制流通中的货币供应量，为经济健康运行提供一个良好而稳定的货币金融环境，这主要依赖中央银行实施及时、有效的货币政策。

货币政策具有两个显著特性：一是总量调节。货币政策是中央银行通过对货币、信用、利率、汇率等金融指标的调节，为微观经济主体创造一个公平竞争和稳定发展的宏观经济环境，其效应是总体性的；二是适时微调。在开放经济环境下，经济运行中经常会出现意料之外的变化或外部冲击，及时采用货币政策工具进行微调最为适宜。

货币政策是一个体系，由三部分构成：（1）货币政策目标，包括货币政策的最终目标和中间目标；（2）货币政策工具；（3）货币政策效果。货币政策实施的目的就是通过运用货币政策工具，实现货币政策目标，以达到预期的政策效果。

二、货币政策的类型

按照对宏观经济最终作用的方向，货币政策分为扩张性货币政策、紧缩性货币政策和均衡性货币政策。

（一）扩张性货币政策

扩张性货币政策是中央银行通过增加货币供应量来刺激社会总需求，以实现物价稳定和促进经济增长目的的货币政策。该政策通常用于经济萧条、总需求不足，并且生产能力闲置、资源未充分利用的情况。此时，通过降低基准利率，扩张银行信用，从而促进投资增加，刺激社会总需求增加，为经济注入活力。

（二）紧缩性货币政策

紧缩性货币政策是中央银行通过减少货币供应量来抑制社会总需求，以实现稳定物价、平衡国际收支目的的货币政策。该政策通常用于经济过热、需求过度，通货膨胀严重的情况。此时，通过提升基准利率，紧缩银行信用，达到减少投资，压缩需求的目的，为过热的经济降温。

（三）均衡性货币政策

均衡性货币政策是在社会总需求和总供给基本平衡的情况下，中央银行使货币供应量保持一个适度的增长速度，以实现物价稳定与经济稳定增长目的的货币政策。

第二节　货币政策目标

一、货币政策的最终目标

货币政策的最终目标是中央银行通过货币政策工具的操作在一个较长时间内所要达到的最终宏观经济目标。一般来说，货币政策的最终目标与宏观经济政策目标基本一致，包括币值稳定、充分就业、经济增长、国际收支平衡。

（一）币值稳定

保持币值稳定是货币政策的首要目标。币值稳定就是保持物价水平的稳定和汇率的基本稳定，是货币政策的首要目标。首先，币值稳定就是要控制通货膨胀。现代信用货币制度下，通货膨胀成为经济发展中经常发生的现象，无法根本消除。因此，把通货膨胀率控制在一个可承受的限度内就成为币值稳定的基本选择。当代世界各国普遍采取通货膨胀目标制，如美联储把核心通货膨胀率，即个人消费支出价格指数（PCEPI）控制目标定为2%，我国2019年的通货膨胀率CPI目标控制为3%。其次，币值稳定还要避免通货紧缩。因为通货紧缩会导致企业倒闭，失业增加，经济衰退。最后，币值稳定还要稳定汇率。在开放经济环境下，汇率剧烈波动对国际贸易和资本流动会带来显著影响，稳定汇率也成为中央银行的重要目标。

（二）充分就业

充分就业作为货币政策的目标之一，是因为一个国家的劳动力能否充分就业，是衡量该国的各种资源是否达到充分利用，经济发展是否正常的标志。充分就业是指有能力并愿意就业者都能在较合理条件下随时找到适当的工作。经济学所指的充分就业不是100%的就业，是排除了摩擦性失业（因短期内劳动力供求失调或季节性原因造成的失业）和自愿失业两种情况之外的失业状况，即排除了“自然失业”的状况。自然失业率是指劳动力市场的供求处于均衡状态的失业率，如果失业率控制在自然失业率水平之下，就称为充分就业。是否充分就业一般用失业率衡量。按照近20年来西方发达国家的经验，自然失业率控制在4%以内就认为是实现了充分就业。

（三）经济增长

经济增长是针对国民经济发展状况设定的宏观经济目标，一般以国内生产总值（GDP）年增长率来测算。一国的经济增长既是提高人民生活水平的物质保障，也是衡量一国是否具有经济实力和国际竞争力的重要标志。因此，各国都把经济增长作为货币政策的最终目标之一。经济增长目标就是通过货币政策调控，为经济增长创造一个适宜的货币金融环境，使国内生产总值保持一个合理的增长速度，既不要出现通货膨胀，也不要出现经济衰退。由于各国所处发展阶段和面临的发展条件不同，合理的经济增长速度有较大差异。如美国2018～2019年的经济增长率在2%～3%之间，中国则为6%左右。

（四）国际收支平衡

国际收支平衡是指一个国家或地区与世界其他国家或地区在一定时期内全部经济往来活动的收支基本持平。国际收支平衡是保证国民经济持续稳定增长的重要条件。在国际贸易占国内生产总值比重较大的国家，若出现国际收支逆差可能导致外汇市场波动，资本外流，本币贬值，并可能导致货币金融危机。而国际收支顺差，又会使大量外汇储备闲置，中央银行可能会因为购买了大量外汇而增发本国货币，从而造成国内的通货膨胀压力。运用货币政策调节国际收支，主要是通过利率和汇率的调节，改善国际贸易收支和资本流动，从而保持国际收支基本平衡。

二、货币政策最终目标之间的关系

货币政策最终目标之间有的可以实现统一，如经济增长与充分就业，二者具有正相关性；有的则具有一定冲突。

（一）币值稳定与充分就业之间的冲突

根据“菲利普斯曲线”理论，货币工资变化率与失业率呈反方向变动，而物价上涨率与工资变动率同方向变动并保持一定的比例，所以通货膨胀率与失业率呈反方向变动。当币值较稳定、通货膨胀率较低时，失业率往往很高；当币值不稳定、通货膨胀率比较高时，失业率往往较低。因此，政府应该根据当时的社会经济条件寻求通货膨胀率与失业率之间的最佳组合。

（二）币值稳定与经济增长之间的冲突

要促进经济增长就需要增加货币供给量，这往往会带来通货膨胀率上升，物价不稳定问题。而要控制通货膨胀就需要紧缩货币供给量，这又可能抑制经济增长。所以，币值稳定和经济增长之间经常发生矛盾。关于这一问题，也有经济学家认为只有物价稳定才有利于经济增长，还有的认为，适度的物价上涨能够刺激经济增长。

（三）经济增长与国际收支平衡之间的冲突

当经济增长较快时，本国产品具有比较优势，对外竞争能力强，会导致出口大于进口，出现国际收支顺差。若出现持续性较大顺差，不仅会带来中央银行国内货币投放的压力，还可能引起国际贸易摩擦。另外，当国内经济以较快的速度持续增长时，会增加对各种生产要素的需求，进口规模扩大，可能出现贸易逆差。为了平衡贸易逆差，中央银行可能会紧缩货币供应，以抑制国内需求，这又会妨碍国内的经济增长。

三、货币政策目标的选择

由于货币政策目标之间的矛盾，决定了这些政策目标不可能同时实现。为此，必须在多目标之间进行选择，有所取舍。理论界对货币政策目标的选择有三种观点。

（1）单一目标论。单一目标论认为由于货币政策目标之间的矛盾性，只能选择单一目标。在单一目标的选择上，一种观点认为应该选择币值稳定，因为这是经济正常运行和持续发展的前提；另一种观点认为应该选择经济增长，因为经济稳定、持续增长是一国经济健康发展的标志，并且经济增长与充分就业可以协调。

（2）双重目标论。双重目标论认为货币政策目标不应该是单一的，应该兼顾币值稳定和经济增长两个目标。

（3）多重目标论。多重目标论认为货币政策目标不能仅选择一个或两个目标，而应该从总体上兼顾各个目标，在不同时期以不同目标为相对重点，并确定主次地位和先后顺序。

我国2003年修订的《中国人民银行法》规定"货币政策目标是保持货币币值的稳定，并以此促进经济增长"。这个目标属于双重目标，但这两个目标不是平行的，是有主次的。其中币值稳定是主要目标，也是优先目标。中央银行应该在保持币值稳定基础上促进经济增长。

四、货币政策的中间目标

货币政策最终目标是理想目标，中央银行难以直接实现。因此，中央银行在进行货币政策调控时，通常要选择某些与最终目标密切相关的，能够直接控制和观察到的中间性指标。这就是货币政策的中间目标。中间目标是货币政策实施的控制启动器，也是传导指示器、反馈显示器。中央银行通过观察和调整这些中间目标，可以达到间接控制最终目标，实现货币政策预期效果之目的。

（一）中间目标的选择标准

货币政策的中间目标并不是任意确定的，一般应符合以下标准：

（1）可控性。中央银行运用货币政策工具能够有效地控制和调节中间目标；

（2）可测性。中间目标能够被观测到，并能准确地获取资料，对政策效果进行判断；

（3）相关性。中间目标必须与货币政策最终目标之间具有高度相关性；

（4）抗干扰性。中间目标能比较准确地反映货币政策实施效果，较少受其他因素干扰。

（二）中间目标的类型

按照对货币政策工具作用的反应先后和作用于最终目标的远近，中间目标可以分为操作指标和中介指标两个层次。

1. 操作指标

操作指标是中央银行的货币政策工具能够直接作用的政策变量。中央银行对操作指标的控制力较强，这些指标对货币政策工具的反应最灵敏，但是操作指标离最终目标较远。中央银行可选择的操作指标主要是存款准备金和基础货币。

（1）存款准备金。存款准备金包括法定存款准备金和超额存款准备金。中央银行的主要货币政策工具都能够对商业银行的存款准备金产生影响。法定准备金是中央银行直接控制的，超额准备金中央银行也能够间接调控。存款准备金的增减对商业银行的信贷规模具有直接决定作用，进而影响市场货币供应量。这些指标中央银行都容易控制和测度。

（2）基础货币。基础货币由各商业银行的存款准备金和流通中的现金构成。基础货币数量反映在中央银行的资产负债表上，基础货币中的流通中的现金，中央银行也可以直接控制；基础货币的增加或减少通过乘数作用，会引起货币供应量成倍增加或减少，从而达到调节经济的目的。基础货币的作用也会受到一些非政策性因素的干扰，比如公众的现金提取比率等，这些因素会影响货币乘数的大小，但不会影响中央银行对基础货币的控制能力。

2. 中介指标

中介指标是中央银行实施货币政策后，通过操作指标传导能够直接影响的政策变量。中介指标处于操作指标和最终目标之间，受操作指标直接影响。货币政策实施后，其作用时间比较长，通过最终目标观察效果比较滞后，中介指标作为离最终目标较近的变量，既能够被中央银行控制，又能够较好地预示最终目标可能的变动，为政策调整提供时间。可选择的货币政策中介指标主要有货币供应量和利率。

（1）货币供应量。货币供应量由流通中的现金和银行的各类存款构成。货币供应量不仅能直接影响经济主体的投资和消费，而且中央银行对其控制力和可测性也较强。

（2）利率。利率之所以成为货币政策的中介指标，是因为作为重要的经济变量，利率不仅与经济活动密切相关，它还能反映货币资金的相对稀缺性。中央银行可以通过控制基准利率，来影响整个金融市场的利率水平。

综合来看，货币政策目标不是单一指标，而是一个由政策工具、操作指标、中介指标、最终目标四个环节组成的体系。中央银行采取货币政策工具调控，首先做出直接反应的是操作指标，操作指标进而影响中介指标，中介指标变化直接影响经济主体做出反应，从而实现最终目标。货币政策目标体系见图 14－1。

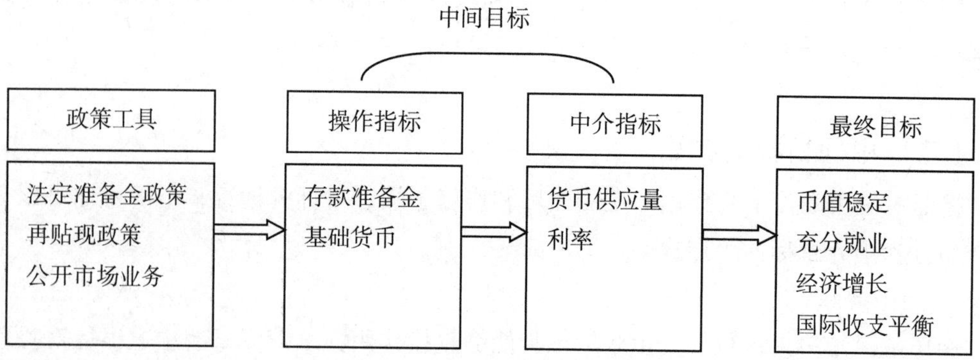

图 14－1　货币政策目标体系

五、货币政策规则

货币政策规则是指中央银行在制定货币政策过程中所遵循的原则，既包括货币政策目标的选择，也包括为了实现政策目标应采取的控制措施。货币政策应遵循什么原则，理论界的意见并不统一，概括起来主要有下列四种规则受到关注。

（一）凯恩斯主义的“相机抉择规则”

凯恩斯主义认为，市场失灵使其没有迅速地自我调整能力，因此中央银行应该根据宏观经济的具体情况，采取相应措施来稳定经济。一旦确定目标，就要迅速采取行动，如果情况发生变化，要及时做出反应，采取新的对策。“相机抉择”（discretionary）主张当经济萧条时，采取扩张性货币政策，刺激有效需求，增加就业机会，推动经济增长；反之，当经济增长过快，出现通货膨胀时，采取紧缩性货币政策，抑制有效需求，限制投资和消费增长。这种货币政策模式也被称为“反周期货币政策”。

（二）货币主义的“单一规则”

以弗里德曼为代表的货币学派认为通货膨胀或通货紧缩本质上都是一种货币现象，因此主张实行货币供应的“单一规则”，使货币供应量维持一个固定增长率。货币学派相信市场机制的自发调节力量，认为缓慢而稳定不变的货币供给增长会带来稳定的产出和物价。控制货币供应量的最佳选择是中央银行公开宣布，并长期维持一个稳定的货币供应增长率，而不应该去控制各种经济变量。公开宣布货币供应增长率可以避免公众预期心理紊乱，同时也将中央银行的行为置于公众的监督之下。

（三）通货膨胀目标制

通货膨胀目标制认为中央银行应公开宣布一个通货膨胀控制的目标区间，并向公众承诺会将通货膨胀保持在该目标区内。一旦通货膨胀偏离了这一目标区域，中央银行就运用货币政策进行反向调节。由于通货膨胀目标会事先公布，公众对央行货币政策的意图和目标有了充分了解，在预期引导下有利于实现货币政策目标。

（四）泰勒规则

泰勒规则（Taylor rule）是由美国斯坦福大学的约翰·泰勒1993年根据美国货币政策的实际经验而确定的一种短期利率调整的规则，也称为利率规则。该规则提出了一个基准利率依经济状态而调整的方法。以美国的联邦基金利率为例，泰勒规则表达式为：

名义联邦基金利率 = 通货膨胀率 + 实际联邦基金利率 + 1/2（通货膨胀缺口）
+ 1/2（产出缺口）

按照泰勒规则，名义联邦基金利率应对通货膨胀缺口和产出缺口的调整做出反应。通货膨胀缺口、产出缺口的系数都为1/2，当通货膨胀率在目标值以上每上升1个百分点，或GDP增长率在其目标值以上每上升1个百分点，名义联邦基金利率就应提高0.5个百分点。意味着中央银行名义利率的提高幅度应适当超出通货膨胀上升幅度，从而使货币政策调节有效。泰勒规则与其他几种规则最大的不同点在于其较强的可操作性。

第三节　货币政策工具

货币政策工具是中央银行为了实现货币政策最终目标而采取的措施和手段。货币政策工具包括一般性货币政策工具和选择性货币政策工具两大类。

一、一般性货币政策工具

一般性货币政策工具是中央银行的“常规武器”，俗称货币政策的“三大法宝”，它包括法定准备金政策、再贴现政策和公开市场业务。一般性货币政策工具对金融活动的影响是普遍的、总体的，没有选择性，实施对象是整体经济，而非个别部门或企业。

（一）法定准备金政策

法定准备金政策是中央银行通过规定商业银行等存款类金融机构缴纳的存款准备金比率，来控制商业银行的信用创造能力，从而间接调控社会货币供应量的措施。当代世界各国普遍实行法定存款准备金制度，法定准备金率成为中央银行货币政策的主要工具之一。

法定准备金政策是作用猛烈的货币政策工具，因为法定准备金率的调整会影响货币乘数。根据信用创造原理，法定准备金率与货币乘数负相关，法定准备金率越高，货币乘数越小，反之就越大。法定准备金率调整直接影响商业银行的超额准备金增减，进而对商业银行的派生存款能力产生强烈影响。

法定准备金政策的作用力度大、效果明显，是中央银行收紧和放松银根的有效工具，但是对经济的震动较大。存款准备金比率的微小变动都会通过银行信用的收缩或扩张产生放大作用，导致经济的剧烈波动，增加了银行流动性风险管理难度，特别是中小银行，如果超额准备金不足，一旦法定准备金比率调高，极易造成流动性风险。基于法定准备金率的变动冲击力过大，因此，该政策工具只在少数情况下使用。如2020年3月为了应对新冠肺炎病毒蔓延给美国金融业带来的冲击，美联储决定将法定存款准备金率降为零。

20 世纪 80 年代末期以来，随着《巴塞尔协议》在国际商业银行业的实施，资本充足率的监管要求已经覆盖了存款准备金的功能。因此，准备金制度的作用逐步弱化，许多国家的中央银行在逐步降低甚至取消部分存款的法定准备金要求。美联储先后于 1990 年 12 月和 1992 年 4 月取消了定期存款的法定准备金，并将可签发支票存款的法定准备金率从 12% 下调到 10%。加拿大中央银行于 1992 年 4 月取消了 2 年期以上定期存款的法定准备金。此后瑞士、新西兰、澳大利亚的中央银行将法定准备金率降为零。之所以如此，原因是法定准备金如同对银行进行征税，因为许多国家中央银行对法定准备金不支付利息或支付很低的利息①，银行这部分资金没有收益或收益很低。此外，对不同类型的金融机构，适用不同的法定准备率，造成它们各自承受的成本有较大的差异，从而影响金融机构之间的公平竞争。

尽管法定准备金政策在国外央行并不经常使用，但我国央行却把法定准备金政策作为主要的货币政策工具。特别是 2007 年以来法定准备金率的调整非常频繁，从 2007 年 1 月至 2011 年 6 月间，共调整 32 次，其中 3 次下调；从 2011 年 12 月至 2020 年 3 月间，共下调 16 次。这主要是因为我国的金融市场机制尚不完善，经济主体对利率的调控反应不敏感，社会融资结构仍然以银行间接融资为主，资本市场直接融资占比仍较低。法定准备金政策直接作用于商业银行，调控直接，见效快。

➢ 专栏阅读与分析

我国的法定准备金制度

我国的法定准备金制度是在 1984 年中国人民银行专门行使中央银行职能后建立起来的。当时规定金融机构的法定存款准备金率：企业存款为 20%，农村存款为 15%，储蓄存款为 25%。过高的法定存款准备率使当时的商业银行资金严重不足，中国人民银行不得不通过再贷款的形式将资金返还给商业银行。商业银行一方面向中央银行缴纳高额准备金，另一方面又向中央银行申请再贷款，这是不正常的。所以，中国人民银行从 1985 年开始将法定存款准备率统一调整为 10%。

1987 年和 1988 年，中国人民银行为适当集中资金，支持重点产业和项目的资金需求，也为了紧缩银根，抑制通货膨胀，两次上调了法定准备率。1987 年从 10% 上调至 12%，1988 年 9 月又进一步上调为 13%。

由于我国法定准备金存款不能用于支付和清算，按规定，金融机构还必须

---

① 美联储长期以来对准备金存款不支付利息，在次贷危机的严重冲击下，为了增加受困金融机构的收入并减少公开市场业务的压力，2008 年 10 月 15 日美联储宣布向准备金存款支付利息（包括法定准备金存款和超额准备金存款），12 月 16 日，法定准备金利率和超额准备金利率又分别降至 0.79% 和 0.25%。从 2020 年 3 月 16 日起，基于新冠病毒对经济的冲击，美联储将存款准备金利率和超额准备金的利率调整为 0.10%。当年，中国人民银行宣布自 4 月 7 日起将金融机构在央行超额存款准备金利率从 0.72% 下调至 0.35%。

在中国人民银行开设一般存款账户，统称“备付金”（即超额准备金）账户，用于资金收付。1989年，中国人民银行对金融机构的“备付金率”做了具体规定，要求保持在5%~7%。1995年，中国人民银行根据各家银行的经营特点重新确定了备付金率，工行、中行不低于6%，建行不低于5%，农行不低于7%。

1998年3月，中国人民银行对存款准备金制度再次进行改革，主要内容是：将原来各金融机构在中国人民银行的法定准备金存款和备付金存款两个账户合并，统称为“准备金存款”账户；法定存款准备率从13%下调到8%，超额准备金由各金融机构自行决定。

2004年4月起，中国人民银行开始推行差别存款准备率制度。差别存款准备金率的主要依据是金融机构的资本充足率、资产质量状况。实行差别存款准备金制度可以制约资本充足率不足且资产质量不高的金融机构的贷款扩张。金融机构的资本充足率越低、不良贷款比率越高，适用的存款准备金率就越高；反之就越低。从2007年1月开始，中国人民银行逐渐上调法定存款准备金率，经过32次调整（其中3次下调），从原来的9%上升到2011年6月的大型金融机构21.5%，中小金融机构19.5%的最高水平。自2011年12月开始进入下调周期，经过16次下调，到2020年3月底，大型金融机构为11.5%，中小金融机构为9.5%。

资料来源：中国人民银行网站。

（二）再贴现政策

再贴现是中央银行对商业银行等金融机构持有的未到期已贴现商业汇票予以贴现的行为。再贴现政策就是中央银行通过调整商业票据的再贴现率和再贴现票据条件，影响商业银行从中央银行获得再贴现融资的政策。再贴现政策是西方中央银行最早使用的货币政策工具。早在1833年，英国《银行特许法》就确立了再贴现政策，规定贴现行可以持商业票据不受限制地向英格兰银行申请再贴现。英格兰银行借此工具调节货币供应量。

再贴现政策是中央银行履行其“最后贷款人”职能的重要途径。在发生金融恐慌时，通过再贴现政策调整可以迅速向金融机构提供流动性，从而抑制市场的恐慌情绪。例如，2020年3月新冠肺炎疫情导致美国金融市场恐慌性下跌（标准普尔500指数10天内发生四次熔断），美联储迅速宣布了应对疫情的“一揽子”计划，其中鼓励商业银行使用其贴现窗口，并史无前例地将贴现窗口中的一级信贷利率下调150个基点，至0.25%。此外，存款类金融机构从贴现窗口借款期限最长可达90天，借款人可以每天提前还款并可续借。

再贴现政策包括再贴现率的调整和对再贴现票据、再贴现金融机构资格的要求。

再贴现率是中央银行控制的基准利率，对货币市场利率具有引导作用。体现在两个方面：一是能够影响商业银行的融资成本。当商业银行资金不足时，可以向中央银行申请再贴现获得低成本资金。再贴现率的调整可以影响商业银行的资金成本，进而影响企业的借款成本，达到调节社会信用规模的目的；二是具有告示性作用。再贴现率的调整能够影响公众预期，即向银行和社会公众宣示中央银行的政策意图和导向。

中央银行对再贴现票据种类和再贴现金融机构资格的规定，可以发挥信贷结构调整的作用，从而影响商业银行的资金投向。例如，中国人民银行2004年发布的《商业汇票承兑、贴现、再贴现管理办法》规定“中国人民银行根据金融宏观调控和结构调整的需要，不定期公布再贴现优先支持的行业、企业和产品目录”。许多国家规定，向中央银行申请贴现的票据，必须具有真实的商品交易基础。如德意志联邦银行只购买那些在实质的商品交易基础上签发的商业票据，我国的《票据法》明确规定，票据的签发应“具有真实的交易关系和债权债务关系”。

再贴现政策发挥作用的基本前提是票据业务成为经济主体融资的主要方式之一，并且商业银行主要以再贴现方式向中央银行借款。因此，再贴现政策存在一定的局限性。一方面，再贴现的决定权在商业银行，中央银行处于被动地位，同时货币市场的发展，商业银行对再贴现的依赖性有所降低；另一方面，再贴现率虽然易于调整，但如果经常调整会引起市场利率的频繁波动，从而影响商业银行的预期。

➢ 专栏阅读与分析

我国央行的再贴现业务

1986年，中国人民银行开始在北京、上海等10个城市对专业银行（当时对商业银行的称呼）试办再贴现业务。1994年下半年，为解决一些重点行业的企业货款拖欠、资金周转困难和部分农副产品调销不畅的状况，中国人民银行专门安排100亿元再贴现限额。1995年末，开始把再贴现作为货币政策工具体系的组成部分。1998年以后，改革再贴现、贴现利率生成机制，使再贴现利率成为中央银行独立的基准利率。扩大再贴现的对象和范围，把再贴现作为缓解部分中小金融机构短期流动性不足的政策措施。将再贴现最长期限由4个月延长至6个月。2008年以来，为有效发挥再贴现促进结构调整、引导资金流向的作用，再贴现的机构范围扩大到城乡信用社、存款类外资金融机构法人、存款类新型农村金融机构，以及企业集团财务公司等非银行金融机构。但是，由于我国商业票据市场不发达，再贴现业务的规模并不大。

与再贴现类似，再贷款业务也是我国中央银行常用的一种对商业银行融资形式，不过再贷款是纯信用贷款。自1984年中国人民银行专门行使中央银行职能以来，再贷款一直是我国中央银行的重要货币政策工具。随着金融宏观调控方式由直接调控转向间接调控，再贷款所占基础货币的比重逐步下降。新增再贷款主要用于促进信贷结构调整，引导扩大县域和“三农”信贷投放。

借鉴国际经验，中国人民银行于2013年初创设了常备借贷便利。常备借贷便利（standing lending facility，SLF）是中国人民银行正常的流动性供给渠道，主要功能是满足金融机构期限较长的大额流动性需求。对象主要为政策性银行和全国性商业银行，期限为1～3个月。利率水平根据货币政策调控、引导市场利率的需要等综合确定。常备借贷便利以抵押方式发放，合格抵押品包括高信用评级的债券类资产及优质信贷资产等。全球大多数中央银行具备借贷便利类的货币政策工具，但名称各异，如美联储的贴现窗口（discount window）、欧央行的边际贷款便利（marginal lending facility）、英格兰银行的操作性常备便利（operational standing facility）、日本银行的补充贷款便利（complementary lending facility）。

2014年9月，中国人民银行创设了中期借贷便利（medium-term lending facility，MLF）。中期借贷便利是中央银行提供中期基础货币的货币政策工具，对象为符合宏观审慎管理要求的商业银行、政策性银行，通过招标方式开展。中期借贷便利采取质押方式发放，金融机构提供国债、央行票据、政策性金融债、高等级信用债等优质债券作为合格质押品。中期借贷便利利率发挥中期政策利率的作用，通过调节向金融机构中期融资的成本来对金融机构的资产负债表和市场预期产生影响。

常备借贷便利和中期借贷便利与传统的再贴现、再贷款类似的货币政策工具，都是由金融机构主动向中央银行提出再融资申请，中央银行与金融机构“一对一”交易，针对性强。目的都是调控金融机构的流动性，进而实现对市场货币供应量的调控。不同点是再贴现要以合格的商业票据为基础，再贷款为纯信用贷款，常备借贷便利和中期借贷便利都要求以高信用等级的债券等为抵押品。

资料来源：中国人民银行网站。

（三）公开市场业务

公开市场业务指中央银行在证券市场上公开买卖各种有价债券，进而影响货币供应量和市场利率的行为。中央银行在公开市场买卖的有价证券主要是国债，我国还有央行票据、回购协议。

公开市场业务的作用主要通过两条途径实现：一是央行通过买卖有价证券，影响商业银行的超额准备金，从而影响商业银行信贷规模，最终影响市场货币供应量。央行从商业银行手中买进有价证券，会增加商业银行的超额准备金，从而扩大银行信贷规模，增加货币供应量。反之则减少货币供应量；二是央行通过买卖有价证券，影响某种证券的市场价格，进而影响其利率。证券市场价格与其利率（收益率）呈反向变动关系。央行买进有价证券，该证券的需求增加，证券价格上升，其利率会下降，反之则利率上升。此外，央行买进或卖出证券的行为，使市场货币供给量增加或减少，也会使市场利率随之降低或上升。

公开市场业务与其他货币政策工具相比，具有很强的优越性，主要表现在：（1）公开市场业务是针对货币政策的操作指标进行直接调控，作用更直接，效果更显著。法定准备金政策和再贴现政策只能通过改变商业银行的贷款条件或借款成本，间接影响商业银行的信贷总量；（2）公开市场业务具有很大的灵活性。中央银行买卖证券的规模可大可小，且调控效果温和；正向、逆向操作均可，可以灵活掌握，特别适合政策微调。所以，公开市场业务已成为当代中央银行最为常用的货币政策工具之一。

中央银行能够通过公开市场业务调控货币供应量，需要具备一定的前提条件：一是需要有较发达的证券市场，特别是债券种类要齐全，并具有相当的市场规模；二是中央银行要对金融市场具有强大的调控实力。

表 14－1 归纳了一般性货币政策工具及其应用。

表 14－1　　一般性货币政策工具及其应用

政策工具	通货膨胀（总需求 > 总供给）	通货紧缩（总需求 < 总供给）
法定准备金政策	提高法定存款准备金比率	降低法定存款准备金比率
再贴现政策	提高再贴现率	降低再贴现率
公开市场业务	卖出证券，回笼基础货币	买进证券，投放基础货币

➢ 专栏阅读与分析

美联储的公开市场业务操作

公开市场业务操作是美国的日常货币政策工具，在经济和金融运行中最常用、作用最大。联邦公开市场委员会是货币政策的决策机构，纽约联邦储备银行承担公开市场操作任务。联邦公开市场委员会由 12 名成员组成，每年召开 8 次例会。每次例会后都会发布关于近期货币政策的调整动态。联邦公开市场委员会在每次例会后，会向纽约联储交易台（New York Fed Trading Desk）发送指令，明确联邦公开市场委员会确定的联邦基金目标利率，以及从本次会议结束到下一次会议开始前货币政策具体的操作路径。交易通过拍卖的方式进行。联邦储备体系公开市场操作调节的是联邦基金供给量。纽约联储交易台根据预测的联邦基金需求量，通过公开市场操作调节联邦基金供给量，最终目标是使联邦基金实际利率与联邦市场公开委员会确定的联邦基金利率基本保持一致。联邦储备法令规定联储只能在二级市场上买入国债。

我国央行的公开市场业务

我国央行的公开市场业务操作包括人民币操作和外汇操作两部分。外汇公开市场操作1994年3月启动，人民币公开市场操作从1998年建立一级交易商制度开始，即选择那些能够承担大额债券交易的商业银行、证券公司等其他金融机构作为一级交易商。目前公开市场业务已成为中国人民银行货币政策日常操作的主要工具之一。

从交易品种看，中国人民银行公开市场业务债券交易主要包括回购交易、现券交易和发行中央银行票据。其中回购交易分为正回购和逆回购两种，正回购为中国人民银行向一级交易商卖出有价证券，并约定在未来特定日期买回有价证券的交易行为，正回购为央行从市场收回流动性的操作，正回购到期则为央行向市场投放流动性的操作；反之则是逆回购，逆回购为央行向市场上投放流动性的操作，逆回购到期则为央行从市场收回流动性的操作。

现券交易分为现券买断和现券卖断两种，前者为央行直接从二级市场买入债券，一次性地投放基础货币；后者为央行直接卖出持有债券，一次性地回笼基础货币。中央银行票据即中国人民银行发行的短期债券，央行通过发行央行票据可以回笼基础货币，央行票据到期则体现为投放基础货币。

资料来源：中国人民银行网站。

■ 拓展学习资料：央行票据是适合中国国情的货币政策工具

14－1

二、选择性货币政策工具

选择性的货币政策工具则指中央银行针对特殊经济领域或特殊用途的信用调节而选择性地使用的货币政策工具。选择性货币政策工具具有结构性调节的特点，包括不动产信用控制、消费信贷控制、证券市场信用控制和优惠利率。

（一）不动产信用控制

不动产信用控制是指中央银行对商业银行等金融机构向客户提供不动产抵押贷款的限制性措施。主要包括：一是对不动产贷款规定最高限额；二是规定不动产贷款的最长期限；三是规定首付款比率。

（二）消费信贷控制

消费信贷控制是指中央银行对不动产以外各种耐用消费品的销售融资予以限制的政策。主要内容是根据经济的不同周期，规定消费信贷最低首付款比率、最长贷款期限以及限定消费信贷发放的范围。

（三）证券市场信用控制

证券市场信用控制是指中央银行限制金融机构对证券保证金交易融资的措施。主要做法是规定贷款额占证券交易额的比率，即证券保证金比率。比如，当证券市场泡沫比较严重时，就可以提高证券交易的保证金比率，通过限制对证券交易融资的规模，防止过度炒作，稳定金融市场。

（四）优惠利率

中央银行对需要重点支持的某些部门、行业、地区或群体规定较低的贷款利率，以鼓励和扶持其发展。

三、其他货币政策工具

其他货币政策工具主要是直接信用控制和间接信用控制两类。

（一）直接信用控制

直接信用控制是指中央银行根据有关法令，利用行政手段对商业银行信用业务进行直接干预的措施。直接信用控制措施主要有以下几种：

1. 信用配额

信用配额也称为贷款规模管理，是中央银行根据金融市场的供求状况对各家商业银行能够发放的贷款规模进行分配，限制贷款的最高数量。

2. 利率管制

利率管制是中央银行对存款、贷款利率进行限制。通常是规定贷款利率的下限、存款利率的上限。美国在 1986 年以前曾经对定期存款利率进行上限管制。我国在 2015 年 10 月以前一直对银行存款利率上浮幅度进行限制，其目的是限制银行通过抬高利率进行恶性竞争存款。

3. 流动性比率管制

中央银行通过规定商业银行的流动资产与流动性负债的比率来限制商业银行信用扩张的一种管制措施。规定的流动性比率越高，商业银行必须减少中长期贷款和投资，增加短期贷款等流动性强的资产，银行的信用扩张受到限制。

（二）间接信用控制

间接信用控制是指中央银行运用道义劝告和窗口指导两种方法对商业银行的信贷活动进行引导的措施。

1. 道义劝告

道义劝告是指中央银行利用其声望和地位，对商业银行发出通告、指示或与其负责人进行面谈，解释政策意图，使商业银行自觉采取相应措施来配合中央银行的政策。

2. 窗口指导

窗口指导是指中央银行根据产业行情、物价趋势和金融市场动向，指导商业银行贷款的重点投向和贷款变动数量等。第二次世界大战后，日本银行首先开始采用这种手段，并称其为"窗口指导"，后来推广到欧美各国。

➢ 专栏阅读与分析

美联储为"9·11事件"所采取的货币政策

2001年9月11日，恐怖组织对美国世贸中心大楼的袭击，不但使美国的航空与保险业陷入困境，而且也扰乱了美国支付与金融体系的正常运行，从而对整个国民经济带来严重的后果。

一方面，企业与个人对流动性的需求大幅增加；另一方面，不确定性的增加和资产价格的下降也削弱了银行和其他金融机构的贷款意愿。这一切，对已陷入衰退的美国经济来说，无异于雪上加霜。为了最大限度地减少"9·11事件"对经济复苏的不利影响，美联储通过多种渠道，采取了有力的措施以图恢复市场信心和保证金融与支付体系的正常运行。

（1）美联储通过其在纽约的交易中心以回购协议的方式为市场注入资金。2001年9月12日，美联储持有的有价证券金额高达610亿美元，在此之前，美联储日平均证券余额仅为270亿美元。

（2）美联储通过再贴现直接将货币注入银行体系。9月12日的再贴现余额高达450亿美元，远远超过在此之前的5 900万美元的日平均余额。

（3）美联储联合通货监理局劝说商业银行调整贷款结构，为出现临时性流动性问题的借款人发放专项贷款。并声称，为帮助商业银行实现这一目的，美联储随时准备提供必要的援助。

（4）在9月17日清晨，联邦公开市场委员会又进一步将联邦基金利率的目标利率定为3%，下降了0.5个百分点。

资料来源：新浪网—新浪财经. http：//finance. sina. com. cn.

问题思考：

（1）美联储通过哪些手段增加了货币供应量？

（2）美联储降低联邦基金利率的目的是什么？

第四节 货币政策传导机制

货币政策传导机制是指中央银行运用货币政策工具，作用于操作指标，进而影响中介指标，最终实现既定的货币政策目标的传导过程和作用机理。货币政策传导机制的实质是，通过货币供给数量变化影响各经济主体的行为选择过程。在这一过程中，中央银行是主动调节者，商业银行等金融部门是调节的接受者，商业银行等金融部门做出反应并作用于企业、居民等非金融部门，企业、居民等经济主体调整投资和消费决策，进而影响整个经济的总支出和总产出。

货币政策传导机制涉及许多环节，既有内部因素又有外部因素，关系非常复杂，其过程也无法直接观察到，只能通过设定一些可观测的经济指标进行理论分析，不同的经济学流派有不同的理论解释。归纳起来，这些理论阐述的货币政策传导机制主要通过投资支出、消费支出和国际贸易三条途径传导。

一、投资支出传导机制

货币政策通过影响投资支出传导的机制主要包括凯恩斯主义的利率传导机制、托宾的Q理论传导机制和信贷传导机制。

（一）凯恩斯主义的利率传导机制

凯恩斯主义的利率传导机制理论思路是：当中央银行采取扩张的货币政策时，商业银行体系的超额准备金增加，放款能力增加，货币供应量（M）增加。货币供给增加后，利率（r）下降，而投资（I）与利率反向相关，因此投资增加，投资增加进而促进社会总产出（Y）增长。

当货币供应量发生变动时，货币政策传导的过程是：

$$M\uparrow \rightarrow r\downarrow \rightarrow I\uparrow \rightarrow Y\uparrow$$

凯恩斯主义的利率传导机制的效果取决于两个因素：一是投资的利率弹性，即利率变动能够刺激投资的增加。若投资的利率弹性比较小，那么货币政策效果就不明显；二是当出现“流动性陷阱”时，则货币政策无效。即利率降到不能再低时，货币需求变得无限大，货币供给被人们储藏起来，不能增加投资。因此，凯恩斯认为财政政策比货币政策更有效。

（二）托宾的Q理论传导机制

作为后凯恩斯学派的代表，耶鲁大学的托宾（James Tobin）扩展了凯恩斯主义的货币政策传导机制，提出货币政策变化通过影响股票价格，进而影响企业市场价值，导致企业投资变化的机制。托宾定义了一个经济指标Q，Q是企业的市场价值与资本重置成本（资本价格）之比。因此该理论称为Q理论。

当中央银行实行扩张性货币政策时，货币供应量（M）增加促使股票价格（P）上涨，股票价格上涨使Q值提高，当Q值提高到一定水平时，企业的市场价值高于资本的重置成本，意味着企业的设备投资可以通过发行股票收回并有盈利，此时企业选择增加投资（I），投资增加促进社会总产出（Y）增长。反之则减少投资。Q和企业投资呈正相关关系。托宾的Q理论传导机制可以表述为：

$$M\uparrow\rightarrow P\uparrow\rightarrow Q\rightarrow I\uparrow\rightarrow Y\uparrow$$

（三）信贷传导机制

该理论认为中央银行通过货币政策操作，影响商业银行的准备金，从而影响银行的信贷规模，影响经济主体的投资支出。例如，中央银行通过公开市场业务采取扩张性货币政策，将增加商业银行的超额准备金，银行在货币乘数效应下，贷款能力扩张，企业获得融资更容易，就会增加投资。在社会融资结构中，间接融资占比较大的国家，银行信贷渠道与社会投资支出的关系非常密切，信贷规模变化对投资支出的影响十分重要。

二、消费支出传导机制

货币政策通过影响消费支出传导的机制主要包括弗里德曼的货币主义传导机制、莫迪利亚尼的财富效应传导机制、米什金的流动性效应传导机制。

（一）弗里德曼的货币主义传导机制

货币主义的创始人弗里德曼（Friedman）认为，利率在货币政策传导机制中不是最重要的，他强调货币供应量在整个传导机制上的直接效果。货币主义的传导机制思路是：当中央银行采取扩张货币政策措施时，商业银行信贷能力增加，市场名义货币供应量（M）增加。而货币需求函数是稳定的，即实际货币需求量不变。当人们实际持有的名义货币余额超过其希望持有的货币余额时，人们会将这部分多余的货币用于购买各种资产，购买金融资产如债券、股票等，或购买实物资产如汽车、房产等消费品。公众支出（E）的增加意味着社会需求增加，刺激投资，从而导致总产出和总收入（Y）增加。其货币政策传导机制可以表述为：

$$M\uparrow\rightarrow E\uparrow\rightarrow Y\uparrow\rightarrow P\uparrow$$

货币学派认为，当人们的收入水平增加后，又会鼓励人们扩大开支，支出增加，资产价格上升，最后货币供应量的变动对收入和支出的影响，通过全面的物价上涨表现出来，直到货币供应量的实际价值降到与人们的实际需求相一致，在新的水平上达到新的均衡。

货币学派的传导机制理论的特点：（1）强调货币供给量的变化对支出、收入的直接影响；（2）在货币政策的传导中，特别注意区分名义货币量和实际货币量；（3）短期内货币供给量的变化对价格和实际产出均有影响，但长期只会影响物价。

（二）莫迪利亚尼的财富效应传导机制

20 世纪 50 年代，美国经济学家莫迪利亚尼（Modigliani，1954）提出金融资产的财富效应理论。他在其生命周期假设的消费函数中将资产（包括股票、债券、储蓄、遗产等）作为影响消费的第二个因素，与可支配收入共同解释消费支出。这里的消费是指在非耐用消费品和服务上的开支。他认为，金融资产是消费者毕生财富的重要组成部分，而股票是金融资产的主要组成部分。当央行实施扩张性货币政策时，货币供应量增加，使股票价格上涨，金融资产市场价值上升，消费者的毕业生财富增加，进而促进消费增加，带动社会总产出或总收入增长。其货币政策传导机制可表述为：

M↑→股票价格↑→金融资产价值↑→毕生财富↑→C↑→Y↑

莫迪利亚尼所指的财富是影响消费者支出的“毕生财富”。只有当股票价格较长时间的持续上涨才会增加消费者的毕生财富，才会产生财富效应，股票的短期涨跌不具有这种效应。

（三）米什金的流动性效应传导机制

美国经济学家米什金（Mishkin）的流动性效应传导机制是指货币政策通过影响金融资产价值及其流动性，进而使消费者的耐用消费品支出发生变化的政策效应。人们进行消费品消费时，是根据自己的资产负债情况，并结合资产的流动性来决策的。由于金融资产流动性高，人们遇到财务危机时都愿意持有金融资产而不是流动性差的耐用消费品。当央行实施扩张性货币政策，导致公众持有的股票等金融资产价值上涨，人们预计自己发生财富危机的可能性会降低，就会增加耐用消费品支出，从而拉动社会需求，推动总产出或总收入增长。其货币政策传导机制可表述为：

M↑→股票价格↑→金融资产价值↑→财务危机↓→C↑→Y↑

三、国际贸易传导机制

国际贸易传导机制是指货币政策通过影响货币供应量，进而影响国内利率，国内利率变化引起汇率变化，最终对净出口产生影响的过程。

中央银行实施扩张性货币政策增加货币供给，导致国内利率下降。利率下降通过两条途径影响汇率。第一，利率通过影响经常账户进而影响汇率变动。利率下降（r），刺激投资和消费，促使物价上涨，导致本币贬值，即本币汇率下跌（e）。本币贬值有利于出口，不利于进口，净出口增加，从而拉动总产出增加。第二，利率通过影响资本账户进而影响汇率变动。利率下降，本国投资收益降低，会导致资本外流，增加对外汇的需求，使本币贬值，增加净出口。国际贸易货币政策传导机制可表述为：

$$M\uparrow \rightarrow r\downarrow \rightarrow e\downarrow \rightarrow \text{净出口}\uparrow \rightarrow Y\uparrow$$

第五节 货币政策效应

货币政策效应即货币政策的有效性，是指货币政策实施在多大程度上能够实现其最终政策目标。货币政策在实施过程中，受诸多因素影响，包括时滞、公众预期、货币流通速度以及多种政策配合等，这些因素决定着货币政策的有效性。

一、货币政策时滞

货币政策时滞是指货币政策从制定到取得效果所经历的时间。时滞反映了货币政策实施过程的复杂性，货币政策时滞包括内部时滞和外部时滞两部分。

（一）内部时滞

内部时滞是指从中央银行制定政策到采取实际行动的这段时间。内部时滞主要体现为中央银行对经济形势的研判、政策论证、方案制订及实际操作的系列过程。这一过程都在中央银行内部进行，故称为内部时滞。内部时滞又包括认识时滞和行动时滞。认识时滞是指从现实经济客观需要中央银行采取行动到中央银行认识到这种必要性所经历的时间；行动时滞是指从中央银行认识到行动必要性到实际采取行动所经历的时间，也称为决策时滞。内部时滞的长短取决于中央银行对经济形势发展的预见能力及制定政策的次序和行动的决心。

（二）外部时滞

外部时滞又称为影响时滞，是指中央银行实际执行货币政策到政策目标产生效应的这段时间。外部时滞主要由中央银行之外的金融部门和企业、居民的经济行为等因素决定，中央银行对这段时滞很难实质性控制。

时滞是影响货币政策效应的重要因素，如果货币政策产生的影响能较快表现，那么中央银行就可以根据初期的预测值，分析政策效果，及时做出调整。如果政策效果要在较长时间后才能体现，而此时经济形势可能已发生了很大变化，就很难判断货币政策的效果。

二、货币流通速度的影响

货币流通速度是对货币政策有效性产生影响的另一主要因素。货币流通速度发生变动，政策制定者如果能预先估算出这种变化，并有针对性地采取干预措施，就可能减少其对货币政策效果的影响。但在实际生活中，对货币流通速度变动的估算，很难不发生误差，因为影响货币流通速度的因素太多，也非常复杂。

三、微观经济主体的预期

货币政策有效性面临的另一个挑战是微观经济主体的预期。某项货币政策实施后，各微观经济主体会根据可能获得的各种信息预测政策的后果，从而很快做出对自己有利的行为调整。这种调整往往对货币政策产生抵销作用。例如，政府为了刺激经济，采取宽松的货币政策时，公众可能会预期到社会总需求增加和物价上涨。因此，企业会提高商品价格，工人要求增加工资，结果导致企业资本边际效率下降，无法实现预期的产出增长。

四、货币政策与财政政策的配合

货币政策和财政政策都是国家宏观经济调节的重要手段。在一定条件下，两者配合运用，有利于缩短政策时滞，有效实现预期目标。

当然，财政政策和货币政策的配合不一定必须是同方向的。根据政策目标的需要，可以形成四种不同的政策组合模式：①宽松的货币政策和宽松的财政政策；②紧缩的货币政策和紧缩的财政政策；③宽松的货币政策和紧缩的财政政策；④紧缩的货币政策和宽松的财政政策。

货币政策与财政政策究竟采取怎样的搭配方式，取决于特定经济发展状况的要求。但两个政策目标一定要协调统一，否则会造成政策效应相悖。

宽松的货币政策和宽松的财政政策，即“双松”政策：一般适用于社会总需求严重不足、经济处于严重萧条时期。宽松的财政政策是通过减少税收和扩大政府支出规模来增加社会的总需求；宽松的货币政策是指通过降低法定准备率和再贴现率，在公开市场上买进有价证券，从而扩大银行的信贷支出，增加货币供给量。若较长时间实施“双松”政策，必然使社会的总需求迅速扩大，有可能造成严重的通货膨胀。所以，这种政策搭配，通常在特殊情况下采用，如由于外部强烈冲击，经济有陷入严重衰退的迹象，为迅速扭转局势而实施。

紧缩的货币政策和紧缩的财政政策，即“双紧”政策：一般是在社会总需求大于总供给、出现了严重的通货膨胀和经济过热，以致影响到经济稳定运转。紧缩的财政政策是指通过增加税收、削减政府支出规模等来限制消费与投资，抑制社会的总需求；紧缩的货币政策是指通过提高法定准备率和再贴现率，在公开市场上卖出有价证券来压缩信贷支出的规模，减少货币供给量。若较长时间实施“双紧”政策，必然使社会总需求快速萎缩，可能造成社会总供给水平急剧下降，经济陷入衰退。所以，这种政策搭配，也是在特殊情况下采用，如经济出现严重的通货膨胀，为了迅速控制物价而实施。

紧缩的财政政策和宽松的货币政策：一般是在总需求与总供给大体平衡，但消费需求相对旺盛，而投资相对不足。紧缩的财政政策通过增税、削减政府支出规模等来抑制社会总需求，防止经济过热和通货膨胀；宽松的货币政策通过降低法定准备率和再贴现率，在公开市场上买进有价证券等来增加货币供给量，进而降低利率，刺激投资。这种政策组合，既可以控制通货膨胀，又能够保持适度的经济增长。

宽松的财政政策和紧缩的货币政策：一般是在国家调整经济结构时采用的搭配方式。宽松的财政政策通过减少税收和扩大政府支出规模来增加社会的总需求，对经济萧条较为有效；紧缩的货币政策通过提高法定准备率和再贴现率，在公开市场上卖出有价证券等来减少货币供给量，避免过高的通货膨胀率。这种政策组合，在保持经济较快增长的同时，尽可能地避免通货膨胀。

以上分析财政政策与货币政策的调控效果时，重点都是对社会总需求的调节。其实，无论采取哪种政策措施，其结果都是调节总需求的同时，也会调节总供给，两种政策共同作用、相互补充。但由于两种政策的时滞不同，对总支出、产量和物价等产生影响的时效便不同。所以，两大政策应相互配合、协调使用，才能取得理想的效果。

➢ 专栏阅读与分析

我国针对2008年美国次贷危机影响采取的“双松”配合政策

2008年9月，随着美国次贷危机升级为世界金融危机，西方主要经济体陷入衰退的风险不断加大，国内地产等重要支柱产业面临大幅调整压力。如何保证中国经济保持平稳较快增长，成为政府宏观调控的首要任务。为此，政府实施了积极的财政政策和适度宽松的货币政策。

2008年9月到年底，中国人民银行连续四次下调存款准备率，大型金融机构的存款准备率从17.50%降到15.5%，与此同时，连续五次下调利率，存款基准利率从4.14%降到2.25%，贷款基准利率从7.47%降到5.31%。央行的“双降”政策表明，政府的工作重点由年初的控制通货膨胀转到保持经济增长。降息有利于降低企业的资金成本，从一定程度上缓解企业成本压力，刺激投资；下调存款准备金率增加了流通中的资金供应量，刺激银行进行信用扩张，一定程度上缓解了企业贷款困难问题。此外，2008年11月，中国人民银行将一年期再贷款利率由4.68%下调为3.60%，再贴现率由4.32%下调为2.97%。

为了刺激股市，2008年9月，政府调整证券（股票）交易印花税征收方式，此为单边征税。2008年10月开始，为了扩大出口，缓解出口企业的压力，财政部和国家税务总局连续四次上调出口退税率。为了刺激房地产行业，扩大内需，政府宣布于2008年11月起下调房地产交易契税到1%，免征印花税，同时房贷利率可下调到基准利率的0.7倍，首付最低降至两成。2008年11月，国务院确定了扩大内需、促进经济增长的10项措施，并确定在今后两年多时间内安排财政投资4万亿元，刺激实体经济。

一系列宽松的货币政策和积极财政政策的出台，一方面释放了流动性、刺激了内需、投资和出口，从而促进了经济稳定增长，另一方面在很大程度上缓解投资者对于经济下滑的担忧，有利于稳定市场预期，增强信心。

资料来源：根据新浪网新浪财经整理，http：//finance. sina. com. cn。

➢本章小结

（1）货币政策是中央银行为实现其宏观经济目标而采取的调节和控制货币供应量的方针和措施。货币政策可以分为扩张性货币政策、紧缩性货币政策和均衡性货币政策三类。货币政策是一个体系，包括货币政策目标、货币政策工具、货币政策效果。

（2）货币政策的最终目标包括币值稳定、充分就业、经济增长和国际收支平衡四个方面。其中充分就业和经济增长可以协调，但经济增长与币值稳定、国际收支平衡往往存在冲突。

（3）中央银行需要选择一些与最终目标密切相关的，能够直接控制和观察到的中间性指标作为过渡性目标，称为中间目标。中间目标包括操作指标和中介指标。操作指标主要有存款准备金和基础货币，中介指标主要是货币供应量和利率。

（4）货币政策工具可分为一般性货币政策工具、选择性货币政策工具和其他货币政策工具。一般性货币政策工具主要包括法定准备金政策、再贴现政策和公开市场业务。选择性货币政策工具主要有不动产信用控制、消费信用控制、证券市场信用控制和优惠利率。

（5）从货币政策工具实施到最终目标实现这一过程就是货币政策的传导。货币政策传导机制主要包括投资支出传导、消费支出传导和国际贸易传导。

（6）货币政策的效果要受货币政策时滞、货币流通速度，微观主体预期及多种政策配合等因素的影响，其中货币政策时滞又包括内部时滞和外部时滞。

➢关键术语

货币政策　操作指标　中介指标　法定准备金政策　再贴现政策　公开市

场业务　货币政策时滞　窗口指导　道义劝告

➢ 思考与练习

(1) 试述货币政策最终目标之间的矛盾与统一关系表现在哪些方面？

(2) 不同的货币政策类型分别适用于什么样的经济情况？

(3) 货币政策规则有哪些选择？

(4) 试述一般性货币政策工具的特点及其作用。

(5) 选择性货币政策工具有哪些？

(6) 货币政策如何通过投资支出机制进行传导？

(7) 哪些因素影响货币政策的效果？

➢ 进一步学习的资源

[1] 宋鸿兵. 货币战争 [M]. 北京：中信出版社，2007.

[2] 向松祚，邵智宾. 伯南克的货币理论和政策哲学 [M]. 北京：北京大学出版社，2008.

[3] 美国是如何应对2008年金融危机的？https：//www.sohu.com/a/135288425_249364. 内容来自刘尚希. 大国财政 [M]. 北京：人民出版社，2016.

[4] 魏薇. 时隔12年再次下调超额准备金利率. 中国新闻网，2020－04－05. http：//news.china.com.cn/2020－04/05/content_75897852.htm.

[5] 美联储无限量花式扩表——2020年3月23日美联储刺激性政策点评. 招商银行研究院：快评号外，2020（144）.

CHAPTER 15

第十五章　金融风险与金融监管

➢ 本章导入

随着金融国际化、市场化的发展，金融创新日新月异，金融风险凸显，国际金融危机频频爆发，使金融业面临着前所未有的挑战，金融监管显得尤为重要。特别是爆发于2007年的美国次贷危机引发的全球性金融危机，使人们进一步认识到金融风险的严峻性，强化金融监管成为金融国际化趋势下的当务之急。

➢ 学习本章后，你将能够：

- 认识什么是金融风险
- 弄清金融风险的形成原因
- 理解金融危机与金融风险的联系
- 掌握金融监管原理及主要内容

第一节　金融风险及其成因

一、金融风险的概念与特征

（一）金融风险的概念

风险通常被定义为损失的不确定，这是概率统计角度的理解，即实际值与预期均值的偏离度（标准差）。对于微观经济主体来说，风险就是其投资的预期收入遭受损失的可能性，人们常把风险理解为损失。金融风险就是经济主体在金融活动中面临的风险。金融风险可以从下面三个方面来把握：

1. 金融业务蕴藏着风险

现代金融的核心问题是经济主体在不确定的环境中资源的合理配置，其中资金配置的基本方式是信用，不确定性是信用的内在属性，也是金融风险产生的根源。现代金融业实质上就是经营和管理风险的业务。

2. 金融风险不等于银行风险

金融活动的每个参与者都是金融风险的承担者。金融活动的主要参与者金融机构特别是商业银行面临的金融风险尤为突出，一旦发生风险，会产生巨大的外部负效应。因此，银行等金融机构的风险往往是人们关注的焦点。但是，除了银行等金融机构外，政府、企业、居民等经济主体从事金融活动也会面临金融风险。

3. 金融风险不等于金融危机

金融风险与金融危机都反映着金融状况的恶化，结果都体现为损失。但是金融风险与金融危机是有区别的：其一，损失的范围和程度不同。金融危机会导致大范围、严重的损失，是一种极端不利的状态，而金融风险导致的损失则是常态的、分散的。其二，发生的频率不同。金融风险的发生具有普遍性、必然性，而金融危机则是偶尔发生的，不具有普遍性。

（二）金融风险的特征

1. 普遍性

金融风险普遍地存在于所有的金融活动中。虽然现实生活中人们常称某些金融业务是“无风险业务”，但是并不表明这些活动绝对没有风险，而是相对而言，这些活动的风险极低。例如，通常说国库券是无风险的债券，这是与企业债券、股票等相比，国库券的发行者是国家政府，一般不会出现违约，但也不排除极端情形。另外，即使不存在违约风险，也可能出现其他风险，如利率风险、流动性风险等。因此，从严格意义上说，所有的金融活动只有风险大小之别，不存在完全无风险之说。

2. 隐蔽性

金融活动的一个典型特点就是可以创造信用，这能让经济主体在很长一段时间内得以继续维持、掩盖或补救已经失败的信用关系或已经发生的损失。通常情况下，一个不能按期偿还债务的企业往往意味着存在较大的财务风险，但该企业却可以通过借新还旧的方式将风险掩盖起来。金融风险的隐蔽性还来自金融活动的不透明，例如 1995 年发生在巴林银行（英国）与大和银行（日本）的两起金融风险事件暴露出来的共同点就是：由于交易人员在复杂的衍生金融交易中故意隐藏风险不上报，进而导致巨额损失累积。

3. 扩散性

金融作为现代经济的核心，金融活动渗透到了经济生活的方方面面，金融主体间的联系也日益密切，各种债权债务、股权投资、信托业务等形成的社会信用链条错综复杂，延伸到各个领域，导致金融风险具有很强的扩散性、传染性。2007 年爆发于美国的次贷危机通过金融衍生工具交易链条扩散到欧洲甚至全球大型金融机构，最终引发了一场全球性金融危机。

4. 周期性

受经济周期和货币政策变化的影响，金融风险呈现出规律性、周期性的特点。一般来说，在经济复苏和繁荣时期，资金充裕，企业经营状况良好，金融风险处于低发期；反之，在经济衰退和萧条时期，资金紧张，经济生活中各环节的矛盾不断激化，股市下跌，贷款违约，金融风险则处于高发时期。

5. 可控性

金融风险是客观存在的，但同时也是可以预测和控制的。金融理论的发展、金融制度的完善、金融技术的进步，以及全球各国协同监管，都有助于提高风险管理能力，特别是微观经济主体风险的防范。金融风险管理已成为现代金融业最重要的功能。

二、金融风险的类型

金融风险可以有不同的分类。按风险发生的范围，可以划分为系统性风险和非系统性风险。系统性风险是指影响全局的风险，是影响所有人的风险；非系统性风险是指局部的、个体性风险，是影响少部分人的风险，也称微观金融风险。系统性风险是从非系统性风险转化而来的，一旦转化，风险的性质就发生改变，成为金融危机。

按风险的表现形式不同，金融风险可以划分为信用风险、市场风险、操作风险、流动性风险、国家风险、合规风险、声誉风险等。

（一）信用风险

信用风险是指因债务人或交易对手的违约或履约能力的下降而造成损失的可能性，信用风险也称为违约风险。信用风险是最古老的风险之一，广泛地存在于一切信用活动中。作为经营信用业务的商业银行，信用风险管理始终是其经营管理的核心。可以说，商业银行的发展史就是一部信用风险管理史。随着金融深化及金融创新发展，金融工具不断创新，使信用风险变得更加复杂，准确计量和有效管理更加困难。

（二）市场风险

市场风险指因金融工具的价格、利率、汇率等波动造成价值损失的可能性。因此，市场风险包括价格风险、利率风险和汇率风险。随着经济全球化和金融自由化，一方面，金融市场的波动性不断加剧，另一方面，金融市场在经济运行中的作用和地位也不断提升，市场风险已成为最重要、影响力最广的金融风险形态。认识市场风险、计量市场风险、管理市场风险，成为投资领域孜孜不倦的追求。资产组合理论、CAPM 模型、VAR、压力测试等，这些具有里程碑意义的风险管理理论和方法涉及的核心都是市场风险。

（三）操作风险

操作风险是指由于内部控制系统失效、人员失误、IT 系统出现错误以及外部事件不利变动，导致金融机构遭受损失的可能性。通常操作风险主要由于人员舞弊、内外部欺诈、业务流程不合理、监督体系失灵等导致。相对于信用风险和市场风险而言，操作风险存在于金融机构运营的各个环节，风险源头多发，已成为金融机构最重要的风险之一。

➤ 专栏阅读与分析

巴林银行倒闭案

1995 年 3 月，英国著名的投资银行——巴林银行由于日经股指期货交易中的巨大损失而破产。从此，这个有着 233 年经营史和良好业绩的投资银行在金融界消失。巴林银行的倒闭与衍生证券本身存在的风险有密切的关系，但是，更重要的原因是巴林银行的制度设计和操作监管中出现的操作风险。

从制度上看，巴林银行最根本的问题在于交易与清算角色的混淆。巴林银行新加坡分行交易员尼克·里森在 1992 年去新加坡后，任职巴林新加坡期货交易部兼清算部经理。作为一名交易员，里森本来应有的工作是代巴林银行的客户买卖衍生商品，并代替巴林银行从事套利这两种工作，基本上是没有太大的风险。因为代客操作，风险由客户自己承担，交易员只是赚取佣金，而套利行为亦只赚取市场间的差价。一般都允许交易员持有一定额度的风险头寸。但为防止交易员暴露过多的风险，这种许可额度通常定得相当有限。而通过清算部门每天的结算工作，银行对其交易员和风险头寸的情况也可予以有效掌握。但不幸的是，里森一人身兼交易与清算两职。如果里森只负责清算部门，如同他本来被赋予的职责一样，那么他便没有机会为其他交易员的失误行为瞒天过海，也就不会造成最后不可收拾的局面。

令人难以置信的是，巴林银行在 1994 年底发现资产负债表上显示 5 000 万英镑的差额后，仍然没有警惕其内部控制的疏忽。在发现问题至其后巴林银行倒闭前的两个月时间里，由巴林总部的审计部门正式加以调查，但这些调查都被里森轻易地蒙骗过去。例如，里森假造花旗银行有 5 000 万英镑存款，审计部门查了一个月的账，却没有人去查花旗银行的账目。里森对这段时期的描述为："对于没有人来制止我的这件事，我觉得不可思议。伦敦的人应该知道我的数字都是假造的，这些人都应该知道我每天向伦敦总部要求的现金是不对的，但他们仍旧支付这些钱。"巴林银行的许多高层管理者完全不去深究可能的问题，而一味相信里森，并期待他为巴林银行套利赚钱。尤其具有讽刺意味的是，在巴林破产的两个月前，即 1994 年 12 月，于纽约举行的一个巴林银行金融成果会议上，250 名在世界各地的巴林银行工作者还将里森当成巴林银行的英雄，对他报以长时间热烈的掌声。

新加坡在 1995 年 10 月 17 日公布的有关巴林银行破产的报告结论中有一段话："巴林集团如果在 1995 年 2 月之前能够及时采取行动，那么他们还有可能避免崩溃。截至1995年1月底，即使已发生重大损失，这些损失毕竟也只是最终损失的1/4。”但是，他们什么也没有做，1995年2月23日，里森为巴林所带来的损失终于达到了86 000万英镑的高点，造成了世界上最老牌的巴林银行终结的命运。银行内部监管不当引起的操作风险造成了难以弥补的损失。

资料来源：杨长江，张波. 金融学教程［M］. 上海：复旦大学出版社，2004：77－78.

问题思考：

（1）导致巴林银行倒闭的风险点有哪些？

（2）操作风险与市场风险的不同是什么？

（四）流动性风险

流动性风险是由于流动性不足给经济主体造成损失的可能性。经济主体流动性不足的表现有：无法以合理成本筹集所需的资金以支付到期债务；短期资产价值不足以应付短期负债的支付或未预料到的资金外流；因发生极端事件而触发大规模的资金抽离。流动性不足可能导致经济主体筹资成本上升或资产价值缩水，极端情况下还会诱发严重的流动性危机，甚至因此而破产。

（五）国家风险

国家风险是指经济主体在与非本国居民进行金融交易中，由于对方国家宏观经济、政治环境和社会等方面恶化而遭受损失的可能性。国家风险既可能以主权风险的形式存在，也可能以转移风险的形式存在。随着经济全球化进程的加快，国家风险引起了人们越来越多的关注。产生国家风险的因素很多，既有经济因素，又有政治局势、社会环境的变化，如何识别与衡量国家风险，并采用积极有效的应对措施，是国家风险管理的核心。

➢ 专栏阅读与分析

欧债危机的爆发与蔓延

2009年10月，希腊新任首相乔治·帕潘德里欧宣布，其前任隐瞒了大量的财政赤字，随即引发市场恐慌。截至2009年12月，三大评级机构纷纷下调了希腊的主权债务评级，投资者在抛售希腊国债的同时，爱尔兰、葡萄牙、西班牙等国的主权债券收益率也大幅上升，欧洲债务危机全面爆发。2011年6月，意大利政府债务问题使危机再度升级。这场危机不像美国次贷危机那样一开始就来势汹汹，但在其缓慢的进展过程中，随着产生危机国家的增多与问题的不断浮现，加之评级机构不时的评级下调行为，已经成为牵动全球经济神经的重要事件。政府失职、过度举债、制度缺陷等问题的累积效应最终导致了这场危机的爆发。在欧元区17国中，以葡萄牙、爱尔兰、意大利、希腊与西班牙五个国家（简称“Pigs 五国”）的债务问题最为严重。如图 15－1 所示。

除了过度举债和政府失职外，欧元区的制度缺陷在本次危机中暴露无遗。根据欧元区的制度设计，各成员国没有货币发行权，也不具备独立的货币政策，欧洲央行负责整个区域的货币发行与货币政策实施。在欧洲经济一体化进程中，统一的货币使区域内的国家享受到了很多好处，在经济景气阶段，这种安排促进了区域内外的贸易发展，降低了宏观交易成本。然而，在风暴来临时，陷入危机的国家无法因地制宜地执行货币政策，进而无法通过本币贬值来缩小债务规模和增加本国出口产品的国际竞争力，只能通过紧缩财政、提高税收等压缩总需求的办法增加偿债资金来源，这使原本就不景气的经济状况雪上加霜。

长期看来，如果内部经济发展的不平衡不能解决，货币政策与财政政策就难以相互协调，我们很难期待这个全球最大的经济货币联盟会有更光明的未来。对于欧洲而言，缩小区域发展差异，提升各成员国间的整体竞争力才是巩固经济同盟最重要的一步。

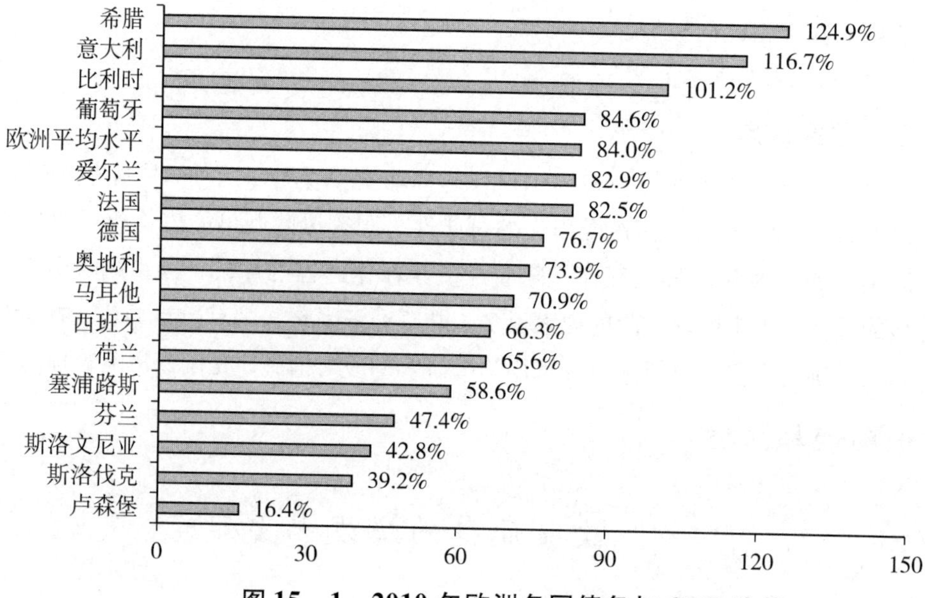

图 15－1　2010 年欧洲各国债务与 GDP 比值

资料来源：新浪财经专题“欧债危机”，2012－05－30.

（六）合规风险

合规风险是指金融业务不能满足或违反法律、法规等监管要求，导致法律纠纷和行政处罚，给经济主体带来损失的可能性。2005 年 4 月，巴塞尔委员会发布了《合规与银行内部合规部门》监管文件，指出“合规风险是指银行因未能遵循法律、监管规定、规则、自律性组织制定的有关准则，以及适用于银行自身业务活动的行为准则而可能遭受法律制裁或监管处罚、重大财务损失或声誉损失的风险”。随着金融监管力度加强，合规风险是金融机构和从业者必须重视的风险。

（七）声誉风险

声誉风险是由于意外事件、制度调整、市场表现以及关键岗位人员言行等产生的负面结果，给经济主体的无形资产带来损失的可能性。声誉是金融机构在社会公众中的美誉度、知名度与忠诚度，它能够创造丰厚的价值，声誉是最宝贵的无形资产之一。任何有损于经济主体声誉的事件都会导致其经济价值的损失，以经营信用为主的金融机构，声誉风险是其经营最大的威胁。

三、金融风险的成因

金融风险的产生既有主观因素，如金融活动参与者的经营管理失误、投资者的心理预期改变等，也有客观因素，如宏观经济金融的运行状况及经济金融政策的变化等。金融风险的形成往往是多种因素相互作用的结果。从风险传递机制来看，由于金融体系内的金融机构之间形成了相互依存的信用链，各种金融资产之间也存在复杂的债权债务联系。一旦某个金融机构的金融资产价格发生大额损失以至其不能保证正常的流动性头寸，其负面影响便沿着信用链扩散到整个债权债务网络，于是单个或局部的金融风险很快演变成全局性的金融危机。

（一）金融脆弱性

金融脆弱性（financial fragility）是指金融业的高负债经营特点决定了其具有容易失败的特性。这主要针对银行等金融中介机构而言，是狭义的金融脆弱性。广义的金融脆弱性是指金融机构和金融市场本身具有风险积聚的特性，即金融机构的脆弱性和金融市场的脆弱性。金融业脆弱性是导致金融风险的内在原因。

金融机构的脆弱性源于信贷市场的脆弱性。信息经济学把金融脆弱性归因于信息不对称。商业银行等金融中介机构的产生就是为了解决信贷市场的信息不对称。但是商业银行融资中介功能的发挥受到两个前提条件的制约：一是存款人对银行保有信心。只有存款人对银行有信心而不同时提款，才能保证银行有足够的资金来源向借款人放款；二是银行对借款人的筛选和监督是高效率的、低成本的。这两个条件同时实现，才能保持银行盈利。然而，由于信息不对称在一定程度上仍然难以完全克服，这两个条件难以绝对成立。若存款人发现问题，对银行丧失信心时，就会出现银行的挤兑，引发流动性风险；同样由于信息不对称，若银行对一些借款人筛选失误，则会导致银行资产质量恶化，加剧信用风险累积。

金融市场的脆弱性源于金融资产价格过度波动的特性，易于形成风险积聚。金融资产价格包括股价、利率和汇率。金融资产价格的波动源于决定和影响其水平的因素具有多样性、复杂性。如宏观经济不稳定、过度投机以及市场交易技术等。

由于金融脆弱性具有内生性，导致金融风险和金融危机不断发生。这种内生性有两种原因：一是痛苦经历遗忘。即当上次金融危机经过一个较长时期后，银行经营者和金融市场投资者往往会忘记过去痛苦的经历，面对当前的市场繁荣，会变得更乐观，银行家更倾向于扩大贷款规模，证券投资者敢于继续追高买入，进而累积了新一轮风险隐患；二是竞争压力，即银行信贷经营者害怕失去顾客和市场，迫于压力而做出不审慎的决策。

（二）金融自由化的负效应

金融自由化的实质是在金融领域更多地发挥市场机制的作用，主要通过放松或取消对利率、汇率、资本流动的管制，通过金融机构的私营化以消除金融抑制（financial repression），增强市场机制。金融自由化起源于20世纪70年代中期。金融自由化对处于金融抑制中的发展中国家有十分重要的意义，它加快了金融信息的传递，增强了金融机构的竞争，提高了金融效率。但是，在推行金融自由化的过程中，可能带来一些负面影响，累积金融风险。主要表现为：（1）市场风险。由于股价、利率、汇率的大幅波动加大了市场风险；（2）外部金融冲击。放松资本账户管制导致国际游资大规模涌入和出逃，引起国际收支失衡、本币汇率大幅贬值、银行危机；（3）信用风险。金融机构准入放松、金融业务混业经营以及金融私营化带来金融业竞争加剧，在监管不完善条件下，金融机构有从事高风险业务倾向，可能加剧金融机构脆弱性。

（三）金融创新过度

金融主体进行金融创新既是出于竞争的需要，也是规避风险的需要。现代金融创新的主要成果就是衍生金融工具。衍生金融工具的基本功能是价格发现、套期保值，但其高杠杆效应所引起的投机性，导致衍生金融工具市场规模急剧膨胀，隐藏着巨大的市场风险。此外，现代衍生金融工具应用金融工程的结构化模式，多层嵌套，结构复杂，市场价值远远偏离其基础资产，加大了信用风险和市场风险。2007年美国次贷危机爆发就源于次贷衍生品的过度膨胀。

第二节　金融危机

一、金融危机的定义和种类

（一）金融危机的定义

金融风险是金融危机的源泉，非系统性金融风险积聚并蔓延，转化为系统性金融风险，就会出现金融危机。《新帕尔格雷夫货币金融大词典》（第二卷）引用戈德史密斯（Goldsmith，1982）对金融危机的定义是：全部或大部分金融指标——短期利率、资产（证券、房地产、土地）的价格、商业破产数和金融机构倒闭数的急剧、短暂和超周期的恶化。金融危机的特征是基于预期资产价格下降而大量抛售不动产或长期金融资产，换成货币。从金融危机的内涵来看，它是一个国家或地区整个金融状况的恶化，并且最终会影响实体经济。

（二）金融危机的类型

金融危机可以分为五类，即货币危机、银行危机、债务危机、股市危机、系统性金融危机。

1. 货币危机

货币危机是指人们丧失了对一国货币的信心，或者外汇市场上因过度投机而大量抛售该国货币，从而导致该国货币汇率在短期内急剧贬值的情形。例如1994年墨西哥比索对美元大幅度贬值30%的危机，1997年东南亚金融危机中的泰国铢对美元大幅贬值。

➢ **专栏阅读与分析**

1994年的墨西哥比索危机

1994年12月20日，墨西哥财政部长塞拉在与工商界和劳工组织的领导人紧急磋商以后，突然宣布：比索对美元汇率的浮动范围将被扩大到15%。这意味着比索将被贬值。尽管财政部长塞拉表示，比索汇率浮动幅度的这一变动是为了使货币当局在管理比索的币值时拥有更多的灵活性，但是这一不大的贬值幅度导致人们纷纷抢购美元，因为他们深信，这一贬值意味着钉住汇率制难以为继。

墨西哥中央银行进行了有力的干预，但在“羊群行为”的刺激下，外国金融投机者和本国投资者依然担心1982年的债务危机会重演。仅在短短的2天时间内，墨西哥就损失了50亿美元的外汇储备，只剩下30亿美元的储备。

12月22日，即在宣布贬值2天后，墨西哥政府被迫允许比索自由浮动。这使得事态进一步恶化，因为自由浮动后比索又贬值了15%，更多的外资纷纷逃离墨西哥。与此同时，股市也大幅度下跌。一场震惊全球的金融危机终于成为现实。

金融危机使墨西哥遭受严重打击。根据最保守的估计，危机使墨西哥损失了450亿美元，相当于墨西哥国内生产总值的16%。1995年，墨西哥的国内生产总值下降了6.9%，是20世纪初墨西哥革命爆发以来经济增长率下降幅度最大的一年。通货膨胀率超过50%，而实际工资则降低了20%。消费者无法偿还住房贷款和其他贷款，大量企业倒闭。与危机前相比，失业人口增加了200万。仅在1995年1月和2月，倒闭的企业就达19 300家，占全国企业总数的3%，25万人因此而失业。

资料来源：中国金融网.

2. 银行危机

银行危机是指一国银行业由于大量坏账等原因导致人们丧失对银行的信心，公众大量挤提存款，导致银行流动性严重不足，出现银行集中倒闭的现象。银行危机极易引起信用风险扩散到整个金融体系。政府为了抑制危机扩散，对具有系统重要性金融机构提供大规模资金救助，以帮助其渡过难关。例如，美国次贷危机发生后，在2008～2009年间，美国政府动用7 000亿美元资金注入大型金融机构，包括花旗银行获得450亿美元，摩根大通银行、美国银行及富国银行共250亿美元等。

3. 债务危机

债务危机是指一国政府不能按照约定期限偿付外债本息，导致债务国政府信用受损，再融资困难，同时拥有该国政府债权的经济主体遭受损失。例如，1982年墨西哥政府宣布无力偿还当年到期外债，由此引发了拉美国家的债务危机，2010年欧债危机中的“pigs 五国”的债务危机。

4. 股市危机

股市危机是指投资者丧失对股市信心，从而出现大幅抛售，导致股价急剧下跌，最终股市崩盘。例如，20世纪30年代的美国大危机，就是源自股市危机。危机期间，道琼斯30种工业股票价格指数从1929年10月的最高点365点持续下降到1933年1月初的63美元，到1933年7月，美国股票市场上的股票价值只相当于1929年9月的1/6。2007年受美国次贷危机影响，中国股市发生危机，上证综指从2007年10月16日最高6 124点跌至2008年10月28日的最低1 664点，跌幅达73%。

5. 系统性金融危机

系统性金融危机也称为全局性金融危机，是指主要金融领域都出现危机状况，如货币危机、银行危机、股市崩盘及债务危机同时叠加或相继发生。例如20世纪30年代经济大危机中，不仅股市崩盘，而且美国有近11 000多家银行倒闭或合并，银行总数从25 000家减少至14 000多家。1997年亚洲金融危机中，泰国、印度尼西亚、马来西亚不仅本国货币大幅贬值，而且股市暴跌，同时银行业发生倒闭潮。

二、金融危机的形成和扩散

金融危机根源在于一国金融部门长期累积的金融风险的集中爆发。贸易联系和金融国际化、金融自由化是导致金融危机扩散并向国外蔓延的机制。

随着产业链的全球化布局，国际贸易联系更加紧密，一国发生金融危机必然会导致与之有直接贸易联系的多个国家出口受到影响，国际收支恶化；金融国际化使各国金融机构、金融市场通过跨国投资、金融工具连成一体，一国的金融危机很容易地传递到国外，从而引起危机连锁反应。2008 年美国次贷危机迅速蔓延到欧洲国家，就是基于欧美紧密的经济金融联系的结果。其次，一些国家通过国际金融市场大量举债，满足财政赤字需要，导致主权债务危机频繁发生。最后，这种危机传导机制还有投资者金融恐慌的心理，以及快捷的网络信息传输，这些形成了金融危机国际间的“多米诺骨牌效应”。

金融自由化的结果是利率、汇率波动频繁，资本跨国流动（特别是国际游资）急剧增加，汇率风险、利率风险凸显。过度的金融创新，导致虚拟金融资产规模大大脱离实体经济，导致资产泡沫膨胀，金融资产的市场风险急剧升高。

■ 拓展学习资料：2007 年美国次贷危机引发全球金融危机

15 - 1

三、当代金融危机的特点

（一）金融危机的快速传染性和扩散性

全球经济一体化、金融国际化的潮流，使各国经济更易于受到国际经济环境变化的冲击。无论是 1997 年的亚洲金融危机还是 2007 年的美国次贷危机蔓延为全球金融危机，表明当代金融危机具有很强的传染性和扩散性特征。不仅发达国家的金融危机能够影响发展中国家，发展中国家的金融动荡也能影响发达国家，全球经济金融已连成一体，“牵一发而动全身”。

（二）金融危机的爆发频率高

自 1929～1933 年经济大危机后，近半个世纪里，世界经济保持相对稳定，没有发生金融危机。从 20 世纪 80 年代开始，在 20 多年的时间里，全世界发生了大小 10 多次金融危机，不仅发达国家，发展中国家也时有发生。发展中国家的金融危机，首先是 1982 年墨西哥政府宣布不能偿还到期外债，爆发了拉美国家债务危机；1994 年墨西哥政府宣布比索贬值，再次引发了拉美国家货币危机；1997 年，从泰国铢大幅贬值开始，货币危机、股市危机和银行危机迅速扩散到印度尼西亚、马来西亚、韩国、中国香港，爆发了亚洲金融危机；1999 年巴西金融危机；2001 年阿根廷金融危机；2007 年越南货币危机。发达国家金融危机也频繁发生，1990 年日本金融泡沫危机；1992 年英国的英镑危机；1997 年俄罗斯金融危机（亚洲金融危机的扩散）；2007 年美国次贷危机；2010 年欧债危机。

（三）金融危机带来的后果严重

每次金融危机爆发后对国内和世界经济均产生了严重影响。以 1997 年亚洲金融危机来看，危机使东南亚各国经济发展停滞甚至陷入衰退，货币贬值使利率急剧上升，同时国内通货膨胀居高不下，国际投资者丧失信心，外资纷纷撤离，外汇储备大幅下降，有些国家外汇储备几乎枯竭。2007 年的美国次贷危机蔓延成一场全球金融危机，接着 2010 年爆发了欧债危机，这场危机对全球经济带来的不良后果延续了几年，欧债危机持续发酵使欧盟经济增长乏力。

（四）金融危机爆发具有内源性

无论是发达国家还是发展中国家爆发的金融危机，都与本国经济金融发展中的内在风险源相关。从发展中国家来看，首先，在经济市场化导向进程中，金融自由化、经济国际化战略没有考虑本国经济的承受力，过早地开放金融市场，导致国际投机性资本大量流入，外资金融机构大举进入。最终在国际投机资本冲击下发生货币危机、债务危机，进而引发股市危机和银行危机。其次，本国宏观经济不稳定蕴藏风险隐患。发展中国家长期以来缺乏一个一体化的自由竞争的金融市场，本国金融机构缺乏竞争力，金融资产质量下降，金融体系风险累积；经济发展依赖外资、外债，国内通货膨胀压力大，宏观经济波动较大。开放本国资本市场后，一些国家仍然实行钉住美元的汇率制度，面对外资流动的冲击，要么动用有限的外汇储备干预市场，要么放弃固定汇率制，无论哪个选择都会使经济大伤元气。最后，政府的金融监管水平无法适应金融开放后的风险监管要求。

从欧美发达国家的金融危机来看，首先，在金融自由化背景下，金融创新过度，衍生金融工具泛滥，高杠杆交易导致金融资产价格和交易规模严重脱离实体经济，出现金融泡沫，最终泡沫破裂爆发危机。其次，各国金融监管手段不能适应金融全球化背景下新滋生的风险监管要求。此外，发达国家高消费、低储蓄率、高债务率的发展模式具有不可持续性，最终导致债务危机的爆发。

第三节　金融风险防范

金融风险是导致金融危机的根源，因此，防范金融危机的发生要从防止金融风险的积聚，处置金融风险暴露出发。

一、解决经济结构性矛盾，保持稳定的宏观经济环境

任何一次金融危机都与危机发生国的宏观经济环境不稳定有直接关系，特别是新型经济体国家，其经济结构性矛盾突出，表现为过分依赖外资，经济增长速度快，信贷急剧扩张，通胀压力大，资产价格膨胀，国际收支长期赤字，财政赤字较大，外债负担

重。这些经济结构性问题都会给金融体系带来风险隐患，若不能及时解决，金融风险大量积聚就会爆发金融危机。

要避免危机的出现，就要从调整经济结构性矛盾着手，防范金融风险积累。比如要摆脱过分依赖外资、外债的经济发展模式；保持经济合理的增长速度；及时处置银行业坏账风险；控制货币投放，保持物价稳定，避免资产价格泡沫化。国际收支赤字不能靠资本账户弥补，要增强本国出口竞争力来改善经常账户盈余。

二、完善金融市场，金融开放进程要考虑本国的承受能力

金融市场不完善，利率市场化机制不健全，货币市场与资本市场分割，间接融资为主导的信用结构，使金融风险积聚于银行信用，可能带来银行危机。因此，完善金融市场是防范金融风险的首要任务。为此，要推进利率市场化改革，发挥利率的经济杠杆功能；要完善资本市场，使直接融资成为信用的主导形式。还要放松金融业准入管制，打破大银行垄断局面，建立多层次、多样化的金融机构体系，形成竞争有序的融资机制。

僵化的汇率制度和过快的资本账户开放可能导致货币危机。因此，要根据本国经济承受力，审慎地进行资本账户的可兑换。国际资本自由流动既会带来经济效益，又会带来许多负面效应。要建立灵活有效的汇率制度，防止资本账户可自由兑换后，国际短期投机资本流入，对国内金融市场带来的负面冲击。同时，国家要有适当规模的外汇储备，能够随时用于对冲国际资本流动的影响。

三、完善金融机构内控制度，增强金融风险防范能力

作为金融风险的主要发生源和承担者，金融机构当然是防范金融风险的关键。金融机构健全的内控制度可以做到防微杜渐，减少金融机构内部道德风险和操作风险的发生，从而减少金融风险的累积。

金融机构防范金融风险除了做好内控外，必须增强自身抵御和处置风险的能力。资本充足率反映的就是商业银行在资产遭到损失时，能以资本金承担损失的程度。国际银行业资本充足率标准文件《巴塞尔协议》从 1988 年开始颁布第一版，到 2011 年已经修订过三版，其基本精神就是要求不断提高国际性商业银行资本充足率标准，从而提高抵御资产风险的能力。商业银行按照该协议的要求，随着资产规模扩大和风险程度不同，不断补充资本金，不仅有利于进一步提高商业银行的实力，更重要的是有利于提升抵御金融风险的能力。

四、加强金融监管的国际合作

金融全球化的发展，使金融风险已不单纯是某一国家的问题，例如，次贷危机不但导致美国的金融动荡，而且使得全球金融经济出现问题。就当前金融危机向全球蔓延的

特点来看，危机不是一个国家所能应付得了的。所以，各国金融部门必须建立联合干预机制，共同采取措施，防止金融风险的扩散和加深。金融危机管理的国际合作主要包括两个层面：一是一国与国际货币基金组织的协调与合作；二是不同国家或地区政府、中央银行或金融监管当局之间的协调合作。金融监管当局之间的协调与合作，主要是为了寻求资金救助；寻求政策援助，如制订危机解决方案；协调立场，联合行动，共同应对；合作制定国际金融监管规则；寻求建立更为公正合理的国际货币体系。

五、建立金融风险预警机制

美国次贷危机后，金融风险预警机制的重要性被国际社会所认同。目前各国普遍采用的风险预警方法是对系统重要性金融机构实施压力测试。根据国际货币基金组织的定义，压力测试是指利用一系列方法来评估金融体系承受罕见但是仍然可能的宏观经济冲击或者重大事件的过程。中国银监会发布的《商业银行压力测试指引》指出，压力测试是一种以定量分析为主的风险分析方法，通过测算银行在遇到假定的小概率事件等极端不利情况下可能发生的损失，分析这些损失对银行盈利能力和资本金带来的负面影响，进而对单家银行、银行集团和银行体系的脆弱性做出评估和判断，并采取必要措施。

第四节　金融监管

一、金融监管概述

（一）金融监管的含义

所谓金融监管，指的是金融管理当局对金融机构和金融市场的业务活动的监督和管理。由于政治、法律、传统的差异，以及金融体制和经济发展水平的不同，世界各国金融监管的主体、对象、方式方法、内容等方面存在较大的区别。但金融监管的范围都要求涉及金融的各个领域，如对存款类金融机构的监管；对非存款类金融机构的监管；对货币市场的监管；对资本市场和证券业以及各类投资基金的监管；对外汇市场的监管；对衍生金融工具市场的监管；对保险业的监管等。

（二）金融监管的原则

1. 依法监管原则

一方面，国家金融管理当局实施监管必须依法而行，以保证监管的权威性、连续性和有效性；另一方面，金融机构必须接受国家金融管理当局的监督管理，以法律作保证。

2. 适度竞争原则

金融管理当局的监管重心应放在创造适度竞争环境上，既要避免造成金融高度垄断、排斥竞争而丧失效率与活力，又要防止出现过度竞争、破坏性竞争而波及金融业的安全与稳定，甚至引起经常性的金融机构破产倒闭。为此，金融监管的目标应是创造一个公平、高效、适度、有序的竞争环境。

3. 自我约束与外部强制相结合原则

外部监管的效力毕竟有限，必须使监管对象即各家金融机构能够建立起一种自我约束机制，使之与外部监管紧密结合，才能使金融监管发挥其最有力的作用，避免金融机构出现冒险经营行为，减少道德风险的发生。

4. 安全稳健与社会经济效益相结合原则

要求金融机构安全稳健经营是金融监管的中心目的。一系列金融法规和指标体系都着眼于金融业的安全稳健及风险防范，但实现最佳的社会经济效益却应是金融监管的终极目标。因此，金融监管必须切实把防范风险同促进金融机构实现社会效益和经济效益结合起来。当然，除此以外，金融监管还有其他原则需要遵循，并且随着市场环境的变化，金融监管原则也应适时调整。

（三）金融监管的类型

1. 分业监管和统一监管

分业监管就是针对不同的金融业务进行的监管，如证券监督管理委员会负责监管证券业务，保险监督管理委员会负责监管保险业务，而银行业监督管理委员会监管商业银行业务。统一监管则是指所有金融业务都集中在一个监管机构的监管之下。

在国际上，金融监管体制经历了从统一监管向分业监管，又从分业监管向统一监管过渡的发展过程。在金融发展的早期，由于金融业发展水平较低，各国大体上是实行统一监管。20 世纪 30 年代经济大萧条之后，美国率先实行分业经营，以此作为防范金融风险的重要手段。后来，其他国家也纷纷效仿，采取分业经营的形式。这样，为了适应专业化和行业管理的需要，一些国家在金融监管制度上也相应采取了分业监管的体制。

到了 20 世纪 80 年代中后期，为了适应金融创新与金融发展的需要，一些国家注重统一监管标准，减少机构重叠和重复监管，金融监管体制呈现由分散走向统一的发展趋势。在挪威、丹麦、瑞典等国，由于金融创新，尤其金融控股集团的出现，这些国家先后将分散的金融监管机构合并起来，成立统一的金融监管机构，统一负责银行、证券和保险业务的监管。

由分业监管向统一监管转变的典型是英国。1997 年英国政府宣布进行金融监管体制改革，成立专门的金融服务管理局（FSA），对银行、证券和保险业进行统一监管。此后，澳大利亚于 1998 年成立澳大利亚审慎监管局（APRA），同时还建立了澳大利亚证券投资委员会（ASIC）负责管理金融市场的运作。此外，韩国于 1998 年、日本于2000年分别对其金融体制进行改革，建立了统一的金融监管体制。1999年美国通过了《金融服务现代化法》（GLB法），实行混业经营体制，形成一种介于分业监管和统一监管之间的新的监管模式，也称为“双重多头”监管；联邦政府与州政府实行分权监管，即所谓双层监管体系。由此可以看出，金融监管呈现集中统一的发展趋势。

由分业监管向统一监管的过渡主要是由以下几个方面的原因促成的：（1）银行、证券与保险之间业务的混合削弱了分业监管的业务基础；（2）银行、证券与保险业之间资金和业务往来日益密切增加了分业监管的难度；（3）集团公司控股下的混业经营使现行分业监管效率低下；（4）金融创新导致监管重叠和监管缺位并存。在分业监管体制下，大多采取机构型监管，实行业务审批管理。这样，当不同金融机构业务日益交叉时，一项新业务的推出通常需要经过多个部门长时间的协调才能完成。此外，有的新金融业务处于不同金融机构业务边缘，成为交叉性业务。对于这些新的业务，既可能导致监管重复，又可能出现监管缺位。

2. 机构监管与功能监管、行为监管

机构监管就是不同类型的金融机构分别由不同的金融监管部门实施监管的模式。机构监管适应于分业经营体制。功能监管是根据金融机构的功能和金融产品的性质来实施监管，即对相同功能、相同法律关系的金融产品按照同一规则由同一监管部门监管。比如银行销售基金产品要经证监会审批获得基金销售牌照。行为监管是针对从事金融活动的机构和人员的监管，从事金融业务就必须要有金融牌照，从事哪项业务就要领取哪种牌照。2013年英国设立金融行为监管局（FCA），其职责是促进金融业有效竞争，确保相关市场正常运作，监管所有金融服务公司的行为，包括银行、保险及投资业务。

相比功能监管和行为监管，机构监管的基础是分业经营，特点是监管专业性强、监管效率高。但随着金融创新和混业经营趋势，金融机构之间、金融机构与金融市场之间的界限日益模糊，机构监管反而容易形成“监管真空”或者多重监管，导致监管成本加大。功能监管、行为监管是针对金融产品的基本功能、金融业务性质来制定监管原则，能够有效解决混业经营下金融创新产品的监管归属问题，一定程度上避免“监管空白”和多重监管的成本问题。功能相同的金融产品按照同一原则统一监管有利于消除监管空白、监管套利，因而树立功能监管与行为监管的理念，是当代混业经营下保障金融监管有效性的必然要求。

二、金融监管的主要内容

由于各类金融业务特点不同，经营性质也存在明显差异，对其监管内容也应有所区别。下面从银行业、证券业、保险业三个方面阐述金融监管的主要内容。

（一）对银行业的监管

银行业监管是指金融主管机关或金融监管执行机关根据金融法规对银行机构实施监督与管理，以确保银行机构经营的安全。

1. 银行业监管的目标

银行业监管的目标可分为一般目标和具体目标。一般目标就是监管者通过对银行业的监管所要达到的一个总体目标，即维持一个稳定、健全、高效的银行制度。银行业监管的具体目标一般见诸各国的法律，虽不尽相同，但其基本内容都包括经营的安全性、竞争的公平性和政策的一致性。经营的安全性包括两个方面的内容，即保护存款人的利益和保护银行信用体系的安全；竞争的公平性是指通过对金融活动的监督管理，创造一个平等的竞争环境，从而鼓励银行业在竞争的基础上提高效率；政策的一致性，即通过监督管理，使商业银行的经营活动与中央银行的货币政策目标保持一致，以促进金融业健康发展。

2. 银行业监管的主要内容

综观各国银行业监管状况，其监管内容大致包括以下几个方面：（1）制定有关的政策法规。金融政策法规是一国金融活动的行为准则和国家金融监管当局进行监管和管理的依据与手段。各国金融监管当局均重视通过建立健全金融法规，使本国的金融监管朝规范化的方向发展，并且根据监管对象的不同及时地调整监管标准。（2）市场准入与机构并购的管理。市场准入是金融管理当局对新设机构进行的限制性管理，机构并购是对金融机构之间兼并与收购行为进行审批。（3）对银行业务的限制。对银行业务的限制主要包括对银行业务规模的限制和对银行业务范围的限定。（4）存款保护。当银行面临破产清算时，如何保护存款人的利益成为各国金融监管当局必须关注的一个重要问题。为此，许多国家都建立了存款保险制度，这是维护整个银行体系安全的一个重要方面。美国在 1934 年就成立了联邦存款保险公司（FIDC），对银行的活期存款和定期存款提供保险，早期对每个存款人的最高保险额是 2 500 美元，2008 年提高到 25 万美元。我国于 2015 年 5 月 1 日开始实行存款保险制度，对每个存款人最高保险额为 50 万元人民币。

（二）对证券业的监管

证券业监管是指证券管理机构运用法律的、经济的以及行政手段，对证券的募集、发行、交易等行为以及证券投资中介机构的行为进行监督和管理。证券监管的主要内容有：

1. 发行市场的监管

对证券发行市场的监管是整个证券监管的第一步，一般各国都是通过审核制度来实现的。世界各国的审核制度可以划分为两类：一是注册制；二是核准制。

（1）证券发行注册制。指发行者在准备公开募集和发行证券时，应依法将应当公开的各种资料完全、准确地向证券主管机构汇报并申请注册登记。它实质上是一种发行证券的公司财务公布制度。它要求发行证券的公司提供关于证券发行本身以及同证券发行有关的一切信息，并要求所提供的信息真实、可靠。在此制度下，某种证券只要按发行注册的一切手续，提供了所有情况和统计资料并且提供的信息完全属实，就可以公开发行上市。注册制的代表是美国、日本、韩国等国家。注册制只适用于成熟的市场，即市场架构完善、投资者素质较高的市场。

（2）证券发行核准制。指证券发行者在发行证券之前，不仅要公开有关证券发行的真实情况，而且必须符合公司法和证券法中规定的发行证券必需的实质要求。证券监管机构有权否决不符合实质条件的证券发行申请。这种制度强调实质管理，考察发行者的营业性质、管理人员的资格、资本结构等，把不符合实质要求的劣质证券排斥在证券市场之外。核准制适用于证券市场历史不长、投资者素质不高的国家和地区。

2. 交易市场的监管

证券交易市场监管是证券业监管的重要组成部分，证券市场的所有行为最终都会体现到交易过程中，在交易领域集中了若干证券市场失灵问题。对交易市场监管主要体现在以下几个方面：一是对不正当交易行为的监管，其中重点是反操纵监管和反内幕交易监管；二是抑制市场过度投机、稳定市场的监管，包括价格涨跌幅限制、涨跌停板制度、停止交易制度、保证金制度等。

3. 证券经营机构和从业人员的监管

在证券市场上，证券发行和交易都是通过证券经营机构和从业人员来完成的，对其进行有效监管是证券监督中的重要一环。各国对证券商的设立、财务和经营行为的监管各不相同。对证券从业人员的管理主要通过对证券从业人员进行资格考试和注册认证以及市场禁入制度来实现，这也是各国通行的做法。

4. 信息披露的监管

制定证券发行信息披露制度的目的是通过充分、公开、公正的制度来保护公众投资者，使其免受欺诈和不法操纵行为的损害。各国均以强制方式要求信息披露，并要求信息披露具有全面性、真实性、时效性。其制度具体包括证券发行与上市的信息公开制度、持续信息公开制度和证券交易所的信息公开制度，对违反披露制度的责任主体制定相应的制裁措施及法规。

5. 欺诈行为的监管

从狭义上来说，欺诈行为监管指的是禁止在证券发行、交易及相关活动中从事欺诈客户、虚假陈述等行为，其形式多种多样。各国在法律条款中都规定了证券经营机构、证券登记机构、清算机构及其他相关机构存在各种欺诈和虚假陈述或误导行为时应承担的法律责任。

（三）对保险业的监管

保险业监管是指国家对本国保险业的监督和管理。一个国家的保险监管制度通常由两部分构成：一是国家通过制定有关保险法规，对本国保险业进行宏观指导与管理；二是由国家专门负责行使保险监管职能的机构依据法律或行政授权对保险业进行行政管理，以保证保险法规的贯彻执行。保险业监管的主要内容有三个。

1. 保险组织的监管

保险组织的监管包括组织形式的限制、保险公司的设立、保险公司的停业解散、外资保险公司的监管。

2. 保险经营的监管

（1）经营范围的监管。指政府通过法律或行政命令，规定保险企业所能经营的业务种类和范围。其监管的问题一般包含两个方面：一方面，保险人可否兼营保险以外的其他金融业务，非保险人可否兼营保险或类似保险的业务，即兼业问题；另一方面，同一保险企业内部，是否可以同时经营性质不同的保险业务，即兼营问题。保险公司的经营范围由保险监督管理部门核定，保险公司只能在核定的经营范围内从事保险经营活动。

（2）保险条款与费率的监管。保险条款的拟订与保险费率的厘定，是体现和运用保险专业技术的重要环节，各国政府对此进行了不同程度的监管。在保险监管宽松的国家或地区，基本条款和费率多由保险行业协会或公会确定，并制定成公约，由保险公司共同遵守，政府保险监管机构仅负责维持条款和费率的统一，对违约现象进行制止或处罚。在保险监管严格的国家或地区，保险公司制定的费率和条款必须经国家保险监管机关批准认可并备案后方可使用。此外，还有对再保险的监管。

3. 保险财务的监管

对保险财务的监管包括对保险资本金、准备金的监管及其资金运用、偿付能力、财务核算等方面的监管。

三、金融监管的目标

在不同的国家，由于经济金融的环境不同，政府金融监管的目标也不同，即使在同一个国家，在经济金融发展的不同历史阶段，其监管目标也不一致。一般来说，世界各国金融监管的目标通常包括以下几个方面。

（一）维护金融业的安全与稳定

金融体系和金融市场的安全、稳定，为应对外部冲击的不利影响提供了有利条件，也是经济社会稳定发展的基础。但是金融体系和金融市场的脆弱性决定了金融业最容易发生风险，因此，通过有效的金融监管，防范并及时处置各类金融风险，实现金融业的安全和稳定成为金融监管的总体目标。

（二）保护存款人和社会公众的利益

银行是信用中介，一方面是借者的集中，另一方面是贷者的集合，它集中了社会各阶层、各部门暂时闲置的货币和资本，与社会各方面联系十分广泛和密切。银行在经营中如果出现问题，会涉及千千万万存款人和社会各方面的利益，因此，金融监管要把保护他们的利益不受损害作为一个重要目标。

（三）维护金融业的公平竞争

竞争是市场经济条件下的一条基本规律，也是保护先进、淘汰落后的一种有效机制。各国金融监管当局无不追求一个适度的竞争环境，这种适度的竞争环境既可以保持银行经营活力，从而使公众获取低成本资金和优质服务，同时又不至于引起银行业破产倒闭。为此金融监管部门应创造一个公平、高效、有序竞争的环境。

（四）保证中央银行货币政策的一致性

货币政策是各国金融调控的主要手段，中央银行是货币政策实施的主体。货币政策的有效实施必须以银行等金融机构为传导中介。因此金融监管要有利于保证货币政策的顺利执行，有利于银行业对中央银行调节手段的及时准确执行。

➢ 本章小结

（1）金融风险是经济主体在金融活动中面临的风险，金融风险具有普遍性、隐蔽性、扩散性、周期性、可控性的特征。按照风险的成因不同，金融风险可分为信用风险、市场风险、操作风险、流动性风险、国家风险、合规风险、声誉风险。

（2）金融脆弱性、金融自由化的负面效应、金融创新过度是导致金融风险的根本原因。

（3）金融风险是形成金融危机的根源。金融危机是指全部或大部分金融指标的急剧、短暂和超周期的恶化。金融危机可以分为货币危机、银行危机、债务危机、股市危机和系统性金融危机。

（4）金融风险的防范，第一，要解决经济发展中的结构性矛盾，保持稳定的宏观经济发展环境；第二，要有完善的金融市场，金融开放进程要考虑本国的承受能力；第三，完善金融机构内控制度，增强风险防范能力；第四，加强金融监管的国际合作；第五，建立金融风险预警机制。

（5）金融监管是各国中央银行和金融监管当局对金融机构及金融市场活动的监督和管理。金融监管的原则有：依法监管原则、适度竞争原则、自我约束与外部强制相结合原则、安全稳健与社会经济效益相结合原则。监管内容包括对银行业的监管、对证券业的监管、对保险业的监管。

➢ 关键术语

金融风险 信用风险 市场风险 操作风险 流动性风险 金融危机 货币危机 银行危机 债务危机 系统性金融危机 金融机构脆弱性 金融自由化 金融监管

➢ 思考与练习

(1) 什么是金融风险，金融风险有哪些特征？

(2) 金融风险有哪些类型？

(3) 金融风险产生的根源有哪些？

(4) 金融危机的类型有哪些？

(5) 当代金融危机的特点有哪些？

(6) 金融监管的目标是什么？

➢ 进一步学习的资源

[1] [美] 查尔斯·P. 金德尔伯格，罗伯特·Z. 阿利伯. 疯狂、惊恐和崩溃——金融危机史（第七版）[M]. 北京：中国金融出版社，2017.

[2] [美] L. 兰德尔·雷. 明斯基时刻——如何应对下一场金融危机 [M]. 北京：中信出版社，2019.

[3] [英] 阿德利安·巴克莱. 金融危机：成因、背景与后果 [M]. 大连：东北财经大学出版社，2013.

参考文献

[1] 李健. 金融学（第三版）[M]. 北京：高等教育出版社，2018.

[2] 黄达. 金融学（第二版）[M]. 北京：中国人民大学出版社，2009.

[3] 陈学彬. 金融学（第四版）[M]. 北京：高等教育出版社，2017.

[4] 王松奇. 金融学（第三版）[M]. 北京：中国金融出版社，2003.

[5] 张亦春，许文彬. 金融学 [M]. 北京：高等教育出版社，2011.

[6] 曹龙骐. 金融学（第四版）[M]. 北京：高等教育出版社，2013.

[7] 姚长辉，吕随启. 货币银行学（第四版）[M]. 北京：北京大学出版社，2012.

[8] 彭信威. 中国货币史 [M]. 上海：上海人民出版社，2007.

[9] 李建军，罗明雄. 互联网金融 [M]. 北京：高等教育出版社，2018.

[10] 罗党论. 互联网金融 [M]. 北京：北京大学出版社，2016.

[11] 陈中放，胡军辉. 互联网金融 [M]. 北京：高等教育出版社，2017.

[12] 周光友. 互联网金融 [M]. 北京：北京大学出版社，2017.

[13] 王广谦. 金融中介学（第二版）[M]. 北京：高等教育出版社，2011.

[14] 郑道平，张贵乐. 货币银行学原理（第六版）[M]. 北京：中国金融出版社，2009.

[15] 彭兴韵. 金融学原理 [M]. 北京：生活·读书·新知三联书店，2003.

[16] 张亦春. 金融市场学 [M]. 北京：高等教育出版社，2008.

[17] 曹龙骐. 中央银行概论 [M]. 成都：西南财经大学出版社，1997.

[18] 王广谦. 中央银行学 [M]. 北京：高等教育出版社，1999.

[19] 刘舒年. 国际金融 [M]. 北京：对外经贸大学出版社，2006.

[20] 姜波克. 国际金融新编 [M]. 上海：上海人民出版社，2011.

[21] [美] 霍默·西勒著. 利率史（第四版）[M]. 北京：中信出版社，2010.

[22] 斯科特·贝斯利，尤金·F. 布里格姆. 金融学原理 [M]. 北京：北京大学出版社，2016.

[23] [美] 托马斯·梅耶. 货币、银行与经济（第六版）[M]. 上海：上海三联书店、上海人民出版社，2007.

[24] [美] 弗雷德里克·S. 米什金. 货币金融学（第七版）[M]. 北京：中国人民大学出版社，2006.

[25] [美] 彼得·纽曼，[美] 默里·米尔盖特，[英] 约翰·伊特韦尔. 新帕尔格雷夫货币金融大辞典 [M] (第一卷). 北京：经济科学出版社，2007：384.

[26] [美] 兹维·博迪，罗伯特·C. 莫顿. 金融学 (第二版) [M]. 北京：中国人民大学出版社，2013.

[27] [美] 莱昂纳尔·普赖斯、托尼·拉特. 现代中央银行 [M]. 北京：经济科学出版社，2000.

[28] [美] 查里斯·R. 古斯特. 金融体系中的投资银行 [M]. 北京：经济科学出版社，1998.